THE POWER OF FINANCE

中国产业链韧性 金融的力量

杨涛　郭为◎主编

人民日报出版社
北　京

图书在版编目（CIP）数据

中国产业链韧性 ：金融的力量 / 杨涛，郭为主编
. — 北京：人民日报出版社，2023. 6
ISBN 978-7-5115-7782-5

Ⅰ. ①中… Ⅱ. ①杨… ②郭… Ⅲ. ①产业链一金融
一研究一中国 Ⅳ. ①F832

中国国家版本馆CIP数据核字（2023）第067952号

书　　名：中国产业链韧性：金融的力量
ZHONGGUO CHANYELIAN RENXING : JINRONG DE LILIANG
主　　编：杨　涛　郭　为

出 版 人：刘华新
责任编辑：蒋菊平　李　安
版式设计：九章文化

出版发行：人民日报出版社
社　　址：北京金台西路2号
邮政编码：100733
发行热线：(010) 65369509　65369527　65369846　65369512
邮购热线：(010) 65369530　65363527
编辑热线：(010) 65369528
网　　址：www.peopledailypress.com
经　　销：新华书店
印　　刷：河北大厂回族自治县彩虹印刷有限公司
法律顾问：北京科宇律师事务所　010-83622312

开　　本：710mm×1000mm　1/16
字　　数：223千字
印　　张：16.75
版　　次：2023年7月第1版　2023年7月第1次印刷

书　　号：ISBN 978-7-5115-7782-5
定　　价：48.00元

前言

杨 涛 郭 为

当前，加快构建新发展格局是实现中国式现代化的根本抉择，其中着眼于产业链优化升级的供给侧结构性改革则是重中之重。党的二十大报告指出，要着力提升产业链供应链韧性和安全水平，推动经济实现质的有效提升和量的合理增长。与此同时，日新月异的新技术给产业侧和金融侧都带来深远影响，推动“科技—产业—金融”良性循环，成为同步促进产业结构优化、金融科技健康发展的主要“抓手”。对此，从传统产融互动到供应链金融，再到数字化时代全产业链金融创新探索，将高效发挥新金融对经济社会发展的“催化剂”作用，有利于打造各方共赢的新局面。

在此背景下，为帮助广大党员干部深入认识在新形势下如何处理好产业与金融的关系，从而充分运用金融手段，发挥金融潜能，助力经济高质量发展，人民日报出版社组织编辑《中国产业链韧性：金融的力量》一书，通过集聚学界、监管层专家学者及行业从业代表的理论与实践思考，从不同视角探究和解读产业链金融，并结合典型产业的运行实践，寻找新发展格局下金融创新和服务实体经济的最优路径，努力构建数字经济与数字金融有效融合的新模式。

本书首先对产业链金融进行全面的理论梳理与探讨，从而明确基本范畴与思考逻辑，使读者对产业链金融发展的新理念有更加系统的理解和认识；其次，分别从金融供给侧与产业需求侧着手，选择典型的金融机构、产业代表、前沿技术企业或平台，依托创新实践的经验总结，深入剖析产业链金融的发展动因、核心要素与落地路径。

在理论研究部分，国家金融与发展实验室副主任杨涛、中国人民银行金融研究局局长王信、神州信息董事长郭为、中国人民大学商学院副院长宋华撰文，旨在对新发展格局下的产业链金融进行全新界定，并对当前和未来的运作模式进行了分析和展望，让读者更加精准地了解产业链金融的内涵、作用和价值所在。

在实践研究部分，金融供给侧篇章中，本书邀请到兴业银行行长陶以平，平安银行总行公司业务总监、交易银行事业部总裁、创新委秘书长李跃，九江银行行长肖璟，百信银行产业数字金融课题组，蚂蚁集团研究院院长李振华，中航信托股份有限公司首席研究员、中国信托业协会特约研究员袁田，撰文展开深入探究；产业需求侧篇章中，本书邀请到京东集团副总裁、京东科技金融科技群总裁李波，腾讯云副总裁胡利明，小米天星数科总裁岳凯，金微科技总经理夏茂，中企云链（北京）金融信息服务有限公司高级副总裁/首席战略官董罡，撰文进行实践解析。这些产业链金融领域的前沿实践者，围绕诸多成功案例进行了“庖丁解牛”式的分析，并分享了各自基于实践的思想精华，可以更好地帮助读者了解产业链金融的现实意义与解决方案。

应该说，狭义的产业链金融即供应链金融，是指银行围绕核心企业，管理上下游中小企业的资金流、物流和信息流，并把单个企业的不可控风险转变为供应链企业整体的可控风险，从而更好地为整个产业链相关企业提供金融服务；而广义的产业链金融则具有更加丰富的内涵，既包括对缺乏核心企业的产业链提供金融创新服务，也体现为更多前沿的数字化、新技术手段应用，以及更多平台和主体的参与。当然，对此，学界和业界尚未形成泾渭分明的界定，供应链金融与产业链金融的概念也经常被混用，在本书的章节中也同样如此。因为，无论是供应链金融还是产业链金融，其核心都在于对金融供给侧、产业需求侧进行深入剖析，并找到其内在关联的“痛点”，这也是本书的逻辑基点和创新之处。

产业链金融作为新兴的产融互动模式，不但对于完善现代金融体系、促进金融业高质量发展具有重要作用，而且能够通过进一步改善金融服务机制与效率，加大对产业链中的中小企业的金融支持，促进产业链技术创新和升级，更好地服务实体经济。同时，数字化与新技术支撑下的产业链金融，既打开了创新的空间与想象力，也需要面对更复杂的风险识别和管理，提高风险防范和业务合规水平，提供更稳健的金融服务模式。

相信本书能够给政府部门与监管者、研究者、金融从业者以及对新经济和新金融感兴趣的读者，带来思想与实践的价值体验，也期待本书能够为新形势下更好地促进金融与产业良性循环打开新思路。

目录

认识：产业链金融的逻辑

以数字化+产业链金融作为新时期金融改革切入点

杨 涛

2023年第4期《求是》杂志发表了习近平总书记重要文章《当前经济工作的几个重大问题》，强调今年“经济工作千头万绪，需要从战略全局出发，抓主要矛盾，从改善社会心理预期、提振发展信心入手，抓住重大关键环节，纲举目张做好工作”，围绕“着力扩大国内需求”“加快建设现代化产业体系”“切实落实‘两个毫不动摇’”“更大力度吸引和利用外资”“有效防范化解重大经济金融风险”五个重大问题系统部署，这为新形势下的经济工作明确了重点任务、提供了重要遵循。

其中，建设现代化产业体系已经成为推动经济高质量发展的重要抓手。习近平总书记在2023年1月31日主持二十届中央政治局第二次集体学习时，指出“新发展格局以现代化产业体系为基础，经济循环畅通需要各产业有序链接、高效畅通”。

通常认为，现代化产业体系包括发达的制造业、强大的战略性新兴产业、优质的服务业等，而这些都离不开现代金融工具的有效支持。当前，推动金融高质量发展不仅是要提升金融业自身的“健康度”，也不是简单地给金融功能“补短板”，还要成为助力经济增长的核心“催化剂”。因此，全面推动产业链与金融链的融合共赢，也是新时期建设“中国式现代化”的重要内容之一。

作者系中国社科院国家金融与发展实验室副主任、金融所支付清算研究中心主任。

一、理解数字化改变产业链特征的不同阶段

要更好地推动金融助力现代产业体系优化，就不能只着眼传统的产业链特征，而需重新审视数字化时代的产业链变革趋势。党的二十大报告提出“着力提升产业链供应链韧性和安全水平”，而数字经济则为增强产业链韧性提供坚实支撑。

我们看到，当前全球数字化变革突飞猛进，已经成为各国发掘经济社会发展动力的重要着眼点。尤其在我国，经历了“互联网+”的“大干快上”，更需要在新形势下以数字经济为基础，打造互联网新经济“升级版”，努力提升自主创新能力与可持续发展能力，应对我国面临的诸多挑战与难题。

根据国家统计局的定义，数字经济是指以数据资源作为关键生产要素、以现代信息网络作为重要载体、以信息通信技术的有效使用作为效率提升和经济结构优化的重要推动力的一系列经济活动。而数字经济产业则包括数字产品制造业、数字产品服务业、数字技术应用业、数字要素驱动业、数字化效率提升业等5个大类。为了更好地认识进入21世纪以来的新经济发展逻辑，我们需要厘清背后的阶段性特征，在此基础上把握未来方向与路径。

综合来看，我们认为新经济经历了四个不同阶段。首先，是需求拉动的消费互联网阶段，是指以消费者为服务中心，全面提升个人用户的消费体验与生活方式，打造虚拟化的“消费矩阵”。据中国互联网络信息中心（CNNIC）数据，截至2022年6月，我国网民规模为10.51亿，普及率为74.4%。由此，基于需求端的“流量经济”“眼球经济”已经发展到极致，其实质应该是“人联网”+“服务联网”。

其次，是供给驱动的工业互联网阶段，也是互联网、新技术与工业系统全方位深度融合所形成的产业和应用生态，通过对人、机、物、系统等

全面连接，构建起覆盖全产业链、全价值链的全新制造体系和服务体系。从通用电气（GE）在2012年提出工业互联网，到今天工业互联网在各国日益成为新工业革命的关键支撑和深化体现。虽然工业互联网有广义和狭义之分，但多数还是认为此概念更聚焦于工业制造业变革。

再次，是产业互联网阶段。最早在国内由大型互联网企业提出，着眼于全面的“互联网+”趋势，突出互联网平台对企业与产业的改造。此后，则逐渐拓展，不但是互联网的连接，而且深度融入各产业链和价值链进行重塑和改造，改善管理、流程、制度和工艺，提升产业效率，从而形成新的产业生态，其实质是“人联网+服务联网+物联网”。

最后，则是我们强调的产业数联网阶段，这也是数字化时代对原有理论和实践的全面升级和优化。所谓产业数联网，就是以数据要素与新技术的融合为主线，以数字经济核心产业为驱动力，以三次产业与企业全面数字化改造为路径，以生产、分配、交换和消费的数字化呈现为依托，以优化经济新发展格局和人民群众获得感提升为准绳。

之所以说产业数联网代表了未来发展路径，有三方面原因。一是，数据已经成为最重要的增量生产要素，一切现实经济活动都可以同步体现为数字空间的轨迹，从“万物互联”到“万物数联”，事实上融入了更加丰富的技术内涵，如去中心化技术与智能合约的应用。二是，在新发展格局下仍应以供给侧结构性改革为核心，辅之以需求侧管理。中长期来看，我们面临的最大挑战仍然是经济增长的内生动力弱化、全要素生产率迫切需要提升，因此仍需强调数字化对产业新动能的转化，只有在此基础上，传统的消费互联网才能实现良性发展。三是，某种意义上说，产业数联网涵盖了工业互联网与产业互联网的范畴与功能，而且进一步突出了数字产业化与产业数字化的互补创新，能够成为新形势下“加速超车”“换道超车”的新抓手。

总之，产业数联网强调的是社会再生产过程的数字化转型、虚拟数字化空间的产业价值落地，以及二者的有效对接，理应成为经济社会边界拓展与融合的加速器。与之相应，现代金融业也在加快数字化转型，产业与金融的融合因此能够在数字化层面上获得新的共同力量。

二、从产融结合到供应链金融再到产业链金融

（一）产融结合探索奠定了产融互动基础

深化金融供给侧结构性改革的重点之一，着眼于满足供给主体的金融需求，加快推动产业金融创新与发展，而以产业与金融交叉协同为特点的产融结合探索，则成为产业金融的核心主线。

就产融结合的主体与模式来看，包括企业控股或参股金融机构，或者直接设立金融平台或组织，即“由产到融”“以产助融”；金融机构直接或间接控股或参股实体企业，即“由融到产”“以融助产”；企业与金融机构之间的混合型、松散型合作与联系，以及股权、债券、证券化产品等多种工具的密切交易，即广义的产融结合。

回顾全球产融结合发展，第一阶段是19世纪末20世纪初，初步形成了金融垄断资本主导的产融结合模式，也造就了如美国摩根财团、洛克菲勒财团等一批大型企业。第二阶段是20世纪20年代到70年代，各国普遍进入金融分业管理时期，产融结合更多依托金融市场来完成。第三阶段是20世纪80年代初到2007年，金融业放松管制、自由化发展逐渐成为主流，金融创新变得更复杂，因此传统产融结合模式也发生了一些重大变化，并出现了大量“过犹不及”的现象。第四阶段是2008年国际金融危机之后，各国开始反思金融控股集团，部分国家强调避免过度金融化，有的大企业开始“去产融化”，但产融结合的整体趋势仍在稳步前行。

据统计，世界500强企业中，有80%以上都曾开展了与产融结合相关的

经营活动，美国市场主导型、德国全能银行制、日本主办银行制、韩国政府主导型等各具特色的产融结合模式兴衰交替。当然，2015年以来，作为海外产融结合成功代表的美国通用电气（GE）逐渐剥离金融业务，回归高端制造业，引起了各方对于产融结合前景的争议。然而，产融结合本身就是现代金融与产业发展的一种内在趋势，既不可能消失，也不应过度夸大其作用。

我国的产融结合是伴随改革开放逐渐发展起来的，而且因为监管规则约束，主要体现为“由产到融”。1987年5月东风汽车工业财务公司成立，被认为是大型企业开展产融结合的标志性事件。此后，20世纪90年代，产业资本无序进入金融业，引发严重混乱和整顿；21世纪初的曲折发展阶段，既有资本市场繁荣下的新探索，也有德隆事件的冲击；近十年来国企与民企更是全面拥抱金融，也引来新的乱象和整治。可以说，当前我国再次处于产融结合发展的重要历史节点。

（二）数字化冲击传统产融结合

伴随着数字化与新技术的冲击，新时代的产融结合主要表现在以下几方面。

一是传统的“由产到融”发生变化，体现为新兴互联网企业可以充分运用自身的数据和渠道优势，介入金融服务的功能创新中，使得互联网供应链金融、电商金融、大数据金融等更加扎根于实体部门的模式不断出现。

二是传统“由融到产”发生变化，表现为银行、证券、保险等金融企业，更加重视对互联网信息技术的应用，积极介入新兴互联网企业或建设互联网金融平台。

三是从过去偏重产业与金融之间的股权、债权融合，逐渐变为双向的智力与战略融合，因为在互联网时代，数据信息成为最重要的生产要素之一，金融服务呈现突出的跨界融合特征，产业与金融之间的谈判能力更加平衡，而非是金融部门占据绝对优势，使得合作共赢逐渐成为主流。

四是传统的产融结合更加强调资金配置方式的融合，而数字化基础上的产融结合则出现进一步的功能融合，在支付清算、风险管理等金融基础功能层面，不仅逐渐呈现金融产品与服务自身的混业，而且呈现金融与非金融边界的融合，深入生产场景、消费场景的多元化金融服务成为趋势。

五是原有产融结合的范畴，还包括大企业集团内部的金融资源整合，现在伴随互联网带来社会协作分工机制的变化，原有的生产、分配、交换、消费流程都在发生变革，企业达到最佳经济效率的边界也更加模糊，这使得在新技术支撑下，大企业集团内部的金融需求更容易通过外包形式来完成，从而有效降低交易成本，提升产融效率。

（三）供应链金融成为典型的新“产融结合”

众所周知，供应链金融是指银行围绕核心企业，管理上下游中小企业的资金流、物流和信息流，并把单个企业的不可控风险转变为供应链企业整体的可控风险，从而更好地为整个产业链相关企业提供金融服务。

首先，发展供应链金融基于中长期金融供给侧改革层面具有重要意义。2021年12月政治局会议强调科技、产业、金融的良性循环，这就需要改变过去三者关系相对碎片化的状态，通过外生驱动模式和内生驱动模式形成联动。外生驱动模式即金融与科技、金融与产业、科技与产业之间，通过有效供给及时满足相互需求；内生驱动模式则是嵌入在产业链、技术创业链、金融链与信息链中，自发地实现供求呼应。供应链金融是典型的内在化、自循环、更有效的产融活动模式，基于中长期来看，其创新价值将越来越凸显。

其次，供应链金融在应对短期冲击方面的价值也极为突出。例如，为了应对新冠疫情的影响，2022年4月中国人民银行、外汇管理局发布“金融

23条”，明确提出“强化产业链供应链核心企业金融支持，引导金融机构快速响应产业链核心及配套企业融资需求”。我们在实践中已经看到，供应链金融在特定历史条件下，为保障物流畅通，促进产业链、供应链稳定发挥更大作用。

最后，供应链金融同样也是金融科技创新的前沿选择。人民银行发布的《金融科技发展规划（2022—2025年）》提到很多业务场景落地问题，而小微金融、农村金融、供应链金融、绿色金融是突出的四大场景。事实上，供应链金融位列其中，既因为其已经取得一些成功经验，也因为其被公认是未来金融科技应用创新的重点。

当然，也要看到，供应链金融是产业发展到一定阶段时对金融服务的真实需求，其发展取决于供应链一体化的程度。同时，供应链上下游企业物流、资金流、信息流、商流等各方面的风险都直接链接着银行，因此，供应链金融业务放大了银行在传统融资过程中“一对一”的放贷风险，变成“一对多”的放贷风险，如信息风险、管理风险、市场风险。

具体看，例如，由于供应链金融业务涉及主体众多，往往会出现各类信息扭曲乃至内部控制风险。再如，就供应链金融的创新标的来看，可以包括预付款融资，存货融资，应付款融资等，而应付款融资的内在风险往往难以控制。尤其是，其确权需要通过对应收账款相关的各项资料进行收集及验证，证明其真实性、准确性、完整性，但供应链中的各类主体并没有协助进行确权的合作机制义务。因此，深入探索利用大数据、区块链等新技术，强化不可篡改性与风险监控，对于缓解上述矛盾也大有裨益

（四）从供应链金融到产业链金融

客观来看，在供应链金融创新中，仍然存在一些内在矛盾，如过度依赖产业链核心企业、离不开银行的主导作用、风险与信息管理存在难点、主要面向产业链中上游企业等。与此同时，数字化、新技术不仅全面冲击

现有金融服务模式，还深入供应链金融创新的各环节。在数字化背景下，供应链金融的边界进一步拓展，不但着眼核心企业的信用传递，而且关注其他产业链企业间的资源共享。事实上，数字化时代的产业链金融创新探索，不仅涵盖了供应链金融的内容，还试图进行更大范围的全金融链+全产业链融合创新。

如我们所强调，与产业数联网时代的产业链交叉融合特征相应，产业链金融创新将有可能实现资产端和资金端协同，缓解金融和产业信息不对称，正是极具生命力的产融结合创新方向。当然，从供应链金融到产业链金融，已有了长期的探索与演进，涌现了众多模式。虽然参与主体不断变化、商业模式不断调整，但究其根本，还是基于真实交易背景，由金融机构给产业链中的各企业提供金融服务。只是随着互联网、大数据的发展，原来分工明确、相互独立的多环节产业链，开始出现全产业链垂直整合、跨产业链横向融合，进而形成全新生态圈，也因此给金融服务模式带来创新空间。

归纳来看，数字化产业链金融创新有四种类型，需根据企业自身资源禀赋来选择和递进。一是延续供应链金融的传统模式，主要依靠核心企业的信用传递，并且由企业集团内部或外部的持牌金融机构提供资源支持，仅是相关产品、服务、渠道、风控进一步融入数字化手段。二是基于大数据的供应链金融拓展，由大型核心企业、各类拥有产业链数据的主体、各类金融组织协调推动创新，如基于B2B电商平台、基于B2C电商平台、基于支付平台、基于ERP系统、基于一站式供应链管理平台、基于SaaS模式的行业解决方案，基于大型商贸交易园区与物流园区、基于大型物流企业的各类供应链金融模式。三是深入应用数据要素、数据资产和各类新技术，有效打造综合产业链金融平台模式。尤其是大型企业可主导打造“平台的平台”，努力运用新技术弥补现有短板。四是产业链金融的更高阶段，或许可实现资金流、信息流、商品流、物流等的“多流合一”，由众多参与主体联合推动供应链金融生态的进一步拓展，实现资金方（各类金融机构）、产业方（核心企业、上下游企业）、平台方（基础设施、金融科技企业、供应链管理服务机构）、监督方（政府与监管部门、行业协会）的有效协调，从而在更大程度上实现产业链与金融链的共赢、共享发展。

由此来看，所谓产业链金融就是供应链金融的进一步拓展，也是广义的供应链金融，既包括对缺乏核心企业的产业链提供金融创新服务，也体现为更多前沿的的数字化、新技术手段应用，以及更多平台和主体的参与。

三、数字化产业链金融的新趋势

（一）发挥银行数字化转型的力量

在从供应链金融到产业链金融的创新探索中，商业银行仍然是核心参与者。事实上，银行的产业链金融创新与其数字化转型、开放银行建设都密切结合在一起。

首先，数字化转型虽然是大势所趋，但是也并不能作为银行业的普遍运动，因为尤其在我国，银行所处区域、自身特征、主要优势与短板千差万别，大银行、中等银行、小银行的发展路径也各不相同，因此不同银行需要清醒认识自己在数字化大潮中的定位和目标，有时反而需要降低预期，先转变理念、做好管理、巩固既有业务优势等，因为数字化转型“欲速则不达”。银行数字化转型涉及战略、平台、技术、场景、风控等诸多核心要素，产业链金融恰恰提供了一个重要切入点和实验“抓手”。

其次，产业链金融的开放性和共赢性，天然与开放银行建设存在诸多衔接点。初期的开放银行本质上是对银行数据的共享，同时以API作为实现相关目标的前沿技术手段。API的全称为Application Programming Interface，即应用程序编程接口，本质是一些预先定义的函数，目的是给予开发人员基于某软件或硬件访问一组例程的能力，并且无须访问源码，或理解内部工作机制的细节。但随着理论、监管与实践的深入，开放银行被赋予了更多的内涵。例如，根据Gartner咨询公司的定义，“开放银行是一种平台化商业模式，通过与商业生态系统共享数据、算法、交易、流程和其他业务功能，为商业生态系统的客户、员工、第三方开发者、金融科技公司、供应商和其他合作伙伴提供服务，使银行创造出新的价值，构建新的核心能力”。由此来看，产业链金融完全可以作为开放银行创新的重要场景。

当然，银行的产业链金融创新也需要构建内部持续推动的动力机制。长期以来，在走向信息化、数字化的转型中，银行内部始终面临不同部门、不同条线、不同机构之间的竞争关系，有时能够提高最终竞争效率，有时则成为改革与发展的阻碍。银行数字化转型和产业链金融探索最终成功，还需要真正从内部构建有效的激励相容机制，在创新中尽量满足多方利益。

（二）发挥非银行金融机构的力量

产业链金融的创新不仅要依靠银行，还要依托非银行金融机构中的新兴金融组织，实现“由产到融”再“由融到产”的闭环，更好地实现产融协同与升级。

例如，虽然私募股权基金市场面临规范压力，但依托各类投资基金的产融结合模式，在未来金融结构亟待优化的背景下，仍能够有效支持经济转型升级。具体看，一是“产业+基金”模式，主要是指大型企业通过旗下投资平台设立基金，并投向产业链相关的新兴产业，或传统产业升级项目。由此不仅可服务企业转型发展，也可通过母基金来培育新投资领域。二是“基金+产业”模式，由大型企业与市场化专业投资机构合作，成立产业基金并支持新兴产业发展或项目落地，由此实现内外产业与金融资源的协调配置。三是大型企业作为产业链主导企业，可以与上下游企业共同发起投资基金，用于产业链金融服务和资本运作，尤其能进一步完善产业金融生态。

在数字化力量支撑下，这一模式更具有新生命力，如制约私募基金市场的产品标准化、信息披露等难题，这些都可运用金融科技手段得以缓解，从而改善行业信息透明度、资产流动性等，提升私募机构的投资和募集能力，优化产融互动的效率。

再如，融资租赁业具有融资与融物的特性，也是连接金融与产业的重要纽带，本身就是产融结合加速发展的体现之一，更是金融支持实体经济的有力抓手。在产融结合模式下，大型企业可依托内部或外部融资租赁公司，不限于提供资金的单一业务，更应努力拓展租赁服务链条，为细分产业链的主体提供“制造+服务+金融”的综合性解决方案，尝试探索经营性租赁、资产运营、管理及工程设计业务等，与全产业链企业共同成长。同时，大数据与新技术在融资租赁业务中的使用，也改变了传统的获客方式、风控模式和管理模式，能够助力打造数字化的融资租赁新生态。

（三）发挥数据资产的力量

伴随数字化时代来临，数据资产将被赋予新的生机与活力，在产业链协作中产生巨大价值。从数据资源化、数据资产化、数据资本化视角着手探索，将有利于从根本上改变全产业链的金融活动底层支持逻辑。事实上，近两年各方热议的产业数字金融也是依托产业数联网，以数据为生产要素，以新型数据信用为核心特征展开的金融创新。

为了更好地改善产业链金融的数字基础设施保障，需要系统考量数据资产市场的创新。首先，是明确从数据要素到数据资产的财务界定。根据国际数据管理协会（DAMA）的定义，数据是以文字、数字、图形、图像、声音和视频等格式对事实进行表现。数据并非天然是生产要素，而当其成为后者，就演变为进行社会生产经营活动所需要的资源，也是维系国民经济运行及市场主体生产经营的基本因素之一。同时，数据要素也并非一定会成为数据资产。根据相关会计准则的界定，资产是“企业过去的交易或事项形成的、由企业拥有或控制的、预期将会使利益流入企业的资源”。虽然数据资产在理论和实践中仍未形成共识性概念，但仍需基于会计准则中的资产概念的延伸对其进行理解。就全球看，过去对于数据要素更多强调披露而非会计计量，这一状况正在逐渐改变，只有从财务会计意义上界定数据资产，数据要素才能深度参与现代市场运行。2022年12月财政部发布《企业数据资源相关会计处理暂行规定（征求意见稿）》，开启了新的改革探索，如过去数据采购、处理、加工，均在当期进入成本或进行费用化处理，而新办法则有助于实现“数据资源资本化”。

其次，是完善微观主体的数据资产治理。从宏观层面看数据治理，其通常是指完善与数据应用有关的法律、法规、标准、技术等。而微观层面的数据治理，则强调市场主体围绕数据安全、有序管理、实现价值等目标，对元数据进行系统、有效地处理。按照DAMA的定义，即对数据资产管理行使权力、控制和共享决策（规划、监测和执行）的系列活动。事实上，当前我国数据要素应用的最大障碍就在于治理和交易环节，而数据资产治理则是更为前沿和复杂的领域。对于数字化产业链金融的参与者来说，加强数据资产治理一是基于管理学意义，使得数据成为标准化、有价值、权益清晰的资源；二是基于会计学意义，使得数据更加可确认、可计量、可流通，从而全面提升数据的价值创造能力。

再次，是探索数据资产的投资与交易模式。伴随大数据时代的来临，数据交易已经无处不在，同时也体现出独有的复杂性。数据产品具有内生性、非竞争性、计算性、外部性等特点，其复杂性则缘于参与主体多元化、权属关系多样化、非标准化与高敏感性等。当数据成为资产，其交易复杂性则进一步提升。按照未来会计处理思路，符合规定的、企业内部使用的数据将界定为无形资产，对外交易的将界定为存货。由此，不但二者的边界需要更可行的区分，而且在对外交易过程中，还会面临跨行业、跨领域、跨标准、跨境的公允价值确定难题。此外，当数据资产作为金融活动的抵押物，甚至自身成为金融投资交易的标的时，其金融属性的提升则会带来更多的挑战。在数字化产业链金融创新过程中，如何真正发掘数据资产的交易价值，将成为打破现有供应链金融模式难点的重要突破口。

最后，是创新数据资产的监管体系。随着相关法律制度的完善，我国逐渐建立起数据领域的全方位监管、治理和保护机制，但就数据资产层面来看，还存在诸多的监管模糊性。如目前发改、工信、网信、金融监管部门、市场监管等都承担了一定职责，但统筹监管严重缺失；中央与地方的监管协调也存在众多空白。此外，当数据资产价值逐渐凸显，全球的跨境监管难题将更加突出，由于缺乏统一的跨境治理框架，不同国家地区在相关法律合规上将会有更多冲突。最后，数据资产还经常与另类的“数字资产”混淆在一起，传统资产一般记录在中介与组织维护的账簿中，而数字资产则通常记录在去中心化数字账簿中，并带来更复杂的监管争议。数字化产业链金融创新涉及不同行业、各类金融活动、不同区域与主管部门，自然离不开有效的监管与政策约束及保障。

总体来看，当不同产业链进一步实现数据资产化，数据与资本都将成为产业链金融的核心力量，从而更好地依托全产业链特征进行资源配置，有效促进新型产融结合与产业升级。

（四）发挥新技术的力量

随着新技术的深度运用，给金融市场、金融机构或者金融服务的提供方式带来了重大影响，同样给产业链金融也带来了新的发展机遇。我们可将应用于金融领域的技术划分为：人工智能、大数据、互联技术（移动互联、物联网）、分布式技术（云计算、区块链）、安全技术（量子计算、生物识别、加密技术）等。在我国虽然各类新技术应用百花齐放，但关键核心技术的创新突破显然还有所不足。客观来看，我国金融科技之所以取得了令全球瞩目的成果，得益于需求端的庞大市场、全球领先的网民与移动用户群体数量等，而与海外技术驱动型的创新还有差距。

就新技术演进动态来看，一是大数据核心技术、产品和平台日趋完善，作为激活数据要素潜能的关键支撑，深度参与数据要素“采、存、算、管、用”全生命周期活动。与此同时，业界主体正致力于充分释放大数据容量大、类型多、速度快、精度准、价值高的“5V”特性，破解制约其发挥的堵点难点，推动金融领域出现更多优秀大数据实践。二是人工智能技术愈加重视基于多模态的机器学习和跨模态的融合应用，其治理也取得突破性进展，发展可信AI成为核心内容。在金融应用方面，需进一步运用AI对金融服务全流程进行模式重塑和智能赋能，推动金融产品创新、流程再造、渠道融合和服务升级。三是包括移动互联、物联网在内的互联技术，其联通性、交互性以及跨域叠加的特征在数字经济发展中表现愈加明显，未来更需推动技术与多元化场景的深度融合，产生更大的规模效应、协同效应、网络效应。四是包括区块链、云计算在内的分布式技术在金融行业的应用逐渐形成完整体系，开发层面与低代码进行结合，建设思路由单一系统往面向全局的“中台化”进行发展。但是，区块链还需在场景可持续方面继续努力，而云计算的金融应用则离不开监管与标准的完善。五是安全技术对于保障金融稳健性更加重要。金融领域业务呈现信息化程度高、信息系统复杂度高等特点，自2021年以来，诸多法律法规、行业标准陆续出台或征集意见，对隐私保护和数据安全治理相关的安全技术也提出了更全面的要求。

就新技术在产业链金融的应用来看，业界也进行众多探索。一是通过促进大数据技术与高性能计算、边缘计算等领域融合，有效解决供应链企业信息数据统计与分析中的难点。通过广泛探索大数据技术在市场企业运营、风险控制等方面的应用，可多渠道获得海量客户数据，针对不同类型的供应链融资需求，开发不同的融资模型与算法，为客户提供精准融资服务，并提升风险识别能力。二是由于产业链中商流、物流、资金流、信息流源源不断，其本身就如一个大数据中心，这与人工智能的商业落地不谋而合，可将人工智能技术融入供应链企业运营管理的每个环节，全面提升企业智能运营。三是通过区块链技术，可将产业链上下游企业间的交易数据安全地储存在区块链网络中，保证数据链条安全且不可篡改，强化各环节过程中的风险监控，有效防止伪造交易记录和投机等行为，从而缓解信息不对称困境、提升产业链金融业务效能并控制成本。四是在产业链金融业务中应用加密技术，促进融资过程中跨部门、跨国界的合作，提高业务合规性。

（五）发挥生态的力量

所谓金融生态，就是用生态学理论分析金融发展问题，通常指在一定时间和空间范围内，金融市场、金融机构等金融生态主体，在与外部制度环境相互作用的过程中，通过分工合作所形成的具有一定结构特征、执行一定功能作用的动态平衡体系。与之相应，产业链金融生态建设的核心思想就是通过合理的激励相容机制安排，促使不同层次的参与主体合作共赢、协同创新，通过数字化手段和工具，改善金融产品和服务，提升金融服务实体的效率、降低成本。

产业链金融涉及主体众多，在数字化时代与范围经济、平台经济密切关联，更需要考虑生态建设问题。应该说，健康的数字化产业链金融生态体系应该有六个特点。一是开放，即拥有立体化、多层次的平台经济与平台金融服务模式；二是多元，即金融产品与服务从单一转向综合性解决方案和一揽子支持模式；三是智能，即金融服务更加便捷、高效、无处不在；四是融合，即金融与数字产业化、产业数字化的数字经济融合更加密切，科技、产业、金融的三元动力更加突出；五是共赢，即各方参与者在资源合理配置、效益合理分配的前提下，构建共享共赢的产融生态体系；六是持续，即在坚持商业金融可持续的基础上，实现政策目标、科技伦理、社会责任的同步落地。

具体而言，完善数字化产业链金融生态需关注如下环节。一是在基础层，要重点推动与产业链金融相关的数字金融“新基建”进一步完善，更好地解决金融服务中的信息不对称或信息“茧房”矛盾。二是在技术层，重点关注前沿技术在产业链金融服务中的落地，以及解决现有业务难点与痛点上。三是在业务层，努力解决技术和业务“两张皮”的问题，不仅应根据业务需求匹配相应的技术，还应以技术创新驱动业务创新。四是在客户层，需要以数字化来全面提升产业链金融参与主体的综合能力，从源头上优化创新内生动力，增加产业链金融有效需求。五是在中介层，离不开专业的会计、审计、评估、评级、反洗钱等中介服务支撑，以及产业链金融人才的标准、教育、培训体系建设等。六是在政策层，既需要在产业链金融相关的监管层门之间，平衡好安全与效率的“跷跷板”；更需要政策的持续性与稳定性，促使市场创新主体的预期稳定，更好地推动创新与发展。

强化金融支持产业链现代化

王　信　袁　佳

党的二十大报告强调要建设现代化产业体系，明确提出“坚持把发展经济的着力点放在实体经济上，推进新型工业化，加快建设制造强国、质量强国、航天强国、交通强国、网络强国、数字中国。实施产业基础再造工程和重大技术装备攻关工程，支持专精特新企业发展，推动制造业高端化、智能化、绿色化发展”。党的十九届五中全会提出“推进产业基础高级化、产业链现代化，提高经济质量效益和核心竞争力”。产业链现代化包括产业基础能力提升、运行模式优化、产业链控制力增强和治理能力提升等方面。在新发展阶段，以新发展理念促进产业链现代化，对构建以国内大循环为主体、国内国际双循环相互促进的新发展格局，促进经济高质量发展具有重要意义。金融在支持产业链现代化中责无旁贷、大有可为。

一、以新发展理念推动产业链现代化

我国拥有全球最为完整的产业链条。虽然近年来产业结构不断转型升级，但许多产业仍处于全球产业链的中低端，低附加值加工贸易出口占比高达四分之一，能源资源以及关键技术零部件、生产设备进口依存度较高，能源资源安全问题日益突出。在我国劳动力成本不断攀升等传统比较优势发生变化、中美经贸摩擦日益升级的大背景下，一些劳动密集型产业、加工

王信系中国人民银行研究局局长；袁佳系中国人民银行金融研究所副研究员。

贸易行业、以美国市场为目标的中低端产业及部分高端产业开始外迁，且呈现上下游配套企业跟随式外迁的显著特征。当前，应全面深入贯彻新发展理念，推动产业链现代化。

（一）产业链现代化要体现创新发展要求

科创产业是以科学技术突破或重大创新为基础，知识技术密集、成长潜力大、发展前景好的产业，是培育发展新动能、推动高质量发展的重要力量，对经济社会全局的长远发展具有重大引领和带动作用。党的二十大报告指出，科技创新能力不强是高质量发展的重要卡点瓶颈，到2035年我国发展的总体目标之一是“实现高水平科技自立自强，进入创新型国家前列”。对此，既要发挥大型企业科研攻关的主导力量，也要发挥中小企业经营灵活、创新动力强的优势，加大培育初创、中小科技企业向“专精特新”发展，突破产业发展瓶颈、破解“卡脖子”难题，提升我国在全球产业链中的控制力。美国硅谷的经验值得借鉴。硅谷拥有微电子产业、信息技术产业、新能源产业、生物医学产业等现代产业集群，其最大的优势就是科技创新，既诞生了苹果、谷歌、英特尔、甲骨文、IBM等大批知名大型高科技公司，又涌现出众多金融科技中小初创企业。

（二）产业链现代化要体现协调发展要求

面对严峻复杂的国内外环境，要加强统筹协调，深化各类产业、关联企业、不同区域间的分工协作，着力打通堵点卡点，补齐断点，更好保障重点产业链供应链循环畅通，助力工业经济平稳增长与高质量发展。党的二十大报告指出，要着力推进城乡融合和区域协调发展。要实现产业链现代化，就要促进各类要素合理流动和高效集聚，按照客观经济规律，发挥各地区比较优势，促进跨区域创新资源整合，实现城乡融合发展和区域间发展相互促进，形成优势互补的区域经济布局，协同共建世界级先进制造业集群。在推动京津冀协同发展、长三角一体化、粤港澳大湾区建设等国家重大区域战略实施进程中，通过优化完善区域经济布局和产业布局，加快东部地区优势产业向研发设计、品牌运营、系统集成、增值服务等高端领域延伸，鼓励中西部和东北地区完善产业配套条件，积极承接东部产业转移。形成一批具有全球竞争力的现代先进制造业产业集群，可使产业链更稳固、更安全。要协同推进乡村振兴、区域协调发展和新型城镇化战略，形成彰显优势、协调联动的城乡区域发展体系，实现城乡协调发展，推动农业和非农产业现代化。

（三）产业链现代化要体现绿色发展要求

党的二十大报告指出，推动经济社会发展绿色化、低碳化是实现高质量发展的关键环节。随着越来越多的国家、金融机构和企业设立碳中和目标，全球产业链供应链将逐步向绿色低碳转型，以绿色低碳为主题的新型国际贸易体系和产业竞争格局正在加速演进。全球价值链中，跨国公司是龙头，中小企业占90%，仅靠跨国公司自身减排很难实现碳中和目标，但其可通过产品采购、技术合作等方式，推动上下游企业进行减排、脱碳。例如，苹果公司宣布将在2030年实现整个业务、生产供应链和产品生命周期碳中和，这意味着负责组装的企业、为其提供零部件和原材料的环节、为其提供芯片的企业等都要实现碳中和。产业链供应链绿色低碳发展将改变各国比较优势，国际竞争优势向绿色技术、绿色资源储备丰富的国家转移，绿色标准及规则将成为国际经贸规则谈判重点。未来，美欧等发达经济体很可能以低碳发展为由，凭借其在绿色低碳技术研发应用，标准、规则制定以及绿色金融支持等方面的优势地位，强化其在气候治理和供应链低碳化中的主导作用。同时，美欧等发达经济体可能更多从政治因素而非经济因素考虑，为保证其产业安全和竞争优势，在绿色低碳发展相关重要矿物质供应、新能源产业发展、技术研发和投融资活动等方面推行阵营化，相关生产、贸易投资活动向具有相同或近似意识形态、价值标准、行为规则的经济体集中。我国还处于工业化、城镇化过程中，发展任务重，能源结构偏煤、产业结构偏重，从碳达峰到碳中和时间较短，面临严峻挑战。但也要看到，绿色低碳转型发展是我国实现高质量发展的巨大机遇。发展绿色低碳产业体系，倡导绿色低碳的生活方式，促进能源结构、产业结构、消费结构等全方位转型，将为高质量发展持续注入新动力，成为我国经济保持平稳增长的重要引擎。在我国产业链现代化过程中，要化压力为动力，加速各产业绿色低碳转型。

（四）产业链现代化要体现开放发展要求

近年来，在新冠疫情及部分国家和地区民粹主义、经济民族主义影响下，全球产业链供应链面临巨大挑战。尤其是俄乌冲突爆发后，国际经济活动越来越多地受到地缘政治的影响，全球化陷入停滞甚至倒退，美欧等发达经济体为维持产业链的安全稳健，重要产业将走向阵营化。军工、尖端技术、重要基础原材料以及关系国计民生的重要产业的投资、生产和对外贸易逐步向具有相同或近似意识形态、价值标准、行为规则的经济体集中，导致国际产业链、供应链发生重构。特别是美国加大对华“脱钩”战略，将在关键技术和中高端制造业方面对我国“卡脖子”，严重影响我国产业转型升级步伐。我国要推动形成以国内大循环为主体、国内国际双循环相互促进的新发展格局，迫切需要构建与新发展格局相适应的、与当今世界经济发展水平和发展环境相适应的产业体系，打造开放新优势。为此，要推进高水平对外开放，依托我国超大规模市场优势，增强国内国际两个市场两种资源联动效应，稳步扩大规则、规制、管理、标准等制度型开放。尽快强化产业基础能力、促进产业链升级，通过深度参与全球产业分工和合作，提升我国在全球产业分工中的地位，妥善应对高科技等产业“脱钩”的挑战。以加入《区域全面经济伙伴关系协定》（RCEP）为契机，进一步对接高标准国际经贸规则，创造条件加入《全面与进步跨太平洋伙伴关系协定》（CPTPP）和《数字经济伙伴关系协定》（DECP），稳步推进经济金融对外开放。在此过程中，中小企业利用数字经济积极参与国际市场，对于其实现快速发展意义重大。

（五）产业链现代化要体现共享发展要求

产业链上下游是众多中小企业，中小企业贡献了大量就业和税收。从近些年看，小微企业贡献了全国80%的就业，70%左右的专利发明权，60%以上的GDP，50%以上的税收，在经济发展中起着至关重要的作用。但新冠疫情对全球经济的供需造成巨大冲击，产业链末端的中小企业受到严重冲击。要实现产业链现代化，需要促进产业链上下游联动发展，支持上下游企业加强产业协同和技术合作攻关，促进农业、制造业和服务业深度融合发展，推进新型工业化、信息化、城镇化、农业现代化，使“三农”和中小企业更多地参与到产业分工过程中，使更多人群分享发展带来的好处。要鼓励中小企业通过更加独特和科学的生产服务方式，提供更加专业化的产品和服务，形成在特定细分市场的领先优势，培育更多产业链关键节点的“单项冠军”企业。低收入群体在产业结构调整中可能处于劣势，要加大教育培训力度，提升中低收入群体的就业水平和工资水平，在推动产业链现代化，促进经济高质量发展的同时，促进共同富裕。

二、金融支持产业链现代化大有可为

根据党中央、国务院决策部署，人民银行会同相关部门牢牢把握新发展理念，围绕金融供给侧结构性改革，强化金融支持产业链现代化力度，并在全国范围内有针对性地深入开展区域金融改革创新试点。

（一）贯彻创新发展理念，加大金融支持科技创新力度

近年来，我国金融支持科技创新力度不断加大，银行信贷发挥了主要支持渠道作用，并在投贷联动、培育发展风险投资、全面深化资本市场改革等方面有了很大进展，初步形成了多元化的科创金融生态和融资模式。货币政策方面，人民银行通过设立科技创新再贷款、设备更新改造专项再贷款等结构性货币政策工具，引导金融机构加大对科技创新企业以及制造业、社会服务领域和中小企业、个体工商户等的金融支持力度。此外，推动科创金融改革创新试点，也是探索金融支持科技创新的有效模式。例如，2021年11月，设立山东济南科创金融改革试验区，创新开发“人才贷”等专属信贷产品，将人力资本作为融资授信依据，探索构建以人才为中心的科创金融服务体系。2022年11月，人民银行会同相关部门印发《上海市、南京市、杭州市、合肥市、嘉兴市建设科创金融改革试验区总体方案》，推进长三角相关城市科创金融改革，加大金融支持创新力度。

我国金融服务供给与科创企业融资需求尚未实现精准对接，科创活动融资难主要集中在初创期，这一阶段风险尤高，不确定性很大，融资难问题比较突出。一方面，这与科创活动的特点密切相关。一是科创活动链条长，从初创期到成长期、成熟期，需要的时间较长，面临的不确定性因素较多，所以难以准确评估科创活动的本身价值。同时由于技术的专业性，技术的拥有方可能会夸大技术的价值、隐藏风险，使资金提供方难以准确判断。二是科创活动风险较高，失败率高达90%以上。三是科创活动需要大量的资金和人力资本支撑。四是科创企业能够提供的有效抵押资产少。虽然有知识产权，但在实践中知识产权价值难评估，流动性不足，且银行不一定希望拥有此类抵押资产。另一方面，与我国的金融体制有关。如我国金融体系以间接融资为主，传统商业银行经营模式以稳健、风险控制为主要考量，银行信贷业务倾向以抵押质押等方式来覆盖风险，这与科创企业的

"轻资产、高风险、高成长"特征不匹配。此外，还存在风险投资实际投资孵化能力不足，风险补偿机制不健全，证券市场制度设计与大多数中小科创企业不匹配等问题。党的二十大报告指出，要推动创新链产业链资金链人才链深度融合。对此，要进一步完善金融支持创新体系，通过金融科技引领，推动金融体系集成创新，加大对先进制造业、战略性新兴产业绿色低碳转型的中长期资金支持。运用好结构性货币政策工具，加快推动科技创新、设备更新改造再贷款落地，进一步加大对科技创新企业的支持力度。发挥开发性、政策性金融机构以及养老金等机构的风险分担作用，为科技创新提供中长期资金支持。

（二）贯彻协调发展理念，积极推动金融支持国家重大区域发展战略，不断促进区域协调发展

金融在支持区域协调发展中发挥着十分重要的作用。中国人民银行通过研究出台金融支持京津冀协同发展、粤港澳大湾区建设、长三角高质量一体化、成渝双城经济圈建设、东北振兴、原中央苏区振兴、黄河流域地区发展等措施，引导金融机构提升金融服务创新水平，形成与本地区经济结构、产业特点和居民需求相适应的金融服务体系，促进金融要素高效聚集、合理流动和金融市场融合发展。例如，金融支持长三角高质量一体化发展方面，2020年2月，人民银行会同相关部门印发《关于进一步加快推进上海国际金融中心建设和金融支持长三角一体化发展的意见》，支持上海对标国际一流金融中心，不断增强全球影响力，充分发挥上海国际金融中心的龙头辐射和带动作用，推动长三角高质量一体化发展。在金融资产投资公司附属机构股权投资、高新技术企业外债便利化额度试点、离岸转手买卖产业服务、外币融资担保品管理等方面取得积极进展。金融支持粤港澳大湾区建设方面，2020年4月，人民银行会同相关部门印发《关于金融支持粤港澳大湾区建设的意见》，提出五个方面26条具体措施，为大湾区建设富

有活力和国际竞争力的一流湾区与世界级城市群提供有力的金融支持。金融支持成渝地区双城经济圈建设方面，2021年12月，经国务院同意，人民银行会同相关部门印发《成渝共建西部金融中心规划》，从七个方面明确共建西部金融中心的“六体系一基础”政策框架，推动成渝地区加快双城经济圈建设，打造高质量发展重要增长极和新的动力源。

下一阶段，应持续加大金融支持区域协调发展力度，推动形成错位发展、各具特色的区域金融改革格局，加大金融支持国家重大区域发展战略力度。因地制宜，持续推动各项举措落地，提升金融服务实体经济和区域协调发展的质量和效能。

（三）贯彻绿色发展理念，加大金融支持产业链供应链绿色低碳发展力度

2016年以来，人民银行加强和完善绿色金融发展顶层设计，初步确立了绿色金融发展“五大支柱”，发挥绿色金融资源配置、风险防范和价格发现“三大功能”。一是持续健全绿色金融标准体系，为绿色金融规范发展提供准确依据。发布《绿色债券支持项目目录（2021年版）》《金融机构环境信息披露指南》《环境权益融资工具》《碳金融产品》4项标准。深入开展转型金融标准研究，为金融支持绿色低碳发展提供标准依据。二是稳步推进环境信息披露，为绿色金融发展营造公开透明的市场环境。通过积极引导金融机构和发债主体重视自身环境信息披露，不断扩大并提高环境信息披露覆盖面和披露质量。三是不断完善激励约束机制，引导更多金融资源投向绿色低碳领域。创设碳减排支持工具和支持煤炭清洁高效利用专项再贷款，用于支持清洁能源、节能环保、碳减排技术等重点减碳领域，以及煤炭安全高效绿色智能开采、煤炭清洁高效加工、煤电清洁高效利用等领域。截至2022年9月末，人民银行通过两项工具分别向金融机构发放低成本资金2469亿元、578亿元，合计3047亿元。四是鼓励创新绿色金融产品服务，

培育和壮大绿色金融市场。截至2022年9月末，我国本外币绿色贷款余额达20.9万亿元，绿色债券存量规模1.26万亿元，位居全球前列。五是推动绿色金融改革创新试点，为生态文明建设注入新动力。2017年6月以来，经国务院批准，人民银行联合相关部委在浙江、江西、广东、贵州、新疆、甘肃六省（区）九地启动了各具特色的绿色金融改革创新试点，在制定试用绿色金融标准、完善环境信息披露、强化政策激励约束、创新产品和服务、广泛开展国际合作等方面取得积极成效。目前已有五省八地试验区达到预期目标、结束试点，未来要做好经验复制推广工作。继续推动绿色金融改革试验区建设，对于符合条件的试验区可考虑升级为示范区。

党的二十大报告强调要“完善支持绿色发展的财税、金融、投资、价格政策和标准体系”。下一步，要积极稳妥推进经济绿色低碳发展，通过推动绿色金融和转型金融发展，充分动员社会资金，避免“运动式减碳”，切实防范气候变化带来的相关金融风险。推动绿色发展关键资源安全战略，加强绿色创新能力建设，支持中小企业绿色发展，有效应对全球产业链低碳化发展趋势。同时，应尽快完善我国碳定价机制，适当提高碳价，既是国内绿色低碳发展的需要，也有利于妥善应对欧盟碳边境调节机制的冲击。扩大统一碳排放权交易市场，逐步实行碳配额有偿分配，增加碳市场金融属性，提高碳价形成的科学性。及早研究针对碳市场覆盖不到的行业企业推行碳税（费），与碳排放权市场形成合理协调。碳配额有偿分配收入和碳税收入专项用于支持绿色低碳发展。要更深入地参与绿色低碳发展相关国际治理和规则制定，重点是绿色金融、转型金融的标准、规则制定，绿色低碳技术的研发转让，发达经济体履行承诺、更多向发展中国家提供资金支持，防止以绿色发展为名进行贸易保护主义等。

（四）贯彻开放发展理念，加大金融高水平开放力度

以金融开放推动金融改革向精细化发展，通过高水平开放引进国际金

融资源参与“双循环”。通过扩大金融对外开放，可进一步提高资源配置效率，发挥好资金融通和引导的功能。一方面，通过有序降低金融机构的准入门槛，吸引境外优质的金融机构来华设立分支机构或者合资子公司，发挥“鲶鱼效应”，提升国内金融机构的资源配置效率和竞争力。另一方面，通过引入成熟的境外机构，发挥金融特有的价值发现和信息传递功能。构建直接融资体系，完善金融支持创新体系，引导资金和资源向关键零部件、“卡脖子”技术、核心技术等产业集聚，从而突破产业发展的限制，加速产业结构和经济结构的转型升级。目前，我国金融业对外开放进入新阶段，金融市场开放制度建设不断优化，基本建立了“外商投资准入前国民待遇+负面清单”的管理制度，形成了以上海国际金融中心建设为龙头，北京国家金融管理中心建设、粤港澳大湾区国际金融枢纽建设为两翼，全国多地区金融开放各具特色的金融开放区域布局。自由贸易试验区是新时代改革开放的新高地，是金融高水平开放的试验田，同时也是用好国内国际两个市场两种资源的重要连接点。在国务院批复的21个自贸试验区和海南自由贸易港的建设实践中，金融开放创新是浓墨重彩的一笔，涵盖了跨境投融资便利化、金融制度供给优化、跨境金融服务创新等重要内容。人民币国际化水平稳步提升，对跨境产业链供应链的支持保障作用不断强化。通过持续优化跨境人民币业务政策，扩大与“一带一路”沿线国家等重点经济体贸易投资活动中的人民币使用，推动大宗商品贸易人民币计价结算，积极建设和推广人民币跨境支付系统（CIPS），2022年上半年我国跨境人民币收付金额合计20.3万亿元，同比增长16%。

（五）贯彻共享发展理念，加大金融支持农业和小微企业发展力度

近年来，人民银行积极发挥结构性货币政策工具作用，通过运用支农支小再贷款、再贴现等工具，持续支持“三农”、小微企业发展。2021年末，

人民银行做好两项直达实体经济货币政策工具的接续转换工作，将普惠小微企业信用贷款支持计划并入支农支小再贷款管理，将普惠小微企业贷款延期支持工具转换为普惠小微贷款支持工具。2022年5月，国务院常务会议决定，将今年普惠小微贷款支持工具额度和支持比例增加一倍，由人民银行按相关地方法人银行普惠小微贷款余额增量（包括通过延期还本付息形成的普惠小微贷款）的2%提供资金支持，更好引导和支持地方法人银行发放普惠小微贷款。在此基础上，通过再贷款再贴现政策加强对受疫情影响较大的批发零售、住宿餐饮、物流运输、文化旅游等行业的支持。同时，推动多地普惠金融、小微金融改革创新试点，探索以数字普惠金融等方式推进普惠金融可持续发展，通过金融支持民生发展和乡村振兴，显著提升金融服务的覆盖面和可获得性。2016年以来，经国务院同意，人民银行在全国范围选取具备条件的地区有针对性地开展普惠金融改革试验区建设。河南兰考（2016年）、浙江宁波、福建宁德和龙岩（2019年）、江西赣州和吉安以及山东临沂（2020年）相继获批建设普惠金融改革试验区。普惠金融、小微金融改革试验区有效提升了试点地区普惠金融服务的覆盖率、可得性和满意度，取得了良好的经济社会效益。例如，普惠金融的兰考模式通过支持更多农村人口向城镇第二、第三产业转移，创造规模化、专业化经营发展的更大空间，为消除贫困探索出一条可持续、可复制推广的普惠金融之路。兰考模式成功入选中组部组织编选的《贯彻落实习近平新时代中国特色社会主义思想、在改革发展稳定中攻坚克难案例》和中央党校教学案例。下一步，应继续按照市场化原则，健全容错安排和风险缓释机制，强化正向激励和评估考核，做好资金保障和渠道建设，推动科技赋能和产品创新，着力提升金融机构服务“三农”和小微企业的意愿、能力和可持续性。

积极发展供应链金融，通过整合物流、资金流、信息流等，构建核心企业与其上下游企业一体化的金融供给体系和风险评估体系，以快速响应供应链产业链上企业的结算、融资、财务管理等综合需求，降低企业成本，提升各方价值。供应链金融应以服务供应链产业链完整稳定为出发点和宗旨，顺应产业组织形态的变化，加快创新和规范发展，推动产业链修复重构和优化升级，加大对国家战略布局及关键领域的支持力度，充分发挥市场在资源配置中的决定性作用，促进经济结构调整。通过规范发展供应链金融，顺应产业组织形态变化，可有效支持供应链上下游企业发展。一是支持核心企业提高融资能力和流动性管理水平，畅通和稳定上下游产业链条。二是鼓励核心企业通过应收账款融资服务平台进行确权，为中小微企业应收账款融资提供便利，降低中小微企业成本。目前，我国发展供应链金融还存在若干难点堵点，如金融机构、核心企业、政府部门、第三方专业机构等各方难以实现信息共享，应收账款确权及其标准化和透明度有待提高，存在虚假交易和重复融资风险等。下一步，应重点围绕完善供应链票据平台、推动动产和权利担保统一登记公示、优化供应链融资监管与审查规则、建立信用约束机制、防范供应链金融风险等方面，推动供应链金融规范发展，避免核心大型企业挤占中小企业利益，有效拓宽中小企业的融资渠道，确保资金更多流向实体经济。

进一步统筹谋划推动区域金融改革，有效推动产业链现代化。各类区域金融改革创新具有内在联系，可以相互促进、统一谋划，推动产业链现代化，实现经济高质量发展。例如，可将普惠金融与绿色金融相结合，在加强金融对“三农”、小微企业支持的同时，高度关注并推动相关行业和小微企业绿色发展，防止节能减排仅盯住大企业、大项目的不良倾向。再如，可将绿色金融与科创金融相结合，通过科技创新提高化石能源利用效率，大力发展可再生能源。我国在氢能、储能、绿色建筑等领域的核心技术储备不足，要通过发展科创金融，加大对新能源产业、高碳行业低碳转型科技创新的金融支持力度，特别是下大力气支持长期技术研发，使其尽快成熟并进入商业可持续运用。在此过程中，要加强部门协调和上下联动，地方政府要提高协调层级，加大财政奖补力度，有效发挥市场机制作用，切实做好风险防控。下一步，区域金融改革要进一步深入践行新发展理念，积极落实国家重大发展战略，深化金融供给侧结构性改革，加强区域特色金融改革与创新，选择符合条件的地区推动科创金融、普惠金融、绿色金融等试点，深入探索金融服务科技创新、乡村振兴、绿色发展等高质量发展的有效途径，增强金融服务改革开放和实体经济发展能力，推动产业链现代化。

更好服务实体经济　数字化助力银行倍速增长

郭　为

一、数字化，人类文明的新纪元

纵观人类进化史，其本质其实是一次次认知的革命。早在古希腊时代，毕达哥拉斯就提出了“万物皆数”的概念。发展至今，人类社会越发认同世界是由数字所构成的这一观点。特别是伴随计算机的发明，在数字化力量的推动下，数字世界与现实世界之间的关系更被重新认知。

这里可以用几组数据加以体现。从一个视角来看，以国际资本市场为例，在过去的40年，其发生了非常大的变化。在1980年，全球前十大上市公司的总市值只有2364亿美元。而今天，全球前十大上市公司的总市值已经超过了12万亿美元，其中微软和苹果两家公司的市值总和就已经超过了5万亿美元，增长之快令人咂舌。更令人惊奇的是，在2021年全球前十大公司中，有九家都是和数字技术相关，并且市值屡创新高。为什么数字技术产业能有如此迅猛的增速？答案已经非常明确，因为数字文明浪潮已经奔涌而来，人类正在加速进入数字文明的新纪元。

从另一个视角来看，也许我们更能感受到数字时代带来的改变。从2000年至今，中国互联网人群体量呈现爆发式增长。根据《中国互联网络

作者系神州信息董事长。

发展状况统计报告》统计，截至2022年6月，中国网民规模达到10.51亿，人均周上网时长达到29.5小时，其中使用手机上网的占比已经达到99.6%。这意味着，有10亿中国人每天花费4小时在互联网上娱乐、购物、点外卖、打车……互联网已经渗透到大众生活的方方面面。可以说席卷而来的数字文明新浪潮，正在颠覆、重构我们的生产和生活，这就是数字化所蕴含的力量给我们带来的最直观改变。

那么是谁开启了数字文明时代？就像在工业时代，瓦特发明了蒸汽机、特斯拉发明了电力系统、爱迪生发明了照明……推动了工业时代的不断进步。乔布斯正是我们不得不提及的数字时代伟大旗手，也是数字经济的奠基者之一，正是他点燃了数字文明的火炬。2007年1月9日，乔布斯向人们展示了一款名为“iPhone”的产品，这是一款结合了iPod、手机和互联网通信设备等功能的产品，乔布斯和他的“iPhone”定义了智能手机，或者说向我们第一次展示了什么是“数云融合”。而苹果公司也成为第一个让消费者体验云服务的企业，包括iTunes的云音乐服务和汇集各类应用的App Store，可以说iPhone创新了云和大数据的消费新模式。而云服务的价值远不止于此，随着产业与数字科技融合的日益加速，云服务已经深入到各行各业之中，成为促进它们向数字化转型升级的引擎。可以说乔布斯和他的iPhone不仅向人类展示了数据的价值和魅力，让人们开始认识到，数据既是消费，也是资产；**更为重要的是让我们认识到数据是一种资源，是一种生产要素，蕴含巨大的价值。**

二、数字化，经济增长的新引擎

从人类社会的发展历史来看，任何一次经济形态上的重大变革，都催生并依赖于全新的生产要素。农耕文明时期，最重要的生产要素是土地，土地越多意味着有更多的财富。工业文明时代，机器和工厂的重要性超过土地，资本成为重要的生产要素，资本越多意味着更多的财富。

进入到数字文明时代，数据的重要性逐渐超越土地和机器，数据被誉为“新时代的石油”，并以可复制、可共享、无限增长、无限供给等特点，成为连接创新、激活资金、培育人才、推动产业升级和经济增长的关键要素。**因此，对于企业来说，在数字文明时代，数据资产将成为最核心的竞争力，未来谁能拥有更多的数据资产，谁就拥有更多的话语权和影响力。**

（一）数据资产是信息化和数字化的分水岭

党的十九届四中全会首次提出将数据作为生产要素参与分配，明确数据成为继土地、劳动力、资本、技术之后的第五大新型生产要素，标志着中国正式拉开了数字化进程的大幕，数字经济跃上舞台，成为实体经济发展的新形态。

或许有人会问，从1946年发明计算机以来，人类已经利用电子信息技术实现了各种各样的功能，为什么数字经济方才开始？这就要厘清信息化和数字化究竟有什么差别。

信息化是基于控制论，以目标导向为前提。其主要依托电子计算机和网络技术，重点在于数据的传输、记录和存储，目的是提高企业的运行效率。例如办公OA、ERP等系统，实际上都是从控制的角度，将外部信息转化为数字信号实现流程的数据传输，再通过不断修正，来保证系统的一致性，保障信号的传递，最终实现控制的目标。与之相对，数字化则是以数据资产为标志，挖掘且释放数据要素价值。**数字化的根本目的是推动数据资产的不断积累和应用，支撑企业追求业务敏捷化和快速迭代，构建新的增长飞轮，从而建立第二增长曲线，实现新的价值跃升。**例如，北京银行正在大力发展特色化经营战略，针对“数字供应链、科创、文化、绿色”等场景，通过运用场景数据优化金融供给服务，从而构建特色化经营的第二增长曲线。

简单而言，在数字文明时代，数据成为一种新型的生产要素，成了数字化和信息化的一道分水岭。数字化是一种颠覆的力量、一种再造的力量。

（二）数字化的核心是数据资产的累积

近年来，国家高度重视对数据要素市场的培育，陆续出台多个纲领性指导文件。例如，2021年国务院印发《“十四五”数字经济发展规划》明确“数据要素是数字经济深化发展的核心引擎”。2022年底，《中共中央 国务院关于构建数据基础制度更好发挥数据要素作用的意见》（简称：数据二十条）正式出台，明确指出数据要素是做好数字化发展的基础，要围绕服务实体经济这一主线，发挥我国数据规模和丰富应用场景优势，激活生产、分配、流通、消费、社会服务各环节数据要素潜能，做强做优做大数字经济，增强经济发展新动能，构筑国家竞争新优势。

当数据成为驱动经济社会发展的新型生产要素，预示着我们正在进行的数字化，或从本质上改变实体经济的构成，将更多的实体资产转变为可积累的和应用的数据资产。借助数据要素的特征禀赋，在数字经济的助推下，实体经济规模将再次实现倍速增长。

数字化是一个过程，过程中只有抓住累积数据资产这一核心，运用数据思维，才能达成新的目标。**因此企业的数字化转型，最根本的目的在于不断地去扩大数据资产，并利用数据资产不断地去创造新的业务，从而形成一个良性循环，这就是一个数字化企业的增长飞轮。**同样，基于数据资产的价值定位，必然引发基于数据供给的价值链重构和产业链重组。一方面，创造出更多的商机，极大促进供给侧的创新活动；另一方面，加速数据资产与金融资源的融合，通过直连与变现，助力金融更直接有效地服务于实体经济。

三、数字化，转型必修的四门课

面对数字化，江南造船厂的林鸥董事长坦言："数字化不是信息化，数字化就是业务，不转型的企业一定会死。"精辟直白的话语背后却蕴含深意。数字化转型远不是拥抱并应用数字技术那么简单，也不仅是设备和系统的数字化改造，而是需要企业全力以赴的总体战略。

（一）数字化是一项总体战略

任何企业战略的本质都是通过不断地提升竞争力，实现企业资产规模快速增长。当数据成为重要的生产要素，进而企业的核心资产向数据资产转换时，企业的核心战略就是将核心竞争优势数字化，并通过数字化战略实现竞争力的提升和放大，把企业的天然禀赋达到极致，成为整个产业链中不可或缺的一环，甚至成为平台级的企业。在这样的数字化战略中，必然推动价值链重构和产业链重组，为企业自身创造出独特的竞争模式。

总体战略之下，企业数字化转型有四门必修课，即资产数字化、产业数联、智能化和无边界。

（二）资产数字化，企业转型的核心

数据资产是企业最核心的竞争能力。资产数字化是企业数字化转型的核心内容，是企业数字化、智能化的必要步骤和前提条件。实现资产数字化，可以全面支撑、推进企业的数字化转型。有本畅销多年的书叫《海底捞你学不会》，正是别人"学不会"的这部分造就了海底捞的核心竞争力。客户为什么选择你的企业而不是其他企业？就是因为你的核心资产是其他企业所欠缺的。

与以往不同，数字时代只有将企业的核心资产数字化，才能真正实现企业的数字化，数字化将会无限放大企业的核心竞争力，实现产业链的共享，从而形成互为补充的产业生态。如何实现数据资产的流通，构建新的价值网络更是重中之重。我们要建立共享而不是独占的数字化资产，是企业数字化转型的重要标志。这种共享会反哺企业，让企业在资产数字化的过程中提高创新能力，获得更高的核心竞争力，最终形成企业新的增长飞轮。

（三）产业数联，构建强大的数据中台

什么是产业数联？**首先必须明确，产业数联并不是工业互联网或者工业4.0，也不是直接智能化，而是以数据价值为基础的产业价值网络的变革。**资产数字化带来了客户需求、技术研发、商业模式、资产管理等多方面的变化，并由此催生了价值网络的变革。在新的价值网络的基础上，企业内外部的连接、协同与组织方式都发生了根本性变化，进而催生了产业数联的发展。

我们以罗尔斯-罗伊斯公司（简称：罗罗公司）为例，其发展很好地诠释了什么是产业数联。作为欧洲老牌的航空发动机制造公司，工业时代罗罗公司的业务模式与其他企业并无不同，通过生产航空发动机，售卖给飞机制造企业产生利润，投入研发，再生产、再售卖，往复循环。但伴随发展，罗罗公司却发现，寿命更长、效率更高、故障率更低的发动机并没有带来利润的增长，反而在激烈的竞争中，企业发展陷入了瓶颈。随之，罗罗公司改变了策略，将生产的发动机直接租赁给航空运输公司，在收取租赁费用的同时，与航空公司协定，通过飞行数据持续优化发动机，帮助航空公司降低飞行成本，进而实现利润共享。与此同时，保险公司及其他相关公司都可以利用这些数据创造新的工作场景。这就是基于数据价值实现制造商与运营商之间连接、协同与组织方式的改变，是产业

数联的典型示例。

通过罗罗公司的例子，我们可以发现产业数联往往最先发生在产业链局部，然后逐渐向全产业链延伸发展。企业需要整合内外部的更多资源，更好地应对快速变化的前端业务，以更快的速度响应市场需求，更高效地与产业链上下游进行协同，这就要求企业具有一个强大，可以实现上下协调的“指挥中心”，而“中台”恰好能够满足这些需求。**产业数联需要每个企业建立一个强大的中台，才能够把内外部数据有效整合，然后形成企业的核心竞争力。**

中台作为企业的“指挥中心”，是对海量数据进行采集、存储、计算、加工与融合的产物，可将业务生产资料转变为数据生产力，同时数据生产力反哺业务。这是不断迭代循环的闭环过程，更是数字化时代对企业的组织重构、流程再造与技术升级。中台可以分为很多种，比如，业务中台、技术中台、数据中台等。中台建设为企业的数据服务和数据共享奠定了坚实的基础，是企业从“数据”迈向“价值”的强大助推器。它突破了传统公司管理边界的认知，通过一个生态协同系统，极大地提升企业发展速度。**所以“中台”是企业数字化的中枢，是从业务驱动转向数据驱动的必然结果，是企业实现产业数联不可或缺的保障。**

（四）智能化，让人创造更大的价值

智能化是企业数字化转型的一种必然。曾同时获得图灵奖和诺贝尔奖的赫伯特·西蒙说：“管理就是决策过程。”因此，决策智能化将是企业数字化转型的重要组成。决策智能化最重要的两个关键元素是“数”和“智”。简单来说，智能化就是“数”与“智”的结合。“数”就是数字化，从消费端到供给端的全域、全场景、全链路的数字化。“智”就是基于数字化的闭环，完成由经验决策向机器决策的演进，从而实现对市场需求变化的精准响应、实时优化和智能决策。在过往的企业决策中，管理者往往依赖经验。

而今天的智能化决策，则是数据支撑下的高效决策乃至自动化决策。以德国工业4.0为例，工业4.0试图将工业的运营过程从自动化走向智能化。传统流水线在德国已经实现了自动化，自动化是基于控制论的一个模型，那么工业4.0实际上就是在工业3.0自动化的基础上走向智能化，继而将决策智能化推向更广泛的领域。

在智能商业场景下，未来每个企业都会有一台“企业大脑”，它将完成企业大部分的管理决策辅助，能够作为连接数据、分析数据，并为企业管理者提供决策支撑，管理者将会抽出更多的时间在战略规划层面、在客户运营层面。决策的智能化是时代发展的大势、企业必经的阶段，但有一点需认识到：智能化不是为了完全取代人，而是最大限度地释放人的创造力，发挥人的价值。让机器服务于人，机器确保效率，人创造价值，才是决策智能化的最大意义。

从商业智能到决策智能，再到行为智能，特别是最近的ChatGPT，基于大模型共享的数字化基础设施的出现，展现出的数据智能化，更是引发了人类对行为智能化的遐想。**因此，基于数据的智能化必然成为企业数字化的追求目标，而算法和数据也必将成为企业的核心竞争力，并且伴随着数字文明的成熟，其价值也将越发突显。**

（五）无边界，企业天赋的平台化

在传统的经济学理论中，企业的运营是有边界的，因为企业基本的生产资料主要是土地、劳动以及资本等可以看得见的事物，根据企业边界收益理论，当企业的生产规模达到一定程度的时候，企业的边界就形成了。但是在数字时代，企业边界理论已经失去了其生存的土壤。在企业外部，通过产业数联，产业链的数据被打通，上下游企业间的边界变得越来越模糊。在企业内部，智能化可以通过构建知识图谱实现智能决策，员工人数、营收规模不再成为企业的边界定义。从深层次上加以理解，将来企业的运营不仅要组织企业内部的资源，还要组织企业外部的资源，激活产业数联所能连接的每一个有用组织为我所用，彻底将组织边界打破。

企业的无边界化体现在哪里？**一是资源无边界。**企业的经营者需要转变思维，以平台思维、生态思维、共赢思维来管理企业，将链接资源、集聚资源、整合资源的能力当成企业的核心能力来打造，把打造平台、利用平台、借助平台和营造生态、融入生态、生态发展作为重要的发展路径，努力打造无边界、无尽头的产业丛林。**二是行业无边界。**组织的无边界化会促使企业打破传统意义上的行业边界与界限，跨入新的领域，将原本属于不同行业的价值链进行融合与重构，从而为企业带来新的增长点。**三是产品无边界。**企业经营者要坚持用户为王、价值至上，以消费者的多变需求为中心积极整合多方资源、凝聚内外部力量，大胆地推进产品和服务创新，不断推出对用户有价值的新产品、新服务，不断引领企业开拓新蓝海。**四是客户无边界。**无边界企业没有固定的客户选择标准，要尽可能争取未被满足需求的潜在客户和平时没有在视野中的客户，并在消费导向上引导、教育并培养他们，同时关注客户对需求的不同或变化，扩大寻找客户的范围。**五是组织无边界。**数字化转型后的企业将成为一个开放的生态系统，严格意义上的内外界限也变得越来越模糊。这要求企业颠覆传统的组织架构和管理流程，进行无边界管理。

企业通过资产数字化、产业数联、智能化和无边界化发展后，通过不断积累企业的数据资产，并依托云技术不断演进，实现不断创新，通过各种各样的产品和服务满足用户的各种需求。最终企业实现竞争力的提高和价值的提升。因此，我们可以将企业资产数字化、产业数联、智能化和无边界化的过程称为“数云融合”。这就是我们提出的企业数字化转型战略愿景（见图），只有当大多数企业完成数字化转型后，我们才能说数字化社会的真正来临。

图3-1 企业数字化转型的战略愿景

四、产融融合，数字化创造银行业倍速增长

银行不仅是现代经济的核心，还是工业时代信息化建设的引领者。数字时代，银行的数字化转型不仅很大程度上影响国民经济的数字化转型升级，更为重要的是银行的数字化转型将对各个行业带来引领示范和带动效应。

数字化转型对银行的重要意义在哪里？透过招商银行的事例，或许可以一窥究竟。作为12家股份制银行之一的招商银行，2021年资产规模9.25万亿，营收3312亿元，市值达到8222亿（2023年3月25日招行预计发布2022年财报数据，再进行更新），其市值与营收甚至与国有大型商业银行相当。为什么招商银行的市值能取得如此成绩，原因就是招商银行拥有超过1.9亿的线上零售用户数量，并且月活用户数超过6500万，招商银行通过2000多个的线上APP场景，围绕客户的衣食住行游购娱等生活场景，将金融服务与之结合，一方面实现客户数据的持续化积累；另一方面通过对数据要素的利用，实现对客户线上数据资产的管理和运营。

招商银行的事例，充分印证了数字时代，通过对客户数据的价值挖掘，以数据要素为核心，实现对数据资产积累与运营，进而实现对客户数字资产的管理，将成为银行未来最重要的核心能力，成为数字时代银行实现资产规模扩张和市值规模以及数字金融服务能力构建延展的最重要的驱动力。

（一）数字化银行的新思维

数字文明时代，什么是数字化银行的新思维？可以从以下三个角度来看。

第一，从战略上如何不断提升企业的价值。对银行董事会来说，数字化转型的目标就是不断增加银行的数据资产的管理规模，进而提升银行的价值。

第二，从管理上如何实现业务的持续增长。对银行经营管理层来说，其任务是如何利用数据资产，敏捷生成更多的业务，即实现产品和服务的敏捷创新，其数字化目标是要形成业务增长的自动化飞轮。

第三，从执行上如何为业务创新构建能力体系。对银行执行部门来说，其职责在于要建立更加稳健安全和富有弹性的技术平台和能力体系，快速响应业务的需求，如低代码的普及和实现自动化运维。其数字化转型的目标就是基于数云融合为业务创新提供便利的支撑。

在统一思想厘清目标后，下一项重点任务就是如何推动或者是实现银行的数字化转型。主要有两方面的重点工作，一是提升对数字化的认知；二是找到数字化转型路径。

第一，提升对数字化的认知。数字化不是信息化，必须意识到数字经济、数字文明是对传统工业经济和工业文明的颠覆和重塑，是挑战更是机遇。不论是银行还是金融科技企业，都必须基于数字化的新思维，才能做好数字化转型工作。

第二，数字化转型的路径。转型路径可归纳为“定战略、夯基础、搭体系、育人才”四个方面。

一是要制定基于数据资产积累的发展战略。要尽快实现核心能力的数字化和基于核心竞争力的数据资产积累，通过数据中台的建设，构造基于数据的自动化增长飞轮。目前以国内六大行为代表，在推动数字化转型工作中，定战略都被摆在首要位置。例如，在农业银行数字化转型中，提出以战略为先导，将战略深入实施推进工作。同时，强调要主动调整生产关系去适应数字化生产力的发展，以数据为纽带，“用数”为核心实现全渠道经营，最终实现数字化转型从量变到质变。农业银行的案例很好地说明，数据是转型的核心，是实现生产力质变的关键，说明国内银行已经意识到数据资产的重要性，主动改变传统方式以适应数字时代的变化。

二是要构建数云融合的技术体系和基础设施。数据资产的累积和敏捷的业务开发，离不开高可靠性和弹性的基础设施。当前，云已成为主流技术架构的基础上，可以通过构建双模过渡的技术方案。一方面保护过去的投资；另一方面必须尽快向云基础设施的迁移，并结合自身的能力构建多云管理平台，保证安全性和可靠性。以神州信息自身为例，基于“云+信创”的模式，我们推出了以ModelB@nk5.0银行整体技术架构+通明智云双轨基础架构的银行金融技术架构体系。在保障安全的基础上，帮助银行构建具有数字化服务能力的旅程化客户服务能力。

三是构建基于数据资产的业务创新体系，从业务的数字化走向数据的业务化。在持续扩大数据业务的过程中，不断突出企业的核心竞争力，借助技术手段实现全员的数字化转型。如何理解基于数据的业务创新体系？目前国内很多银行正在做的开放API就是基于数据业务创新的一种表现，是构建基于数据资产的创新平台。一方面通过API将自身数据能力进行开放，通过外部调用实现能力的场景化嵌入，助推服务能力的延伸。另一方面，通过数据能力的开放，获取更多的场景数据，推动自身的业务创新。例如，平安银行已经发布超过2500多个API服务，日调用量超过了3000万次，通过API服务实现了一定程度上的数据资产转化。在开放API的同时，近一两年伴随国内一二产业数字化程度的深入，场景金融逐渐成为银行基于数据资产业务创新和开辟第二增长曲线的重要领域。通过将产业场景中某些环节或者围绕某些主体链条，将其数据化并与银行自身数据能力相融合，形成可被识别、评估、风控的数据资产，降低银行的传统信贷服务成本，实现金融服务的普惠化。例如，我们和邮储银行共同打造的“神州金服云”平台，就是基于传统的供应链场景，将链上企业的核心数据资产化，与银行风控数据模型相融合，构建的数字化供应链金融服务，极大地简化和降低了中小企业的授信成本，同时为邮储银行构建第二增长曲线提供了助力。

四是提升员工的数字能力打破转型的瓶颈。银行的本质是做好服务，而业务人员作为一线人员，就成为掌握数字能力的重点。一方面是技术部门提供无代码、低代码、智能化的工具，另一方面应该提升自身的数字化认知和具有数据化思维，并且掌握一定的数据化技能。同时，还应重点加强和培养业务干部的数字化能力。只有这样才能充分发挥业务部门的牵引性和创新性。近年来，很多银行都在打破传统的组织架构，成立包括像数金、普惠、绿色、新零售等新的业务部门，其目的就是希望业务部门能发挥数字化转型创新的牵引作用。之前有位国有大行的副行长曾形象地比喻：“未来银行从业人员如果没有数据思维能力，就像30年前进银行不会算盘、20年前进银行不懂计算机，将被历史淘汰。”

（二）数据资产推动银行资产规模的十倍速增长

银行的核心能力是什么？或者说从2000多年前古巴比伦银行雏形的诞生，到现代银行经过400余年的发展，银行作为信用中介，虽然业务模式和种类发生了翻天覆地的变化，但是银行的核心价值始终没有发生改变，始终是借助外部技术手段，持续推动资产货币化的过程，通过资产货币化加速信用流转跨越时间、跨越空间和跨越主体的流转效率。从最初对以货币的“存”到后来的“贷和汇”再到如今的支付、投资等，伴随业务的数据化程度的深入，极大地提升了银行业务办理的效率。

我们可以引申地思考下，中国经济改革40年，货币化是重要的成绩。

通过持续的货币化改革，货币载体的演变，大部分的经济活动都实现了金融化，因此国内银行管理的资产规模也在不断增加。这里面最典型的代表就是房地产，通过土地和住房商品化，一方面扩大了商品供给，同时带动了投资，拉动了中国经济40年的快速增长。另一方面，伴随实体经济规模的增长，国内银行管理资管的规模也得到了快速的增长。通过中国人民银行金融统计数据显示，1980年中国的M2总量只有0.18万亿，而截至2021年末中国的M2总量已经达到238.29万亿。

未来，伴随实体经济数字化进程的深入，数据作为生产要素带来的变化，数据资产的总量将会进一步地增加，将极大地提高全社会经济的资产规模。银行作为重要的资产管理机构，其管理规模必将实现扩大，也许是十倍，也许是百倍。这种变化必然会对银行的数字化能力提出了挑战，但也为银行业的一次爆炸式增长创造了契机。

（三）以数据资产管理为核心构建新增长飞轮

伴随数字化进程的深入，将必然出现企业规模的分化。上文中两组数据其实是很好的例证。一方面，过去20年中国人民的数字消费能力呈现爆发式的增长，我们可以设想有超过10亿的中国人平均每天在网时间超过4个小时，这里面将会产生何等体量的数字消费规模。如果扩大到全球，这也说明为什么仅仅用40年时间，全球前十大上市公司市值总规模增加了50倍，从2364亿美元增长到超过12万亿美元；并且其中9家都是和数字技术相关。同样，企业资产规模的增长对银行带来了哪些变化。2022年中国银行业协会发布“中国银行业100强榜单”统计数据显示，目前国内已经有31家银行资产规模超过万亿，其中中国工商银行和中国建设银行更是携手突破30万亿元规模。这就是数字化进程所带来的变化，企业规模在十倍速增长，也将带动银行规模的快速增长。并且伴随越来越多的数据成为数据资产，企业本身的数据资产规模将逐渐增长，这种数据资产的转化其实就构成了新的增长飞轮，并且在数据资产可共享的特征禀赋下，将会呈现循环往复的增长过程。这就是为什么我们一直强调数据资产对企业、对银行的重要性。数据资产不仅可以提升和放大自身的核心竞争力，更重要是在产业数联、智能化、无边界化等数字化转型过程中，可不断帮助企业构建新的增长飞轮。

未来，当我们的实体经济完成向数字化的转型后，将产生不可估量的数据资产和服务场景，而银行如果借助实体经济的数据场景进行直接服务，实际上会极大扩大银行资产管理的规模，就会带来银行的倍速增长。

（四）新技术范式助力银行数字化

在国内银行数字化转型过程中，我们看了很多成功的实践。例如，近年来市值快速上升的招商银行，作为拥有1.9亿个人零售用户的银行，仅在2022年其App平均每周上线60+个项目，全年累计上线超过3000个服务项目，链接137家财务开放合作伙伴，及2万+生活类商户，为不同年龄、不同层级、不同需求和不同习惯的客户提供旅程化的场景服务，通过持续的数字化建设，巩固和放大自身的核心竞争力。但同时，我们也看到受自身技术能力和资金限制，国内还有很多的银行还没有获取到数字化进程的红利。作为服务中国银行业40余年的一家科技企业，神州信息一直在考虑能够借助数字时代技术范式的变革，为国内银行提供一套数字化转型的通用技术架构体系，为此我们推出了具有数云融合技术特性的第五代未来银行整体架构体系ModelB@nk5.0，通过“场景链接、旅程服务、中台化、数据资源积累和组织管理”五层架构体系，帮助银行做好数字化转型工作。

ModelB@nk5.0对指引银行数字化转型的重要意义主要体现在一是通过场景链接、中台建设、数据资源积累和组织管理等方面建设，帮助银行找到产业数联、智能化、无边界等数字化关键方面的转型路径。二是通过全生命周期的旅程化服务，帮助银行构建以数据资产为核心的服务能力。例如，在场景融合的服务延伸方面，ModelB@nk5.0可以帮助银行构建融合物理网点、线上平台和场景融合的一体化产融结合的服务体系。帮助银行更好地开展生态场景链接和服务融合。在中台建设方面，基于银行对数据资产管理的需求，我们以中台化的视角构建了技术、业务和数据相应的中台体系，满足银行的敏态创新需求。同时，基于云原生的ModelB@nk5.0体系可以实现对多云技术路线的支撑，满足国家信创安全的要求。

（五）产融融合数据助力普惠金融

国家一直在强调金融的本质是服务实体经济，但现实中作为实体经济的重要组成，中小企业却依然面临“融资难、融资贵”的问题，普惠金融的工作仍然任重道远。**造成这一现状的问题主要有两点。一是中小微企业的金融服务一般呈现“规模小、频率高”的特点，因此银行金融供给一般呈现双高现状，既“成本高、风险高”，导致市场环境中银行服务中小微的动力不足。二是中小企业资产规模小，很难满足银行传统以实体资产为核心的风险控制要求，导致获取金融服务受限。**

伴随数字化转型的加速，社会经济中数据资产的逐渐积累，很多银行已经利用场景金融服务打通产业数据，实现实体经济数据和金融资产之间融合和转化。例如，中国建设银行推出的“裕农快贷”，就典型的农业农村场景金融服务，通过涉农大数据与金融数据的融合，构建了乡村产业链生态场景金融服务体系，为农业养殖户提供便捷贷款服务。通过场景金融服务，一是通过产融融合，实现数据融合，形成标准化金融数据资产，极大降低了金融供给的成本；二是由于场景金融服务带来的产融融合，在加速实体经济数字化发展的同时，也将大量的实体数据资产与金融资产形成更为紧密的联结，从而进一步为银行数据资产的管理创造了基础。

近些年，神州信息也在持续探索产融融合，在通过场景金融解决普惠金融难题的同时，也助力银行实现实体经济数据资产的管理提供帮助，尤其是在“三农”和中小微等普惠重点群体。

例如，在“三农”金融场景方面。我们基于“三农”数据资产，并且融合金融业务场景，与建设银行、农业银行等300多家国内银行合作，通过“银农直连、农保直连、生物资抵押”等场景金融服务，为700多万农民和农企提供金融信贷服务。

同样，在纾困中小企业融资难题的方面。在国家银税互动的政策下，我们基于中小企业积累的税务数据资产，已经与300多家银行合作，通过企业税务数据资产构建服务中小微的信贷风控体系，目前已经服务超过110万家中小企业。

最后，如果说数据要素是数字时代的标志。**那么在数字时代，基于数据资产的管理和增值，将成为中国金融行业数字化发展的核心。**现阶段，银行针对数据资产管理还存在几方面的难点。一是对数据资产缺乏标准化的认定，还未能建立针对数据资产的价值评估体系。二是对数据资产管理能力存在不足，尤其是针对数据资产的沉淀和统筹管理能力。三是数据资产的流通受限，与数据资产流通相关的法律法规和市场交易规则滞后和欠缺。四是缺乏数据资产管理的复合型人才，对数据资产的转化和管理造成掣肘。因此，要发挥数据资产的价值，还需要金融行业多方参与者，尤其是科技产业和金融机构共同探讨。神州信息非常愿意分享我们在银行数据资产价值挖掘方面所做的实践经验；愿意和更多的金融机构在探索数据资产管理方面进行深入的探讨，凝合多方力量共同推动金融数字化转型，共同推动金融更好地服务实体经济，实现多方互赢、共同发展。

供应链金融生态化发展：未来趋势

宋　华

近几年来，随着国家及各级政府的不断推动，我国供应链金融得到了蓬勃的发展。截止到2021年底，票据承兑发生额已经达到了24.15万亿元，票据贴现的发生额达到了15万亿元，票据转贴现的发生额达到了46.94万亿元。与此同时，供应链金融市场的资产余额已经从2017年的18.5万亿元快速增长到2021年的28万亿元，年复合增长率达到10.9%，预计2026年将达到47.7万亿元。在市场高度发展的同时，各行各业各种类型的企业，纷纷加入供应链金融的市场和轨道中来。这里面既有产业，也有金融机构，还有很多科技公司，供应链金融呈现出了蓬勃发展的势头。与此同时，供应链金融市场逐步得到了有效规范，供应链金融市场有了良好的发展秩序，这可以从2022年9月国办发布的《关于进一步优化营商环境降低市场主体制度性交易成本的意见》中得到体现。但是需要看到的是，尽管上述现象说明了供应链金融持续发展的势头并没有减缓，但是，与此同时，我们也需要认识到长期以来制约供应链金融发展的掣肘因素并没有从根本上予以解决，仍需要从系统视角，探索供应链金融发展之路。

一、供应链金融发展现状与创新突破

应当讲，经过这些年不断的尝试和发展，供应链金融实践取得了一些

作者系中国人民大学商学院教授、博士生导师。

创新和突破，这不仅表现在量的变化，也表现在质的改变。具体而言，首先从量或规模的发展角度看，随着国家对供应链金融关注度逐步加强，普惠金融的力度增大，金融机构对企业贷款的支持力度逐年上升，特别是普惠型小微企业贷款，发展迅猛（见表1）。2019年为43万亿，2020年为56万亿，2021年为72万亿，2022年前三个季度为65万亿。与此同时，中小微企业融资的成本逐步降低。我国新发放的普惠型小微企业贷款利率2018年全年为7.34%；2019年全年为6.7%，较2018年下降0.64%；2020全年为5.88%，较2019年下降0.82%；2021年全年为5.69%，较2020年下降0.19%；2022年上半年全国新发放普惠型小微企业贷款利率5.35%，较2021年全年下降0.35%。除了融资量和利率外，积极推动和开展供应链金融的主体也日益多元化，根据行使职能不同，可将供应链金融的主要参与者分为八大类：核心企业、链属企业（中小企业）、金融机构、物流服务商、供应链管理服务公司、科技公司、基础设施服务商、政府职能部门及行业组织，从目前发展态势看，这些机构均积极发挥着相应的作用。

表4–1　银行业金融机构普惠型小微企业贷款情况表

（境内，单位：亿元）

项目 \ 时间	2019年	2020年	2021年	2022年（1–3季度）
银行业金融机构合计	436405	563130	721117	653008
其中：大型商业银行	119076	175636	245088	237460
股份制商业银行	180924	99601	127202	111605
城市商业银行	64706	82037	101074	89688
农村金融机构	165464	196556	233153	199166

资料来源：中国银保监会统计数据

其次，从质的变化看，近年来供应链金融出现了一些新的创新和突破。

这些创新和突破可以用三个关键词汇来概括，即协同推动、数字信用和多元目标。协同推动指的是不同的机构和组织之间、企业与金融机构之间，甚至地方政府等管理部门开始紧密合作，协同打造供应链金融服务平台，为产业企业提供综合性的供应链金融服务，这一推进方法不同于以往企业层面或金融机构自身推进供应链金融，其协同合作既能够有效整合各方资源和能力，又能够更好地服务于产业集群和众多中小企业。数字信用指的是应用数字化技术强化供应链运营中参与主体的信用刻画和管理已经成为目前供应链金融开展的主要工具和手段，因此，围绕供应链金融活动开展一系列从硬件（数字技术的广泛应用）到软件（大数据分析、AI应用等）的建设，已经是各行各业打造数字基础设施的主要举措。多元目标指的是有些领域开展供应链金融的主要目标不仅是帮助解决企业、特别是中小企业的运营资金，还开始关注培育企业的创新能力，以及产业供应链安全与韧性。

二、供应链金融发展的挑战与成因

尽管这两年供应链金融获得了长足发展，也取得了一些创新，但是，制约供应链金融发展的因素并没有从根本上解决。首先，我国中小企业获得资金的状况仍然不容乐观。诸如，截至目前，没有贷款记录的中型企业占比仍然占到了60%，而小微企业占比达到了90%。据我们对A股上市542家中小企业（除金融业）现金循环周期测算（见图1），近五年的现金循环周期高达300多天，其中2020年为357天，2021年为331天，应收账款周转天数2020年为197天，2021年为213天，为近五年来最高水平。北证123家企业2022年第二季度现金循环周期为129天，第三季度上升至179天，这些数据均说明供应链金融仍然处于攻坚克难的阶段，这其中固然有疫情冲击、国际贸易形势复杂的影响，也有一些固有问题没有有效根治解决的原因。其次，这几年大宗物资领域暴雷事件仍然频发，特别是2022年接二连三爆发了铝锭事件、秦皇岛港精铜矿事件等，以至于金融机构对存货融资仓单质押望而却步。

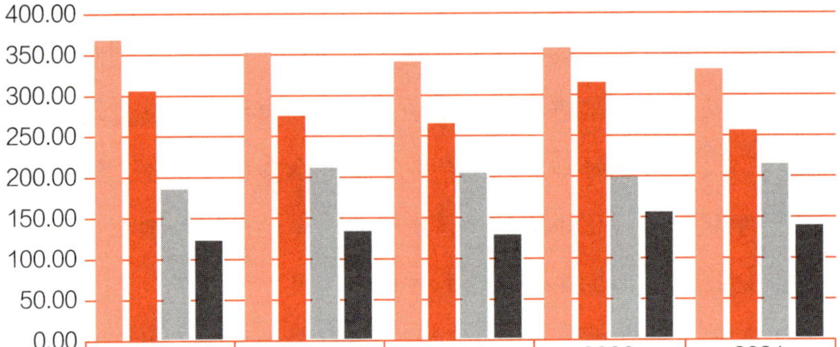

	2017	2018	2019	2020	2021
现金循环周期	368.44	352.76	341.46	357.31	331.22
存货周转周期	306.01	275.45	265.67	314.78	256.31
应收账款周期	184.08	209.78	203.23	197.24	213.08
应付账款周期	121.66	132.47	127.44	154.70	138.17

图4–1　A股上市524家中小企业（除金融业）近五年现金循环周期（天）

造成上述问题的主要原因，仍然在于供应链信用体系尚未建立。事实上，中国人民银行2020年发布的226号文解释得非常清楚，供应链金融开展需要建立主体信用、数字信用和物的信用。数字信用是建立在全面数字化基础上的供应链交易信用，也就是我们能否清晰地知晓和把握供应链交易运营各个环节、各类要素的真实状态，而且我们能够获得的信息数据是实时、透明、不可篡改、可信赖的；而物的信用还不仅仅指的是静态的物，而是流动中的物，也就是能够全面清晰地把握供应链资产的变化、移动、转换和增值，显然，这需要从流程的视角，系统掌握资产的来龙去脉；同样主体信用指的不仅仅是主体征信或者信用刻画，而是能全面了解、判断供应链各主体的行为特征和行为规律。显然，只有这三个信用同时确立，才能解决存货融资或仓单质押中存在的潜在风险。

而目前面临的挑战在于三大信用构建的根基不牢。首先，在交易层面，由于各行各业的企业异质化程度较高，很多企业正面临着数字化转型的困扰，包括一些核心企业自身都面临着竞争力和数字化程度提升的压力，因此，贸易背景的真实性受到挑战。特别是困扰着我国产业供应链发展的规范标准体系尚未完全建立，使得组织与组织之间难以协同合作，也就无从谈及数据信用。其次，在资产层面，供应链运营中涉及的资产形态各异，价值状况千差万别。受制于资产以及物流运作要素的非统一化和标准化，加之物流活动的复杂性，涉及参与者的多元性，往往较难实现交易单证与实物资产的唯一锚定，进而使得物的信用也无法真正形成。最后在主体层面，由于外部经营环境不确定性程度较大，加之各类企业竞争力不一、发展程度参差不齐，传统的企业征信画像较难全面及时反映企业的经营行为和未来变动状况。

因此，要真正消弭供应链金融发展中的掣肘，还需要全面推进主体信用、数字信用和物的信用，而这三类信用的建立则需要确立起产业链供应链中的信任链。

三、供应链金融发展中信任链的建设

主体信用、数字信用以及物的信用建立，需要以信任链为支撑，信任链是产业链供应链中相互关联和高度整合的各类主体（包括人类行动者和非人类行动者）构成了相互连接可视化、相互作用可溯化、相互作为可核化，而形成的对供应链各主体、各要素、各行为符合公认预期的状态。换言之，信任链是伴随着产业链供应链高质量运行所形成的一致认同和相互信赖关系。显然，这一状态的实现，就需要以可信交易链、可信资产链、可信行为链以及可信制度链为基础。

"可信交易链"指的是确保供应链各参与主体之间的交易真实可信赖，并且这一真实、透明、高质量的交易活动不仅能为参与方相互之间认同，而且也能为外部机构、包括金融机构高度信任。要实现这一目标，就需要解决三个方面的问题：一是交易管理要素的规范化，目前之所以中国供应链产业链建设任重道远，一个主要的障碍是行业级的标准和规范远没有广泛建立，这无疑对金融活动的开展构成了挑战，因此，如何实现行业技术参数、合约、各类函证、发票（该要素已经实现了规范化）的标准规范是建设可信交易链的基础设施；二是交易流程知识的体系化也是可信交易链建设的关键，即如何从寻源、订单、交易（询价、条款、签约）、质保、履约、处置全过程形成全面的流程知识，并且基于形成的流程知识客观、合理地评判经济主体之间交易的质量；三是形成稳态的交易网络和生态，即供应商、渠道商、客户方、物流商、管理方所形成的交易网络是否具有生产力、稳健性和创造力，没有形成健康的网络和生态，很难确保交易关系的高质量。

“可信物流链（资产链）”涉及供应链运营中的物流业务或资产是否真实可信赖，由于经济人的机会主义或道德风险，可信交易不一定是可信资产，因此，可信资产链与可信交易链是互为补充、互为能动的体系，或者说反映了非人类行动者的网络体系。可信资产链也需要解决“关键三维”。一是有关物流业务和资产要素的规范，诸如质量、形状、数量、装载、价值、运单、仓单、面单等要素规范化。值得提及的是围绕供应链金融中物的要素建立标准体系和平台是保障可信资产链的关键。近些年各类行业协会出台了一系列行业标准，诸如中仓协推出了数字仓单标准、中物联推出了数字仓库标准等，这些行标非常重要，这是供应链金融的基础设施，前期供应链金融发展中出现了鱼目混珠的状况，大量不规范的行为充斥着行业，以至于很多企业和行业对供应链金融产生了很多误解，包括最近频繁暴雷的事件，严格意义上讲，都不是真正意义上的供应链金融，因此，规范发展供应链金融，确立供应链金融运作过程中的规范标准变得十分急迫。二是仓、配、运、转的流程管理，仓指的不仅是仓储管理的数字化，还是多级仓之间（也包括海外仓、境内仓之间）流程管理数字化，同样配和运也是关注流程的管理以及流程质量管理。运专指的是在国际贸易开展过程中，商品物启运、到达或中转港口码头的流程管理以及运营质量管理。三是物流枢纽网络的形成以及物流资源的建构与获取。

“可信行为链”是链接“可信交易链”和“可信资产链”的纽带，其目的在于保证所有经济人以及非经济人行为可靠、真实与有效。诸如，在我国之所以仓单质押或存货融资难以开展，是因为在我国商业现实中货权与物权的非统一性造成，因此，要推动这一金融业务顺利开展，就需要明确商业行为和商业状态。可信行为链同样需要三个层面的建设与管理。一是对采购、技术、生产、营销等政策和行为要素的判断和管理，诸如当一个非电子行业的企业采购电子元器件时，其行为要素就要受到质疑。二是行为过程管理，即任何的交易和资产变化都需要判定因何事、出何处、在何时、做何为。三是需要充分调查了解供应链金融中的参与者行为发生的一致性、合规性，与环境的吻合性、与战略方向的契合性等。

上述三个可信链针对的是供应链金融理性发展的商业运营，而保障上述三个可信的最底层基础设施是“可信制度链”。可信的制度体系是供应链金融发展的框架，也是商业文明形成的磐石。应当讲，最近一两年出台了一系列的供应链金融政策，这些政策对于促进供应链金融稳定、持续、有效地发展起到了非常好的规范作用，是供应链金融发展的制度保障。总体上看，这些制度政策对于过去这些年借供应链金融名义大行牟利之实，甚至危害产业企业的行径起到了制约作用，特别是2022年国办的30号文、2021年底国资委出台的104号通知、2022年银保监发布的《企业集团财务公司管理办法》等，这些对一些不当的金融行为予以了严格规制。尽管这些政策的效果还要看具体落实进度，但是可以预期这些对供应链金融良性发展一定能够起到巨大的促进作用。未来建设可信制度链还需要关注三个方面。一是进一步规范不当的所谓“供应链金融”活动，特别是借助于信用流转以及其他名义，变相占压上下游资金，或者核心企业财务公司做“二银行”的行为予以限制。二是政策的推行需要兼顾监管与创新并举，政策一方面要规范市场行为、营造公平公正的制度环境；另一方面也需要创新突破原来制约供应链金融发展的窠臼，诸如二类户问题如何解决、如何兼顾地方金融机构不能跨区域经营与供应链金融活动广域化的矛盾等。三是政策之间的协同也是供应链金融持续发展的关键，特别是随着供应链金融的内涵越来越广义化（供应链金融不仅仅是解决企业运营资金，而是综合性的金融活动系统服务产业），往往会涉及不同的管理机构，诸如基于供应链业务或资产形成的ABS、ABN等，这就需要管理部门之间协同，形成体系化的管理政策。

四、供应链金融发展中产业数字生态建构

供应链金融的本质，严格意义上讲不是资金的借贷，而是帮助产业以及产业中的中小企业来实现健康的现金流，也就是说怎么能够让整个产业的资金流动更加稳定，更加健康，能够加速整个产业和行业的现金流的速度，周转速度，这是供应链金融的本质之所在。因此，要从健康的现金流的视角看待供应链金融，同时在确立主体信用、数字信用和物的信用基础上，保障供应链金融的安全稳定、风险可控，就必须从产业端推动生态体系建设。

以前在强调以借贷为主的供应链金融的时候，往往是站在企业的角度，换句话说，站在一个特定的企业或者核心企业，怎么通过有效的借贷来解决我们上下游的资金问题，从而化解企业内部因为业务孤岛和信息孤岛所造成的信息不对称，从而促进资金流动。但是未来要想真正走向一个健康的现金流，就不能仅仅站在一个企业的视角看待这个问题，更需要站在整个网络和生态的视角，网络和生态的视角不同于企业的视角，网络的视角

是要去打破组织之间的业务和信息的孤岛，让我们不同的关联企业之间能够协同起来，从而能够加速现金流。

具体讲，产业数字生态建设的关键主要有三个层面。

第一个层面是数字赋能。即研究各行各业企业运营的特征、流程、状态，采用相应的数字技术来赋能，并提供良好的数字服务，增强产业发展的纵深力。比如，基于现代数字通讯技术，收集各类原始数据，把产业运营中的数据标签确立起来，形成立体化、相互校核的数据集。探索数据，支撑产业链供应链运营决策。确立数字治理体系，推动产业链供应链创新。

第二个层面是供应链产业链创新。供应链产业链创新主要有三个维度：第一个维度是场景创新。要真正建立一个强有力的有竞争性的产业数字生态，不仅要关注特定企业的供应链，更要关注产业集群的供应链，或者创新网络供应链。供应链金融立足的产业场景越丰富、越具竞争力，供应链金融施展的空间越大。事实上，我国有大量的产业集群，特别是具有创新特点的产业集群，例如，工信部推动的中小企业特色产业集群、先进制造业集群等，怎么能够把集群通过数字技术的赋能，通过各种手段把它形成一个有机关联，相互协调和整合的供应链体系，构建跨区域跨环节的供应链金融体系，是产业面临的主要挑战。第二个维度是流程创新。我们要夯实产业生态，不仅要关注交易、物流，更要关注服务流程。即如何整合各方的资源能力，并且通过有效地提供供应链咨询服务、方案定制化服务、技术服务、云集采云仓储服务、数据服务等各类服务活动，将各方内嵌到产业链供应链运营中。只有把这种服务流程建立起来，才能够让各个利益相关方能够紧密合作，能够协同起来。第三个维度是要素创新。以往我们在推动产业供应链和供应链金融过程中，我们更多关注的是管理要素，比如说，具体的技术管理、生产管理、分销管理等，未来在推动产业发展的过程中，不仅要关注管理要素，更要关注行为要素和知识要素。行为要素侧重于各个经济主体的能力判定和行为性预测，亦即根据供应链运行的规律，预测各个主体可能发生的行为，以及可能产生的结果。诸如根据特定行业供应链管理的安排，在什么时候由哪个主体从事哪些经营活动？承担什么性质的工作？多大规模？并且由此对现金流会产生什么影响？这些行为要素的管理，显然，会使供应链金融活动更加精准化。此外，随着对行为要素管理经验的不断积累，最终会产生行业或产业的知识图谱，或者说构建起了网络化的知识体系，能够从全局、系统的角度组织管理供应链，到这一阶段产业才是一个高度数字生态的产业。

第三个层面是加强产业供应链韧性建设、产业链可持续化和“双碳”化的发展。产业链供应链韧性化是产业数字生态强劲的表现，事实上，只有建立具有韧性的供应链，供应链金融才能安全开展。当然，供应链金融也有利于供应链韧性建设。产业链可持续化和“双碳”化既是产业数字生态发展的方向，也是未来我们的供应链金融在依托产业的过程中可以着力的发展方向。

当然要把上述三个层面高度融合起来，我们建立一个产业链的中枢塔，也就是端对端的一个整体的数字化的供应链管理体系。只有这样，产业才能真正实现生态化，建立强有力、有竞争力的产业，从而为供应链金融的蓬勃发展奠定坚实的基础。

五、供应链金融数字生态创新发展

供应链的健康发展，除了建立产业数字生态外，还需要金融数字生态的建立和发展。以往我们更多地关注信贷，即便关注金融活动中数字技术的赋能作用，也是强调的数字信贷。比如说，利用数字技术来对上下游进行画像，刻画它的风险，从而提供相应的信贷产品。但是如同前述，供应链金融的本质是为了实现健康的现金流，让整个行业的资金能够不断地循环起来。所以，仅仅关注数字信贷是不够的，更要关注金融的数字生态，所谓金融的数字生态，那就意味着首先供应链金融不仅是借贷性的业务，它有更多的业务产品可以不断延伸，比如说，合同贷、中标贷、信用贷、支付清算、保险，等等，都是产业发展所必需的金融要素。

金融数字生态建议意味着更多的协同和更广泛、更多元化的金融主体，来综合性地服务于产业数字生态。与此同时，金融数字生态也是未来发展的一个方向。金融数字生态建设的关键也有三个层面。

第一个层面是数字赋能。即通过广泛地应用金融科技手段助力金融活动，包括金融风险管理。事实上，在供应链金融活动领域，需要构建四个层级的技术体系，这是供应链金融基础设施。一是感知层技术，即能够及时掌握知晓资产状况的技术，诸如物联网技术等；二是数据层技术，即决策支持性技术，如AI、云计算、大数据分析等；三是流程层技术，即优化管理金融活动流程的技术，如区块链、电子票据、电子账户等；四是模式层技术，即支撑金融运行和管理的技术，如智能风控、仪表盘等。

第二个层面是供应链金融创新。供应链金融的创新有三个维度。第一维度是产品创新。产品创新就是从原来的要素金融逐步转向交易金融和场景金融。所谓要素金融也就是基于应收应付、存货、仓单等交易要素所开展的金融活动。未来我们更是要基于产业相互业务关系、产业运营能力以及发展变化，通过这样的场景来推动金融，这就是交易金融和场景金融的核心之所在。第二维度是流程创新。流程创新就是从原来只关注借贷的流程，转向更多关注资金往来。广义的供应链金融还包括支付清算、结算、账户管理，这些都是我们要关注的重点，同时还涉及业务与财务融合问题，怎么能够让资金管理包括融资活动，能够更好与产业的业务结合起来，服务于业务，为其提供定制化服务和管理活动。第三个维度是要素创新。要素创新就是在风险管控的过程中，从原来的注重于资产的风险管理，更多地转向行为性风险管理和能力性风险管理。换言之，要去不断评判所有关联方业务行为变化，以及能力的变动，在此基础之上，能够更前置化地管理供应链金融风险。

第三个层面是建立生态化和可持续供应链金融。生态化的供应链金融是基于复杂的业务场景或产业集群、产业园区，由政企银协同推进，提供多元化组合、整体性供应链金融服务。最近一些地方围绕自身的产业集群或者产业园区建设了供应链金融平台，这是一个值得关注的创新，事实上，这类立足产业特色、政企银多方协同的供应链服务与金融平台，正是我们目前需要发展的方向，这样做，一方面能够立足本地产业服务本地产业，将金融服务精准滴管到当地产业发展中；另一方面将政府管理数据、供应链运营数据、园区数据以及各类社会数据很好地整合，实现了更为有效的风险管控体系，也有利于在保障数据安全的基础上，推动合理的数据共享交易。当然，这类平台还需要夯实基础，即这类平台首先应该立足于整合优化产业集群供应链，实现当地产业或者园区的高质量发展，如果产业或园区没有能够形成高质量的运营链、创新链、人才链，供应链金融也将失去坚实的根基。

可持续供应链金融是未来供应链金融的发展方向，从供应链金融发展关注看，有两个趋势是值得探索的，一是围绕供应链安全、稳定和韧性建设的供应链金融。从这一视角看，供应链金融对于安全韧性有两层含义，首先企业资金流的稳定本身就是供应链安全韧性的表现，通过应用供应链金融，能够保证产业资金安全稳定。此外，有效的供应链金融，对于打造安全韧性的产业供应链具有重要的促进赋能作用。二是围绕“双碳”目标而开展供应链金融也是今后发展的新趋向，即一方面借助供应链金融引导各方协同降碳；另一方面通过更好地把握企业碳足迹和降碳行为，提供更为有效、成本更优的供应链金融产品和服务。

产业数字生态和金融数字生态是供应链金融未来发展需要打造的两个基础设施，只有把这两个数字生态高度融合，才能在未来真正持续促进社会金融服务企业发展。

六、供应链金融发展中尚需关注的问题

供应链金融稳定、持续发展，除了上述信任链建立，以及从产业端和资金端加强生态建设外，目前供应链金融行业最迫切的、最核心的问题是规范信用流转业务，以及供应链金融平台建设标准和数据治理体系建立。

信用流转本是依托核心企业的信用实现向供应链上游实现多级穿透，将信用延伸到供应链中小微企业，并且通过电子凭证贴现，解决中小微企业资金短缺问题，同时克服三角债现象。然而，应当看到这一模式并没能从根本上解决信用风险问题，这是因为这类金融产品仍然是基于核心企业的信用，一旦所谓的核心企业出现经营波动或危机，反而使得风险产生涟漪效应，放大了信用风险，2022年上半年一些房地产龙头企业的信用流转业务导致上游建材企业出现大规模资金风险和倒闭，便是这一问题的表现。此外，这一金融产品在这些年的发展中出现了异化现象，违背了为中小微企业服务的初衷，这主要反映为一些电子凭证的期限越来越长，并且强制上游供应商必须接受核心企业开出的“信单证”，同时利用银行资金获取贴现带来的高额收益等，这些问题必须引起监管的高度关注，需要通过政策来加以规范。具体而言，可以通过五个方面引导信用流转的规范运作，一是严格限定电子债权债务的期限，防范利用这一工具占压供应商资金；二是所有拆分流转需要有相应的合同、函证和发票，防范杠杆化；三是凭证贴现需要提供可选择、竞争性的资金来源，防范垄断性融资；四是对于非银机构贴现利率要有限定，防范有金融牌照的企业做“二银行”；五是尽量引导这类业务转向供应链票据业务，并且明确供应链票据业务的普惠金融属性。

除了信用流转的规范外，供应链金融平台建设标准也是目前需要规范的领域，目前各行各业、各类机构以及各地区都在建设供应链金融服务平

台，对于具有一定公共性质的服务平台，需要探索平台的基本框架、基本技术标准以及所具备的基本功能等，否则各行其是，一是会导致良莠不齐，二是会使得平台与平台之间难以沟通，形成新的平台孤岛。另外一个需要规范的是数字治理体系，即如何获取数据、整合数据、应用数据，此外，各方的数据权限是什么，什么是可以交换的数据，数据隐私与应用的界限在哪儿，等等，这些规范如果能尽快出台，将有利于金融科技的稳定、持续发展。

供给侧：产业链金融的探索与实践

"商行+投行"：赋能产业链高质量发展

陶以平

党的二十大描绘了全面建设社会主义现代化国家的宏伟蓝图，提出要加快构建新发展格局，着力推动高质量发展，着力提升产业链供应链韧性和安全水平，推动经济实现质的有效提升和量的合理增长，为金融转型发展、提高服务实体经济质效指明了方向，提供了根本遵循。金融是"国之重器"，商业银行作为我国金融体系的主要组成部分，踏上新时代新征程，如何更好服务实体经济高质量发展，促进提升产业链韧性和安全水平，是商业银行需要认真思索的重要课题，也是义不容辞的重大责任和义务。

实现产业链高质量发展，离不开产业与金融之间的良性循环。兴业银行作为国内系统重要性银行，始终秉承"为金融改革探索路子、为经济建设多做贡献"的初心使命，持续深化金融供给侧结构性改革，不断提升自身金融供给能力。成立30余年来，兴业银行始终坚持市场化、综合化发展，在国内较早布局综合金融，积累了良好的投行基因和商投联动的深厚基础，经过长期不懈努力探索，形成了"商业银行+投资银行"这一独具兴业特色的经营模式。

近年来，兴业银行坚持把金融服务的落脚点放在实体经济上，围绕产业链核心企业和上下游企业，运用"商行+投行"战略，有效整合集团内外部金融资源，创新服务方式，提高服务效率，有效解决客户的痛点难点，

作者系兴业银行行长。

助力产业链更加均衡、协调发展。

一、“商行+投行”战略内涵

“商行+投行”所指的商行，是指银行从事的传统存贷汇业务，主要是赚取息差收入，同时需要承担资金的信用风险并且形成资本占用，属于间接融资范畴；投行，是包括投资银行、资金交易、资产管理、资产托管等在内的大金融市场业务，主要赚取手续费、财务顾问费等中间业务收入，实现较少的资本占用甚至不消耗资本，属于直接融资范畴。“商行+投行”不是商行与投行的简单相加，而是要以客户为本、商行为体、投行为用，通过商行与投行的协同配合，丰富服务客户的工具、方式和思维，成为优秀的综合金融服务供应商，实现轻资本、高效率、高质量发展，提供高质量综合金融服务。从本质而言，“商行+投行”是商业银行满足客户多元需求、拓宽筹资渠道、降低融资成本，推进综合经营和综合服务的重要模式。

兴业银行“商行+投行”战略是大势所趋、顺势而为的结果，追溯“商行+投行”战略的发展过程，也是一部生动的适应实体经济多元金融需求持续创新金融服务模式的实践史。自20世纪90年代开始，兴业银行就参与上海证券交易所的资金清算，大力发展证券资金第三方存管业务。2003年成立的资金营运中心，是我国第一家持牌资金业务专营机构，致力于提升金融市场资源配置效率。此后，兴业银行顺应实体经济融资多元化趋势，前后成立了投资银行部、资产管理部、资产托管部等部门，成为“大投行”的早期布局。

随着我国经济从高速增长迈向高质量发展，兴业银行又顺势而为，提出了商行与投行联动发展的经营战略，即以投行的方式、工具来服务商行的客户，为客户提供综合化的服务方案。在此基础上，2015年提出了“大投行、大资管、大财富”业务战略，在发债业务的基础上，衍生出非标债权投资、企业资产证券化、银行信贷资产证券化、代客权益投资、资本市场等业务门类。2018年进一步提出建立“商行+投行”战略体系，核心就是“客户为本，商行为体，投行为用”，通过商投并举、投贷联动的方式为实体经济提供综合化多元化金融服务。

近期，兴业银行认真落实党的二十大提出的构建新发展格局、推动高质量发展要求，进一步升级推出“商行+投行”2.0版，主要有四个变化。一是产品体系由传统投资银行升级为整合利用集团多牌照资源为客户提供覆盖全生命周期的综合金融服务。二是协同机制由以投承协同为核心的“研投承销托”协同机制升级为“投承、投贷、投私、投研”四大协同，打通资产端和财富端、产品端和资金端、客户端和研究端，提升协同作战能力。三是风险模式由产品部门与风险部门相互独立、相互协同升级为推进投行业务与风险管理融合，引入投行估值和集中度管理等风险理念，建立集团业务协作机制，实现业务与风险既有效制衡又高效反应。四是考评机制由各部门独立考核，部分业务进行联动考核升级至以投行FPA为核心的考评体系，实现商投体系的目标统一。

经过多年努力，兴业银行深刻认识到“商行+投行”战略是一个不可分割的整体，没有商行的发展，投行就是无源之水、无本之木；没有投行的加持，商行必然独木难支、潜力有限。“商行+投行”是兴业银行在实践中逐步探索形成的特色化发展模式，也是兴业银行推动自身供给侧结构性改革，不断增强金融供给能力的重要路径。兴业银行“商行+投行”始终立足牢记服务实体经济本源，提升专业业务能力，利用投行的工具和思维服务客户，这与国家对金融业“回归本源、做强主业、做精专业”的要求相一致。“商行+投行”的提出，不仅契合提高实体经济直接融资占比的需求，也符合金融监管的要求。

二、“商行+投行”赋能产业链高质量发展的主要模式

党的二十大指出，要建设现代化产业体系，坚持把发展经济的着力点放在实体经济上。商业银行要坚决贯彻党的二十大精神，坚持金融的政治性和人民性，坚守服务实体经济本源，持续提升业务结构与经济结构的契合度，将更多信贷资源向党的二十大指引的实体经济重点领域和薄弱环节倾斜，更好地服务建设现代化产业体系，促进国民经济高质量发展。

兴业银行历来高度重视贯彻落实党和国家各项决策部署，坚持将金融服务着力点放在实体经济上，顺应国家发展战略导向，重点围绕新型工业化、战略性新兴产业、现代服务业、数字经济等关键领域，加大产业链金融服务力度，促进产业链发展质量和安全水平提升。2022年，兴业银行加大以新一代信息技术、高端装备制造、新能源、新能源汽车、数字创意产业等为代表的战略性新兴产业和制造业服务力度，贷款新增合计接近2000亿元。同时，积极顺应实体企业从单体经营转向产业链生态经营的发展趋势，建立了聚焦十大重点行业的产业链垂直服务体系，十大重点行业已成为服务产业链金融的主战场，其中能源化工、装备制造、民生消费、健康医养、新经济、汽车机械等符合新经济发展趋势的细分行业贷款增速明显较快，体现了坚定助力产业链高质量发展的决心。

在实践过程中，我们不断开拓创新“商行+投行”服务模式，探索形成了商行带动投行、投行带动商行、投贷联动等三种服务产业链的主要方式。

（一）商行带动投行

该方式以商行传统业务和产品为基础，在服务产业链客户过程中发掘客户综合金融服务需求，切入投行产品和服务，为产业链客户提供综合金融服务，持续深化客户合作。主要有两种模式：一是循序渐进模式，随着

商行客户需求的逐步多样化，依靠商行形成的良好合作关系，不断为其提供多样化的投行产品与服务，比如，传统信贷带动银团、并购、ABS、债券、FICC等业务；二是综合服务模式，通过降低单项业务收益要求为突破口，带来客户合作关系的扩大，为产业链客户提供更广泛的综合服务。

比如，围绕产业链布局金融服务链，兴业银行大力发展供应链金融业务，聚焦绿色供应链、园区金融、生活消费和科创金融等重点行业、重点产业核心企业和上下游企业的经营信息、支付数据、交易行为习惯，依托线上化系统实现信息交互、精准画像，破除信息不对称瓶颈，为供应链核心企业的上下游中小企业提供融资支持。目前，我行已打造一站式兴享供应链平台，建立覆盖全产业链上下游客户的金融服务体系。一方面，以兴享E票、兴享E证、兴享E函等满足客户票据融资、国内信用证及保函等日常金融需求，以兴享E融、兴享E购解决核心企业上下游客户融资难题，拓展服务半径助力构建重点行业生态圈，同时积极打造数字化转型创新产品“兴享数融”，依托交易数据提升金融服务便捷度。另一方面，提升互联互通服务能力，积极对接票交所新一代票据、供应链票据、人行中征应收账款融资服务平台，加快融入产业生态圈，发挥平台化服务价值，帮助企业高效融资，降低经营成本。2022年末，我行供应链金融融资余额3700亿元，服务核心企业近800户，带动上下游企业客户超1万户。

（二）投行带动商行

该方式以投行业务和产品为切入点，带动新客户增长，并跟进商行产品和服务，形成商行+投行相互促进、良性互动的新格局，提升我行服务产业链客户竞争力。主要有三种模式：一是创新引领模式，通过投行创新，提供特色化差异化的产品和服务；二是投行突破模式，通过投行核心特色产品，解决产业链客户的痛点或难点，打开合作突破口；三是协同服务模式，通过建立顺畅的投承协同、投贷协同、投私协同、投研协同“四大协同”机制，高效整合各类资金和产品，形成一体化服务合力，为产业链提供综合金融服务。

兴业银行以投行带动商行模式服务产业链有很多成功案例。比如，准确把握产业链大型优质客户的痛点或难点，发挥投行与金融市场专业能力优势，以债券承销、债券投资和交易、资产证券化、托管、FICC等为切入点，进而为产业链客户提供专业高效的综合金融服务。再比如，在新能源汽车发展初期，基于对产业链的深度研究分析，我们优选产业链头部企业，通过投行业务进行突破，后续跟进提供账户、结算、信贷、代发工资等商行业务，并沿产业链向上下游提供多样化的金融服务，逐步打通整个新能源汽车产业链，实现从整车、动力电池到电池材料的全覆盖，建立新能源汽车金融生态圈，截至2022年末，兴业银行新能源汽车产业链融资余额超1300亿元，为助力新能源汽车产业链发展发挥了积极作用。

（三）投贷联动

该方式将投行思维嫁接商行主业，同步推动企业金融债权业务与股权服务的联动发展。主要有两种模式：一是以投联动贷模式，以代客权益类业务为主，同时辅以债权类业务；二是以贷联动投模式，以债权类业务为主，同时辅以代客权益类业务。

实践中，我们根据企业种子期、初创期、成长期、成熟期发展阶段的需求特点，为产业链客户构建了全生命周期综合金融服务。比如，在起步期，为企业设计保证、抵押、信用等多样化的融资方案，并探索将人才资质、企业技术实力转化为授信评审因素，创新推出高科技人才创业贷款、知识产权质押贷款等创新产品，满足初创期融资需求，让“知产”变资产、专利变红利；在成长期和成熟期，除提供信贷融资支持外，还通过担任企业财务顾问，发挥投资朋友圈优势，协助企业引入各类战略投资者，进一步拓宽融资空间。对于“专精特新”企业，因规模较小，现金流不足，普遍存在“资金流”滞后于“技术流”的特性，银行传统的授信评审模式较难全面准确评价企业的综合实力，我们积极创新推出数字化评审新模式，对企业科技创新能力进行量化评价，并从股权投资角度对企业的技术、产品、市场地位等进行深入研究、多维度评价，创设优质科创企业专属线上融资产品、“贷款+入股选择权”，既扩大信贷融资支持，也获得入股选择权。截至2022年末，兴业银行投贷联动合作投资机构达170家，科创企业贷款余额3400亿元，对国家级专精特新“小巨人”的深度服务覆盖率超40%。

兴业银行将按照党的二十大和中央经济工作会议要求，坚持客户为本、商行为体、投行为用，持续推动“商行+投行”模式转型升级，抓住全球产业结构和布局调整过程中孕育的新机遇，调整优化金融服务。2022年以来，我们总结提出了普惠金融、科创金融、能源金融、汽车金融、园区金融“五大新赛道”，作为服务实体经济高质量发展的主攻方向，在新赛道上持续发力，跑出加速度，更好满足实体经济融资需求，为产业链高质量发展注入更多金融活水。

三、“商行+投行”赋能产业链高质量发展的五个关键因素

服务产业链高质量发展要贯彻创新、协调、绿色、开放和共享的新发展理念，实现产业链的系统、安全、普惠和协调发展，从而满足人民日益增长的美好生活需要。在“商行+投行”服务产业链高质量发展实践中，兴业银行十分注重发挥自身传统优势，加大创新力度，形成了一些良好的经验和做法，我们总结提炼为“五个关键因素”。

（一）坚持研究先行塑造战略把握能力

党的二十大提出，要坚持系统观念和战略思维，把握好全局和局部、当前和长远、宏观和微观的关系，为前瞻性思考、全局性谋划提供科学思想方法。赋能和深耕产业链，前提是深度理解产业和产业链，不仅需要从

宏观视角研判行业中长期发展趋势，还需要从中微观角度分析产业链和企业发展存在的结构性矛盾，研究则是理解产业链的最佳切入点和方法论。在经济新常态下，产业链有很多新变化，比如，产业加快绿色转型，走向环保低碳；硬科技领域坚持自主创新，国产替代呈加速趋势；数字智能飞速发展，数字化应用从消费渗透至工业生产领域，产业链中“专精特新”“隐形冠军”持续涌现等。对此，商业银行要顺应产业链发展趋势，顺势而为，既要前瞻了解产业发展，又要识别生产主体经营模式，对商业银行提出了更高要求。比如，生物制药、芯片设计等新兴产业龙头从技术突破到完成上市周期较短，但初期发展风险更高，商业银行要敏锐地抓住新动能企业股权融资、授信贷款需求窗口期，在更早阶段介入，根据产业链发展阶段提供针对性的金融服务，既包括投贷联动、并购融资、资金撮合、资产出表、高管股权激励等投行产品，也包括供应链金融、跨境金融、现金类理财等商行综合服务，还应聚焦产业生态为产业链上下游提供一体化的金融服务。这些都离不开强大的行业研究能力。强大的行业研究能力是商业银行了解新兴赛道行业和客户、捕捉客户金融需求的基础，也是金融助力产业链高质量发展的起点。

兴业银行历来高度重视研究工作，在业内最早成立公司化的研究机构——兴业研究公司，坚持通过研究深入分析、准确研判宏观形势变化，逆周期开展大类资产配置，形成了一条研究先行、研究驱动的特色发展道路。兴业银行的绿色金融就是一个有力例证。绿色金融是兴业银行着力树牢擦亮的金色名片，更是我们研究先行、研究驱动的鲜活案例，也是我行“商行+投行”的生动实践。早在2006年开始，我们就敢为人先进行前瞻性布局，在国内率先开展绿色金融业务，成为国内首家采用“赤道原则”的银行，作为国内绿色金融的先行者、探索者，持之以恒深耕绿色金融领域，走出了一条“寓义于利、点绿成金”的绿色可持续发展之路。随着2020年国家提出“碳达峰、碳中和”战略，绿色低碳发展成为主流，绿色金融成为行业风口，获得了前所未有的发展机会。2022年，我们以体制改革为契机，提出集团全绿转型发展，将绿色金融理念融入各个产业和各个金融领域。目前，我行绿色金融融资余额、服务企业客户均位居行业内前列，打造了一张以绿色信贷为主体，涵盖绿色租赁、绿色信托、绿色债券、绿色理财等多市场多领域的绿色资产负债表，既为中国能源结构调整、能源安全贡献兴业力量，还聚焦"减污、降碳、扩绿、增长"，持续促进高碳行业绿色转型发展，助力提高产业链供应链的绿色发展水平。

2022年，我们在已建立兴业银行集团研究品牌的基础上，进一步推动兴业研究公司体制改革深化，开行业之先成立"兴业碳金融研究院"，强化行业研究职能和力量，重点建立"商行+投行"业务研究体系，开展更有针对性的宏观、行业、个体等层面研究，进一步提升研究尤其是行业研究对"商行+投行"战略的全面有效赋能。

（二）坚持风险赋能提升产业链安全水平

党的二十大提出，要坚持统筹发展和安全，守住不发生系统性风险底线。银行是经营风险的行业。银行风险经营能力的高低不仅关系到自身资产质量的好坏、获取风险溢价能力的高低，更关系到宏观金融风险防范化解，以及中观产业链的安全稳健。一方面，商业银行通过提升自身风险管理能力，及时对产业链发展趋势和风险状况进行研判，维护产业链金融安全；另一方面，通过促进风险与业务融合，创新风险管理新机制和新模式，有效赋能新兴产业快速稳健发展。

兴业银行历来高度重视风险赋能，持续健全全面风险管理体系，坚持风险管理要有守有为，持续推进风险与业务深度融合，既坚持底线思维，防范化解重大风险，又打破惯性思维，善于创新突破，赋能业务发展，以精准有效的风险管理提升为实体经济供应金融活水的能力。这方面，兴业银行有很多生动案例。比如，兴业银行创新推出新赛道链长工作制，选择先进制造业、新能源汽车、生物经济、风电光伏等绿色能源、5G通信、软件信息、聚酯新材料、生物医药、集成电路、信息技术等新兴产业赛道，由行内行业专家担任“链长”，打破组织和区域边界，组成跨部门、跨分行、行内外专家敏捷工作小组，并推行“一城一策”的特色行业差异化授信政策，实现以点带链、以链推面，深化产业链供应链与金融服务链合作，打造优势特色产业金融服务体系。

再比如，兴业银行积极探索数字化风控新模式，2020年以来创新推出“技术流”授信评价体系，根据科创企业属性，通过知识产权、发明专利、科研团队、创新成果等15个维度考察企业，定量评估客户经营与风险，目前通过技术流方式审批金额超1.2万亿元，投放余额超2000亿元，重点支持新能源、新材料、高端装备、生物医药、节能环保等高新技术产业，2021年以来我行科创金融贷款余额较年初增长超过50%，其中专精特新、科技型中小企业贷款位列同类型银行第一，为我行加快新赛道布局、服务战略性新兴产业提供了有力支撑。

（三）坚持科技引领提升金融服务效率

党的二十大提出，要坚持以人民为中心的发展思想，让现代化建设成果更多更公平惠及全体人民。这要求金融行业要充分利用科技创新和数字经济发展契机，加快数字化转型，以科技创新提升金融服务质量和效率，触达广大社会群体、降低服务成本，将更多金融源头活水引入金融供给不平衡不充分的领域，破解“融资难、融资贵”难题。

兴业银行在业内较早提出“科技兴行”治行方略，对科技的尊崇已融入了自身发展基因和企业文化之中。在新一轮五年规划中，我们提出要加快数字化转型。在实践中，我们将数字化转型作为生死存亡之战，持续加大科技资源投入，深化科技体制改革，成立金融科技研究院，实施科技万人计划，全力打赢数字化转型攻坚战，通过持续不断搭平台、建生态、扩场景，一方面以数字化技术持续提升客户体验，努力为产业链客户提供超预期服务；另一方面不断提升运营效率，提升各项运营活动的流程化、自动化、智能化水平，逐渐实现从服务单一项目到为单一客户提供综合服务再到服务产业链的转变，目的是提高金融服务效率、提升服务质量、降低服务成本。

在福建省政府主导下，兴业银行与数字中国研究院（福建）合作建设的福建省“金服云”平台，就是利用数字技术赋能产业链发展的重要探索。“金服云”平台通过有效汇聚工商、税务、电力等政务基础数据，引入整合第三方机构数据和互联网数据，构建金融数据资源中心，利用区块链技术建设政务金融数据合规应用授权体系，并提供数据挖掘、金融风控、信用评估等数据服务，打通上下游产业链，通过底层数据互联互通，解决银企信息不对称问题。在此基础上，为有效解决产业链上下游中小企业、“三农”等普惠客户“融资难、融资贵”痛点，兴业银行推出“兴业普惠”平台，通过整合集团内外各种数据，以线上融资为核心，推动业务“线上办”“让数据多跑路，让客户少跑腿”，为中小企业、个体工商户、小微企业主等提供全方位综合服务，2022年解决各类融资需求近900亿元，成为金融活水精准滴灌产业链上下游普惠客户的主干渠。

（四）坚持协同发展提升整体合力

党的二十大提出，必须完整、准确、全面贯彻新发展理念，着力推进协调发展。协调发展主要解决发展不平衡问题。产业链的高质量发展是一个动态均衡过程，是从一个不平衡到相对平衡的过程，最终要实现产业链的协调发展。在这一过程中，商业银行除了自身提供金融服务外，还应从产业链整体协调发展角度，充当资源的整合者，为产业链不同发展阶段的客户撮合提供全方位的金融服务。

兴业银行历来高度重视协同联动，一方面积极整合集团多牌照金融资源，通过机制安排实现内部战略协同；另一方面，积极整合客户群和同业朋友圈资源，通过构建投资生态圈、投行生态圈等金融生态圈实现外部协同，通过内外部协同，提升整体金融服务合力，共同为产业链提供高质量金融服务。这方面，兴业银行持续深耕光伏产业链生态圈就是一个典型案例。近年来，光伏行业战略地位变化和行业自身变革对传统商业银行服务提出了新的需求：一是光伏行业在实现技术突破后，需要银行内部从客户经理、产品经理到风险管理部门对行业变化有深刻的认知和理解，提升对光伏行业的整体把握能力，并优化授信政策和业务流程，提高服务效率。二是光伏行业是新兴行业，当行业突破成长瓶颈后，会经历一段高速成长阶段，涌现出大量股权投资业务需求，需要综合提供商行和投行的金融服务。三是传统商业银行通常以分支行服务本地企业，光伏行业在发展过程中存在异地扩建产能、兴建子公司的业务模式，传统商业银行需要打破内部分行间业务壁垒，优化总分行组织机制，建立多分行、总分行联动、东西部合作等协作模式。

兴业银行敏锐把握了光伏产业链发展趋势，与光伏产业链头部企业开展合作，及时整合集团资源，打破前中后台界限，坚持商投、母子、内外联动，提供账户、结算、信贷、贸易融资、国际业务等综合服务，并延伸至上游硅料、中游电池及组件，下游集中式、分布式电站等产业链领域，把绿色金融、零售金融、公司金融、乡村振兴、投资银行、金融租赁、产业并购串联起来，有效促进了光伏产业链的整合和发展，为我国新能源产业的蓬勃发展作出了应有贡献。目前，我们正在聚焦风光水电、储能、新能源装备制造等领域，进一步做大做强能源金融和新能源产业链，更好服务我国推进新能源革命。

（五）坚持机制创新激发内生动力

党的二十大提出，要坚持深化改革开放，以改革创新不断增强动力和活力。成立30余年来，体制机制改革创新始终是兴业银行破解难题、推动发展、增强金融供给能力的关键一招和重要驱动力。在“商行+投行”战略实践过程中，我们牢牢抓住机制创新这个重要抓手，通过建立更加有效的激励约束机制和协同合作机制，激发内生动力，持续增强为产业链客户提供高效金融服务的主动性。

比如，我们在传统商行风险管控模式之外，建立了一套与投行业务相适应、与价值管理内涵相匹配的风险管控模式和机制，特别是建立健全了投资决策委员会和投资业务评审机制，并引入外部专家辅助投资决策机制，为兴业银行以“商行+投行”模式服务新能源汽车、半导体、光伏、TMT和IDC等高新技术产业和新兴行业奠定了基础。比如，我们针对投行业务专业性强、投资风险大、项目投资退出时间周期长等特点，探索建立完善了相应的薪酬、考核、跟投等市场化激励机制，有效提升市场竞争力。再比如，我们积极整合集团资源，构建了打通投资银行、财富银行的协同机制，将类固收股权、股债结合类等复杂结构私募债权产品与私人银行高净值资金对接，形成“客户需求–投行产品–投资资金”服务闭环，持续将私行高净值资金转化为产业链股权投资资金，丰富了产业链发展的直接融资渠道。

四、总结

党的二十大提出，高质量发展是全面建设社会主义现代化国家的首要任务，着力提供高质量金融服务，则是金融机构的首要任务。从全球经验看，产业链高质量发展是建设现代化强国的基础条件，凡是成功实现了现代化的国家，都经历过产业体系现代化与产业链高质量发展的过程。在这一过程中，社会生产效率持续提升，财富创造广泛积累，国民收入水平显著增长，最终实现共同富裕。

随着经济增长从“房地产–地方政府–金融”旧三角循环向“科技–产

业－金融”新三角循环转变，科技和产业的重要性日益上升，推动科技创新创造和建立现代化产业体系迫在眉睫，这些都离不开金融尤其是直接融资的助力。商业银行作为我国金融系统的主要一环，要坚决提高政治站位，深入贯彻党的二十大和中央经济工作会议精神，以服务科技创新和现代化产业体系为己任，将更好满足金融需求与深化金融供给侧结构性改革有机结合，持续提升自身高质量金融供给能力。

未来，兴业银行将始终牢记初心使命，持续对“商行+投行”模式进行再探索、再优化、再提升，以自身高质量发展助力产业链高质量发展，为全力推进中国式现代化贡献更大力量。

探索供应链金融3.0新模式 共建产业新生态

李　跃

党的二十大报告指出，要着力提升产业链供应链韧性和安全水平，这对于构建新发展格局、推动高质量发展具有重要意义。产业链供应链不仅是构建以国内经济大循环为主体、国内国际经济双循环发展新格局的重要抓手，也是中小企业发展的基础。当前，我国产业链供应链的核心竞争力不断增强，在全球的地位持续攀升。但我国的产业链供应链发展也面临挑战，不同产业在发展速度、发展阶段和现代化水平上有明显差异。因此，强化产业生态建设，通过整合产业链竞争优势，带动供应链发展，进而构成产业多生态体系，是发展产业链供应链的有效方式。而供应链金融作为连接产业和金融的桥梁，承载着提高供应链管理效率、降低企业运营成本、服务供应链产业链完整稳定、支持产业链优化升级和国家战略布局的重大历史使命。

近年来，供应链金融已经成为中央和各地政府关注的热点，中央经济工作会议、政治局会议多次明确供应链金融要成为支持中小企业以及支持实体经济发展的重要举措，人民银行、银保监会相继出台关于规范发展供应链金融的政策文件，提出要增强中小企业融资可获得性，依托核心企业整合资源数据信息，创新供应链金融产品和服务，多措并举保证产业链、供应链安全稳定等发展要求。中国银行业协会调查显示，目前有57.3%的

作者系平安银行总行公司业务总监、交易银行事业部总裁、创新秘书长。

银行处于传统供应链金融阶段，22.6%的银行处于线上供应链金融平台化阶段，仅有5.2%的银行开始进入平台供应链金融智能化阶段。作为国内较早提出并践行供应链金融的银行，平安银行从推出动产及货权质押授信、“1+N”供应链金融1.0阶段，到围绕互联网技术打造线上综合型服务平台的供应链金融2.0阶段，再到启动“星云物联计划”，推动“数字化、场景化、生态化”供应链金融3.0阶段，一直致力于通过金融科技创新，释放供应链金融价值。截至2022年末，“星云物联计划”已在智慧车联、智慧制造、智慧能源、智慧农业、智慧基建、智慧物流等六大产业领域落地30多个创新项目，服务客户超21000户，接入物联网终端设备超2000万台。自“星云物联计划”落地以来，支持实体经济融资发生额累计超6500亿元。

站在新征程、新起点，供应链金融3.0基于物联网、AI、大数据、区块链等技术，深度融合产业互联网，以更广泛的数据获取和集成能力，构建了更开放、智能、实时的系统平台，线上化、模型化、自动化的业务模式不断在特定行业、特定场景中落地运用。从传统账户到数字账户、从数据资源到数据资产、从金融服务到场景服务、从线下模式到开放生态，供应链金融3.0的发展也正当其时。

一、以数字账户为基础，提升金融服务可得性、便利性

账户是商业银行服务企业的一个触点，是其与企业产生互动、提供服务的基础。在传统模式下，账户开立是一个必须线下执行的动作，所有的业务往来只有在账户开立的基础上才可以进行。若企业不开户，商业银行受制于信息不对称，往往很难为中小企业提供融资等金融服务；若不能获得更便利的金融服务，中小企业便也没有开户意愿，往复循环，极大提高了供应链上中小企业获取金融服务的门槛。进入供应链金融3.0时代，账户不仅包括经线下审核、人民银行核准开立的银行结算账户，也包含其他促

进商业银行与企业产生接触进而提供服务的互联网平台账户等线上账户。通过线上线下相结合的形式，商业银行得以更好地服务实体经济、为中小企业提供金融或非金融服务。这是供应链金融3.0时代下的大数字账户概念，是数字经济时代下特有的产物。企业通过一个数字账户，就能连接外部生态场景，触达全面且多元的产品和服务，获取最专业的金融解决方案。针对不同类型的企业在行业、产业链中所处的不同位置、不同业务场景和经营特性，数字账户可以输出个性化产品和权益组合，帮助产业链建立数字B2C生态，从而实现企业数据的共同经营，让数据成为有价值的资产。

在数字账户下，商业银行可以拓宽与外部机构的合作和交互，一方面，联动外部平台、机构，为中小企业提供各类金融和非金融服务，另一方面，在提供服务过程中沉淀数据，了解产业链中真实的贸易背景、交易流水等信息，进而为这些中小企业提供信贷融资服务。数字账户要发挥作用，首先必须要严格遵守人民银行等监管机构关于银行结算账户开立、提供企业融资的相关规定，结合物联网、人工智能、云计算、边缘计算、区块链等技术，穿透供应链业务场景，消除银行与实体企业信息不对称痛点，创新供应链金融服务模式，大幅提升金融服务可得性、便利性。

首先，数字账户以银行结算账户为基础，以互联网账户为延伸，建立企业唯一、通用的数字ID。企业通过一个ID即可直达银行内部及合作伙伴的各服务场景，实现“1个ID+N个平台服务”，并打造统一客户经营及权益体系，使企业获得一个账户一站式“金融+生态”服务。通过数字账户，商业银行可以输出金融服务和科技能力，进而全面嵌入产业流程，为产业链、供应链相关方提供数字化解决方案。其次，数字账户构建企业的权益凭证和数字分，互通各方权益体系，企业可以通过数字资产获得全面价值。数字账户以数字证打通企业在各个平台下的某类数据集合，形成数据凭证。数字证不存储具体数据内容，只作为桥梁来连接数据源与应用场景，在保障数据安全的前提下，企业可以通过数字证完成数据的跨平台合规流转。另外，数字账户以数字分构建企业的权益凭证，将数字账户项下的各类数据纳入数字分模型体系，实现客户综合价值评估，对内打通权益体系、赋能客群经营，对外作为用户价值输出凭证。最后，通过数字账户，商业银行可以汇集企业数据标签，构建供应链金融的风控模型，通过风险的分级分类，实现模型化、自动化审批、智能贷后预警，为供应链上的中小微型企业提供高效、便捷融资。

以商用车市场为例，平安银行搭建了基于数字账户概念的应用场景，既提高银行效率，又助力企业发展。传统商用车市场中，货车司机融资渠道少、没有稳定的收入，无法提供有效的质押品。加之商业银行目前对商用车行驶、卸货、装货时的异常情况缺乏监控手段，从而使得一方面，货车司机较难从商业银行获得融资；另一方面，商业银行难以对货车司机进行贷后监控。基于此，平安银行为每个货车司机都设定了唯一ID，用以识别司机和车辆。在用户授权并严格遵守相关数据安全规范技术标准的前提下，通过物联网终端设备对车辆和司机的经纬度、运行轨迹、车辆状态进行实时监控。最后将采集回来的数据与仓储、税务、票据等数据进行关联验证，从而实现对司机和车辆的有效管控。在这个过程中，平安银行并未要求所有的货车司机先开立传统银行账户，而是通过为这些货车司机所属的运营平台提供支付结算服务，进而串联起平台、货主、货车以及司机，为不同的主体提供不同的金融服务。通过在服务中沉淀的各类数据，最终清楚地了解货车司机的实际情况，构建了完善的供应链金融风控模型，依托线上化、智能化工具实现全流程管控，有效支撑信贷融资服务。

数字账户代表了平安银行在新型供应链金融体系方面的探索，除了信贷融资服务，数字账户还可以赋能合作伙伴。当前，合作伙伴、数据、用户已经结合为环环相扣的生态共同体，正迅速渗透与金融和支付相关的各个场景中。数字账户可以解决合作伙伴的痛点，如帮助核心企业管理供应链上下游中小企业的资金流和物流，将单个企业的不可控风险转化为供应链企业整体的可控风险；帮助中小企业在各种线上场景中实现信贷、理财、三方支付等功能。整体而言，数字账户在供应链金融3.0发展中以更广泛的数据获取和集成能力，提升了整条供应链的融资能力和资金管理水平，同时也提升了支付效率，降低了企业成本，进一步畅通和稳定供应链的产业链条。

二、数据作为关键生产要素，驱动模式创新和数字化转型

数字账户的背后内嵌着数据资产的理念。在数字经济时代，数据已经成了最重要的生产要素。通过对数据的分析、挖掘、建模，商业银行可以更好地了解企业的生产经营特征，将非结构化数据与结构化数据快速整合、关联补充，进而分析优化运营流程，提高风险模型的精确度。通过将物联网、供应链金融平台与企业经营交易的场景结合，基于交易网络中实时动态取得的生产数据、水电煤气、订单数量、现金流量、投资偏好、研发投入等信息，可实现多维度的数据印证，从而提高场景的真实性和可验证性。同时，对于供应链上众多没有实力进行数字化升级的企业来说，数据可以推动企业数字化、自动化、智能化转型和升级。通过与产业端协同，商业银行通过沉淀的数据触达企业，借助5G、人工智能、大数据、物联网等数字化技术手段，帮助中小企业加快数字化转型，实现与企业日常管理数据的深度融合。

要做好供应链金融3.0，就要充分发挥数据的作用，打通银行账户和业务板块之间的隔离，通过统一的数据管理及综合性服务平台，实现数据资源的优化整合。数据是构建供应链金融3.0模式的基础，它构成了主体信用、交易信用、债项评级的基础。基于数字信用的供应链金融能够有效突破困扰供应链金融发展的两大难题。一是弱化对核心企业信用的绝对依赖，依托多维数据和更精准的债项评级，实现上下游的延伸和下沉。二是供应链

融资效率的提升，基于多维数据的模型一旦有效可用，以商业银行为代表的金融机构就可以通过开放银行模式，与供应链核心企业和服务平台实时直连，更加紧密地嵌入各类供应链场景中，实时获取数据、评估信用以及提供融资服务。与传统供应链授信模式不同，供应链金融3.0的核心不是额度，而是数据，发挥关键作用的是物联网技术。通过部署通用性的物联网终端，只要有电，就可以实时采集设备的数据，进而反馈给企业并且提供数字化的产品服务。同时，相应的设备运行数据还可以在企业授权的前提下同步至生产商、物流商、金融服务机构、公共部门等，通过数据的交叉验证，为企业提供金融产品和服务，即以数字信用补充抵质押信用，为处于产业链末端的中小企业提供线上化、自动化的金融服务，助力解决上下游中小企业流动性危机，压降中小企业融资成本。同时，商业银行还可以通过物联网技术建立工业互联网设备感知、车辆行驶状态监控、生物体征监控、仓储情况监控等技术能力，进而对监控数据与经营系统数据进行交叉验证，实现客户画像、经营分析、风险预警，为企业客户提供更丰富的金融服务，进而更好支持实体经济高质量发展。

以光伏发电为例，平安银行通过其自建的星云物联网平台，围绕某新能源核心企业，为光伏电站项目实施及部署提供绿色金融项目贷款，并通过接入气象站、光伏子阵、逆变器、组串等设备，实现对电站的全天候监控。物联网设备可以提供电站地理位置信息、所处环境气候条件、设备运行等数据，确保电站发电、售电数据的真实性。在这个项目中，平安银行还借助工商、财务、征信等数据进行交叉验证，进一步完善了光伏电站的客户画像，多维度提高了贷后的风险管理水平。同时，星云物联网平台还可以将物联网数据、金融数据、第三方数据的组合模型以及应用通过APP、PC端向中小型电场输出，帮助电场主体快速掌握整体运行、设备运营、充发电量、用户访问行为等数据，有效监测生产运行状态，及时进行设备管理维护，减少运营成本。

数据极大丰富了商业银行等金融机构创新供应链金融模式的维度，在对供应链上下游企业数据进行建模分析的基础上，数字化手段仍旧可以挖掘同一产业或行业下不同企业之间的异同，进而将所有的微观信息串联成线，为商业银行提供基于供应链产业生态的全局视角。在这个视角下，数据对于打造供应链生态的助力就在于打通了企业授信的“盲点”，通过数字信用补充传统主体信用和抵押担保，弱化对核心企业依赖，真正实现金融授信下沉。借助物联网体系采集企业真实的生产数据，依托运营商网络和卫星通信完成数据传输，最终在银行搭建物联网中台，实现对数据的加工、建模和应用。基于这个闭环，商业银行就可以解决银企信息不对称的痛点，减少对核心企业的信用依赖，构建风险全景视图，实现以更高效、安全和便捷的融资服务支持实体企业。

三、从金融服务到场景服务，供应链金融回归交易本源

供应链金融的本质是，金融机构基于产业链中核心企业与上下游企业实际交易活动，向其提供的金融服务，这就使得对交易主体的判别、交易行为的核实、交易过程的把握以及交易要素的确认成为供应链金融发展的重要条件。过去商业银行在做供应链金融业务过程中，由于对交易真实性的确认存在局限，就需要在交易链条之外引入第三方信息平台，让供应链商流信息与第三方信息相互印证，使得企业信息流、商流、物流、资金流的“四流合一”成为可能，从而将金融嵌入供应链交易链条。

进入供应链金融3.0时代，不管是核心企业供应链场景还是供应链平台场景，都积累了大量的行业交易数据，包括行业的供需、商品的规格、型号、价格、物流、结算、售后，还有各交易方的主体信息及其履约能力等。这些信息都可以让商业银行等金融机构在短时间内了解一个行业和企业，从而增加金融机构与企业之间的信任，避免因为信息不对称造成逆向选择。

基于此，商业银行还是要回归交易本源，将服务融入企业实际经营和交易场景，由传统的“点状”服务转变为场景内嵌，将科技化、场景化的手段赋能到供应链金融业务，从而围绕产业用户场景持续优化业务流程，加速业务创新。在整个供应链金融发展的过程中，企业对于银行的需求已经从过去单纯的商行服务向“商行+投行+投资”的服务不断延伸拓展。商业银行就要以企业为中心，综合调动银行资金、保险资金、资本市场资金、同业资金等，满足企业在由小到大、由大到强过程中产生的各种交易需求，一方面要把供应链金融定位为解决方案和商业模式，另一方面要形成具体的功能产品方案，设计可以满足企业交易习惯、发展预期的商业模式，成为其真正的全生命周期合作伙伴。

例如，在汽车供应链高速发展过程中，企业新建产能需求旺盛，加上技术研发、产线建设、市场推广、人员薪酬等环节，都需要耗费大量资金，企业仅依靠抵押物拿到的贷款远不能满足企业发展。尤其是造车新势力，成立不久、征信不强，要想从银行融资更是难上加难。基于此，平安银行就依靠大数据手段，深度切入汽车供应链上下游交易场景，在给汽车上游企业主机厂放贷时，通过收集和分析主机厂要货、供应商发货，再到最后主机厂付款的交易数据，按照供应链规律，将融资时点前移至订单环节，订单一经核实，资金便在需要的时刻提供给对应企业。以锦州一家汽车安全系统零部件供应商为例，在汽车主机厂下达订单到实际付款的交易流程中，平安银行依靠科技能力、利用专线直联进行系统对接，在合法合规的前提下，整合并获取主机厂与上游供应商的信息流、物流、资金流等数据，为供应商综合计算融资额度。这种供应链金融服务覆盖了供应商的全生产交付流程，可以大幅提高资金使用效率。

回归到场景，银行端聚焦制造、交易、服务、出行等价值链环节，提供一系列综合金融服务方案。制造环节，银行主要围绕企业扩产、并购、整合提供订单融资、票据融资、数据融资等一揽子金融服务；交易环节，除了提供经销商融资之外，银行还能根据具体经销商的不同，推出临时增额、免收车辆监管费、融资保证金等融资方案，把经销商需要的融资结算、经营管理等一系列功能通过开放银行端口植入到企业运营场景，同时把相关业务模块放到银行APP实现客群经营转化；服务环节，银行端进行了"线上化、智能化、模型化"改造，在银行APP上，汽车经销商获取融资所需时间从原来的两周缩短到一天；出行环节，购车消费者也能在线提交基本贷款、征信授权等信息，简单几步操作即可知晓审批结果，用户此后的面签、放款均可通过线上工具完成。目前，平安银行已为十余家大型零部件供应商和主机厂提供了订单融资服务，单一企业的额度可达到数十、上百亿元。

供应链金融3.0回归交易本源，是基于数据和金融科技进行的创新融资方式。在产业链供应链的各个环节都是以真实的交易数据为基础和核心，将现金管理、支付结算、授信等组件化服务嵌入业务场景，既服务供应链中的上游核心企业，也兼顾服务下游企业。通过大数据分析，以交易过程中所形成的能够交叉验证的真实交易数据和行为数据进行评级和授信。银行通过一个平台将所有的数据生态链进行整合，再通过这个平台搭建成一个产融结合的生态系统。于商业银行而言，该系统集合了海量、可持续积累的真实交易数据和行为数据的数据挖掘平台，使得金融能够真正服务于整个供应链的各类主体并推动商业生态的发展。

四、明确开放是前提，共建产业新生态

供应链金融3.0时代始于供应链金融，但又不止于供应链金融。它是一个开放互联、智能高效的产业生态体系。这个阶段的供应链金融具备数字化、智能化、产业化的特征，上下游交易方、金融机构、核心企业等构筑的供应链金融生态圈将相互打通，无论是交易流、物流、商流还是资金流

都清晰可见，极大提高了中小微企业的融资便利性与风控水平。在这个前提下，打造产业新生态是商业银行等金融机构未来建设供应链金融的重要方向，通过打造开放的体系，让更多的市场主体参与到其中来，比如，行业协会、在产业垂直赛道里面做系统平台的机构，以及做数据集成的企业等。这种共建共赢的生态合作模式，正是供应链金融3.0支持实体经济、触达中小微企业的破局之道。

要与合作伙伴共建产业新生态，就必须加大供应链金融开放力度，进而突破传统供应链金融的局限。商业银行要走开放式发展道路，构建面向供应链金融服务场景和渠道的开放银行。开放银行利用开放API/SDK技术打造生态化数据共享型平台合作模式，以场景服务为载体，以整合生态、搭建平台为目标，将市场上的供应链金融产品全面展示给链上企业，让处于供应链场景下的企业主体随时都可以获得金融和非金融的支持，促进实时交易。同时，还要积极探索与医疗健康、消费娱乐等领域的场景供应链金融合作机会，以拓展供应链金融服务新领域，通过开放银行主动对接供应链上的优质核心企业和平台，与核心企业、金融科技公司、供应链公司、保理公司、担保公司等多方合作，打造供应链金融各方共生发展的生态圈。虽然在技术层面，开放银行仅指通过API/SDK技术将银行服务融入商业生态，是一个科技手段的应用，但在开放银行实际落地的过程中，必然涉及银行在战略、技术、数据、业务模式等不同层面的深刻变革，是整个银行服务理念的重构。因此在业务上，要梳理并形成标准化的产品及服务，丰富产品货架，提供一站式全方位解决方案；场景上，将所有产品和服务嵌入社会生活、生产制造等各个环节，开放“金融+教育”“金融+医疗”“金融+制造业”“金融+社交”等各种跨界金融服务；管理上，打造开放银行管理团队，协调全行力量，对开放银行平台进行战略性推动，确保其落地过程中各部门、各团队沟通顺畅。

2021年末，平安银行正式将开放银行升级为“星云开放联盟”，与合作伙伴共同搭建一体化开放互联体系。在联盟生态中，银行提供金融科技能力，发挥资金成本、风控经验、产品组合优势，可以为供应链提供结算、融资、财资管理，避险等系统化的综合解决方案，满足企业差异化需求；核心企业发挥产业链的优势，畅通供应链合作关系、帮助合作伙伴触达长尾客群，为金融科技找到落地场景；仓储及物流企业、平台科技公司则能提升生态整体的服务能力，助力链上中小微企业的数字化转型。在星云开放联盟一体化开放互联体系下，多方进行技术、产品、客户等一系列资源交流，协同打造有竞争力的产品或一体化方案。首先是物联网卫星通信技术和物联网终端的铺设，帮助生产企业实时掌握经营情况，反哺全景的经营视图。其次是和供应链场景方、硬件服务商、数据及软件服务商、互联网平台等客群的合作，双方开放客户、技术、基础设施等资源，拓展服务客户的深度和广度，并在当中找到可持续的利润增长空间。平安银行也以此为基础，整合金融资源、客户资源，为合作伙伴提供丰富的标准化产品和公正的收益共享机制，服务海量B端、C端客户，实现能力的快速输入。为了让联盟中信息、能力、技术能够快速流转，星云开放联盟平台还实现了“六个统一”，即统一门户、统一数据、统一流程、统一运营、统一规范和统一货架，这让平安银行能够将原子级的金融产品通过API等方式包装输出到合作伙伴的场景里。借助星云开放联盟平台，平安银行正在提升新型供应链金融服务能力，服务更多的中小微客群。

一枝独秀不是春，生态共赢春满园。在产融结合的大趋势下，众多参与方一起搭建产业新生态，就是要把相关产品打散打通，以开放的方式相互赋能。在供应链金融3.0时代，商业银行可以提供的并不止有信贷类产品，也可以提供账户服务和支付结算服务，包括保函、票据等。商业银行等金融机构需要具备开放整合的思维，把产品拆小拆细，实现标准化、原子化和组件化，从而使服务在全流程自助的基础上还能做到组合灵活、响应迅速；平台科技企业要发挥科技创新能力，持续在供应链管理、仓储管理、应收账款管理和物流监管领域推动降本增效；核心企业作为业务准入和风险控制的重要抓手，对上下游企业有较强的话语权，要主动承担起“链主”的角色，致力于搭建供应链服务平台，规范和强化供应链管理，稳固供应链合作关系。通过多方参与，产业生态形成不同合作伙伴和不同合作方案、支持不同环节嵌入服务，并能快速组合API，形成有效解决方案，缩短企业服务上市时间。比如，当客户在互联网金融平台中选择银行产品进行理财时，开放银行平台可以提供标准H5框架，快速嵌入APP，协助合作方快速引入客户。作为供应链金融领域的探索者和参与者，银行业金融机构需要和更多的合作伙伴探索供应链金融新模式，共建开放有序的产业生态，为支持中小微企业融资、支持实体经济健康发展做出更有价值的贡献。

现代化产业体系的建设深刻影响着供应链经济发展的目标和模式，进而也会影响供应链金融支持实体经济发展的模式。供应链金融从1.0到3.0的演进使得我们对产业数字化发展有了更深层次的认知和理解，围绕账户、数据、交易和开放四个维度，金融服务产业链供应链的模式也在不断创新迭代升级。从传统账户只能记录货币资金的增减，到数字账户可以反映各类价值要素的增减变动；从过去只能根据静态数据捕捉企业信息，到打通数据权益动态帮助企业挖掘管理自身数据资产、实现数据价值变现；从只以金融机构为中心提供金融服务，到切入场景、围绕企业各个交易环节和行为扩大服务产品类型；从展业只能通过线下形式逐笔操作，到通过采取更加先进技术和工具、吸收更多市场参与主体，进而打造互联互通、开放融合的联盟生态。面对数字化变革，持牌金融机构应发挥资金成本、风控经验、产品组合优势，为供应链提供结算、融资、财资管理、避险等系统化的综合解决方案，特别是要从不同行业、不同场景需求出发，为核心企业及其上下游量身定制金融服务，提升整条供应链的融资能力和资金管理水平，提升支付效率、降低企业成本，进一步畅通和稳定上下游产业链条。

在产融结合、支持实体、开放互联的大背景下，供应链金融3.0的发展必须要遵循产业链升级的规律，与产业互联网的变革相契合。对于供应链金融体系的建设，要顺应产业链日益精细的专业化分工趋势，供应链参与主体首先应该扩容，然后在此基础上错位经营和协同配合。对于供应链金融服务模式的打造，要按照线上化和数字化原则，从最前端线上开户，到业务申请、贷前调查、贷款审批、合同签署、抵质押登记、放款操作，以及催收、预警等各个环节，实现数字技术全覆盖。对于供应链金融信用的评估方式，要由企业的基础信用转变为以数据为核心，形成“基础信用+平台信用+交易信用”的评估方式。从产业链供应链整体出发，参与者主体运用金融科技手段，整合物流、资金流、信息流、商流等信息，在真实交易背景下，构建供应链中占主导地位的核心企业与上下游企业一体化的金融供给体系和风险评估体系。在这一过程中，大数据技术的发展可以进一步把握整个产业链的潜在风险，为中小微企业提供高效率、低成本、风险可控的系统性金融解决方案，进而快速响应产业链上企业的结算、融资、财务管理等综合需求，降低企业成本，提升产业链参与方的价值。

进入供应链金融3.0时代，一方面金融生态的“水”要精准灌溉产业生态中全链条的实体企业，另一方面产业生态中形成的大量优质供应链资产也要流向金融生态的各联盟合作伙伴，从而实现各自的价值主张。在不久的未来，基于产业生态的供应链金融新模式必然会将更多服务延伸至更多实体企业，推动数字产业化，赋能产业数字化，为企业创造价值，助力实体经济高质量发展。

新发展格局下中小银行产业金融的探索实践

肖　璟

一、新发展格局下中小银行的发展机遇：产业金融

（一）服务实体经济是金融的使命与天职

习近平总书记强调，金融是实体经济的血脉，为实体经济服务是金融的天职，是金融的宗旨。中国人民银行、中国银保监会等监管机构对金融机构服务实体经济也提出了诸多要求，并采取了多项措施和工具，加大金融对实体经济的支持力度。对于金融机构而言，服务实体经济不仅是政府部门、监管机构对金融提出的要求，更是金融健康、稳健、长远发展的必然选择。

（二）新发展格局为产业金融发展带来新机遇

在全面建成小康社会、实现第一个百年奋斗目标，正要开启全面建设社会主义现代化国家新征程，向第二个百年奋斗目标进军的背景下，党的十九届五中全会提出要“加快构建以国内大循环为主体、国内国际双循环相互促进的新发展格局”，党的二十大再次强调要“加快构建新发展格局，着力推动高质量发展”。构建新发展格局的关键就在于经济循环的畅通无阻。

作者系九江银行行长。

经济过程是生产、分配、流通、消费四个环节的循环过程，其中生产居于核心环节，对整个国民经济循环具有决定性作用。现阶段我国经济循环不畅的主要矛盾集中在供给侧，作为核心供给部门的制造业则是矛盾的焦点所在。大力支持制造业、支持产业发展，推动产业链供应链优化升级，是稳固国内大循环主体地位、增强我国在国际大循环中带动能力的迫切需要，这是新发展格局带给产业金融的新发展机遇。

（三）产业金融助力中小银行跳出同质化竞争怪圈

1. 中小银行面临的竞争压力日益加大

国有大型银行业务下沉挤占了中小银行的发展空间。金融产品的高度同质化，导致了金融机构间的竞争主要体现在价格和服务两个方面。在价格上，国有大型银行天然拥有公众的“信仰”，拥有显著的资金成本优势，在资产端能够提供更具吸引力的融资成本，可以轻松获取优质的中小企业客户。在服务上，随着金融数字化的不断推进，金融服务方式逐渐由人的服务转变为金融科技的服务，而国有大型银行对金融科技的投入远高于中小银行，这使得中小银行难以在同质化竞争中脱颖而出。以手机银行和网上银行为例，国有大型银行拥有几百人的专业开发团队，而中小银行仅有几人。中小银行要想求生存、谋发展，就必须与大行进行错位竞争。

2. 产业金融为中小银行提供了差异化特色化经营的理想赛道

（1）同质化金融产品服务差异化产业场景

中小银行转型发展过程中要打造自己的核心竞争力，差异化、特色化发展是其必由之路，而产业金融为其差异化、特色化发展提供了理想的赛道。金融机构的产品是高度同质化的，很难构建有效的竞争壁垒，而产业场景是高度差异化的，中小银行发展产业金融应以高度同质化的金融产品去服务高度差异化的产业场景，因地制宜、深耕细作，走差异化、特色化的发展之路。

（2）产业多样性与金融服务个性化

中小银行的特色在于“小”，在于扎根地方，在于对本地客户的掌握，地方产业细分领域众多，且产业之间存在较大差别，因此其与大行错位竞争的赛道就在于区域地方特色产业。金融在服务产业的过程中，为适应区域地方特色及产业场景特征，风险控制逻辑也存在不同。以脐橙和猕猴桃为例，脐橙属于先熟产品，采摘后可以直接进行销售，存储周期较短；而猕猴桃属于后熟产品，采摘后需放置在仓库中存储，存储周期相对较长。再如肉牛和奶牛，奶牛的产品是牛奶，需要关注牛的发情期；而肉牛的产品是牛肉，需要关注的是牛的屠宰率。因此，金融在服务产业过程中极具个性化。

（3）产业链上下游企业具有较强的相关性

产业链上下游企业之间较强的相关性为金融机构深入探索该产业提供了得天独厚的条件。**一方面，产业链上下游企业具有极强的钩稽关系**，为金融机构了解企业经营状况、把控业务风险提供了极大帮助。金融机构授信不再依赖于企业主体资质，而是站在产业链视角，依据企业的进货、生产、订单销量等数据全方位了解企业的经营状况，掌握企业资金的来龙去脉，帮助金融机构更好地把控业务风险。**另一方面，产业链上下游企业具有较强的合作关系**，为金融机构获取客户、进行链式营销提供了便利。在同一细分产业领域内，上下游企业之间存在交集，容易产生辐射效应，金融机构在推广金融服务时，通过拓展上游带动下游，下游延伸带动其下游，营销模式发生转变，营销效率显著提高。

二、产业金融的“三阶段”

（一）第一阶段：传统授信模式——依赖于主体信用

该阶段使用传统授信方式获取产业客户，旨在建立与客户的业务关系，积累客户基础，扩大产业客户基数。金融机构主要以发放制造业贷款为主，关注企业的主体信用，囿于孤立的“点”，较难站在产业链视角理解企业的实际经营状况，面临严重的信息不对称，缺乏技术手段赋能，融资资产的真实背景和潜在风险难以穿透，导致金融服务的风险成本较高。

（二）第二阶段：供应链金融——实现基于供应链的资金闭环

1. 连“点”成“链”

供应链金融基于供应链上物流、信息流、商流和资金流等信息，通过对企业经营状况与上下游企业信息的穿透，实现企业在全链条流转时信息全透明。相较于传统授信模式，主要存在以下三点不同。一是不单纯依赖企业的主体信用来判断是否提供金融服务，而是依据企业在上下游供应链中的整体运作情况，以真实贸易背景为基础，通过对资产情况的全穿透，更加精准地刻画企业数字画像，风控逻辑也更加有效。二是资金封闭运行，即在供应链交易信息清晰的情况下，企业融资资金用途被限制在可控范围之内，按照企业生产经营情况进行逐笔审核放款，资金只能用于供应链中的企业，不可挪用。三是由于整个供应链上的信息透明，企业的融资需求存在相似性，金融机构可根据场景制定个性化的批量金融服务方案。

2. 金融随需而在

供应链金融的本质是金融服务与供应链深度融合、金融服务随需而在，与企业的生产经营高度匹配。主要体现在以下两点。**一是解决企业端到端的金融服务需求。**金融服务贯穿于企业的原料采购、生产、仓储、物流、销售、回款，为整个生产经营全流程保驾护航，核心是解决企业对金融服务的可获得性问题，优化了企业的资源配置。**二是融资规模匹配企业的业务规模。**企业的融资需求与生产经营强相关，金融机构能够为企业匹配对应的资金规模，满足企业生产经营过程中的资金需求，解决的是企业可获得资金的适量规模问题。

（三）第三阶段：产业金融——平台、生态、赋能

产业金融是基于对整个产业场景的深刻理解，整合产业链的各种资源，连接产业企业和居中机构，发掘高成本、低效能的环节，利用科技手段实现效率提升，并通过数据化驱动金融产品提高企业资金使用效率，降低财务成本，实现金融服务充分满足产业链上企业整个生产经营活动金融需求的全闭环生态。

1. 以产业服务平台打造产业生态

产业服务平台是产业数字化的最终形态，产业金融是产业服务平台的有机组成部分。产业服务平台上游连接着产品的供给者，如工厂、农场等，下游连接着产品的需求者，如下游的工厂、门店、次终端、经销商等，平台上配备各类服务机构，包括仓储公司、物流公司、质检公司、金融机构、征信机构等。产业服务平台能够将产业上下游企业、仓储、物流、金融、次终端服务商等各类角色进行有机高效整合。

产业服务平台的价值主要体现在两个方面：一是信任价值，两个未合作过的企业能够通过产业服务平台达成合作；二是效率价值，帮助企业高效完成订单撮合、订单执行、履约交付等诸多交易环节，便捷获取质检、仓储、运输等最优服务，让金融服务变得触手可及。

2. 金融赋能产业发展

产业金融的终极目标是在产业、金融深度融合的基础上，通过合适的金融产品提升产业客户的资金使用效率，降低产业成本，提升产业综合竞争力，真正做到为产业赋能。通过产业服务平台打通企业上游的采购供应链、下游的销售供应链、企业内的生产供应链，金融服务通过这张大“网”渗透至产业链各个环节，疏通产业链上资金使用效率低、金融服务不充分等堵点，实现金融对产业赋能。

三、产业金融落地的“四部曲”

（一）因地制宜选择合适产业链

选择哪一类型的产品及其产业链，以何种方式参与竞争，是产业链金融服务的首要问题。同时，中小银行服务区域的局限性和地方经济的布局，决定其金融服务的方向和质量。以江西省为例，当地存在着大量的地方性产业集群，如赣州南康的家具产业、抚州崇仁的变压器产业、萍乡芦溪的电瓷产业、宜春的新能源产业、赣州的稀土产业、吉安的电子元器件产业等，这些产业都具有竞争力较强的特色产品，具备一定的产业规模，且产业的企业间存在关联性和相似性，是中小银行进行产业金融实践的最佳标的。同时，政府部门立足新发展格局，也在深入推进地方产业链的建设，以实施产业链链长制为抓手，大力推进“铸链、强链、引链、补链”工程，中小银行应当结合地方产业的特点，选择合适的产业链。

（二）银政联动，实现金融服务与地方经济发展同频共振

金融机构要加强与地方政府的联动，实现金融服务与地方经济发展同频共振。一方面，以金融服务协同政府招商，吸引外地优秀企业入驻当地，帮助地方产业延链、补链、强链、固链，地方产业做大做强反过来可带动金融行业的发展；另一方面，金融机构借助于地方政府招商的契机，可在企业成立初期就与其建立联系，为开展产业金融业务奠定客户基础。

（三）为产业量身定制金融服务

理解产业逻辑是为产业设计产品、定制金融服务的前提。由于产业特性差异，企业的金融诉求也各不相同。企业库存规模较大时，存货是占据

其资金的主要资产；企业应收账款较多时，账期过长则会影响其正常的生产经营活动；企业的临时订单多，会造短期的资金短缺。因此，在设计金融产品、选择金融服务模式前应对产业进行深入调研，理解产业的深层逻辑和企业的生存发展逻辑，为产业客户定制金融服务，跳出金融做金融。

（四）搭建产业服务平台，共建产业生态圈

产业金融的终极目标是产业服务的平台化。以金融科技手段搭建产业服务平台，通过平台整合政务、金融、采购、物流、仓储、销售等多种服务，实现商流、物流、资金流、信息流四流合一，将产业链上的客户有机连接，高效组织各种产业资源，共建产业生态，使得产业循环高效通畅。这必然是产业未来发展的重要方向，是相较于消费互联网的另一极——产业互联网的春天。

四、九江银行产业金融的探索实践

（一）产业金融发展历程

1. 早期摸索阶段（2017年以前）

金融机构通过为企业提供金融科技方案，获取企业的“进、销、存”信息，达到小微业务的批量获客、授信和签约，并实现线上提、还款，随时满足小微企业的资金周转需求。此阶段将获取的企业信息进行交叉验证，降低企业的主体信用风险，适用于各种批发市场的场景。

2. 起步阶段（2017—2020）

围绕产业场景，借助金融科技，对具体产业场景提供线上随借随还的金融服务，提升了对企业的金融服务效率。同时，利用线上线下方式实现商流、物流、资金流、信息流的“四流合一”，较好解决了企业信息不对称、

资产难穿透、数据难验真、难实时掌握的问题。此阶段以存货抵押为主，以“算得清、管得住、卖得掉”为主要风险控制逻辑，涉及牛羊肉、柠檬、大蒜、脐橙、火龙果、铜、医药等产业场景。

3. 发展阶段（2021年至今）

聚焦地方特色产业，延伸产业链企业的上下游，扩大服务范围，完善端到端的金融产品服务体系，在产业中形成了一定的品牌效应。同时，通过与第三方合作共同推动产业服务平台建设，增加了企业黏性。此阶段以产业场景服务方案为主，配以定制化的风险控制方案，形成了钢材产业、有色金属产业、牛羊产业以及区域特色产业四大“产业+生态”的解决方案，持续为企业提供全方位、平台化的综合服务。

（二）铜产业链供应链金融实践

1. 铜产业链情况

中国铜矿资源集中在西北、西南及华南等地区，其中江西省铜矿石占比超过20%，居全国第一。2022年江西省印发了《江西省“2+6+N”产业高质量跨越式发展行动计划2022年工作要点》，其中“2”是指有色金属、电子信息2个产业主营业务收入迈上万亿级。有色金属中，以铜产业为例，上游主要是采矿阶段和废杂铜回收利用，中游主要是对铜精矿或者废杂铜进行粗炼和精炼的冶炼阶段，下游则是对铜进行深加工阶段，铜加工产品有铜棒、铜管、铜板、铜箔、铜线以及铜基合金等多种类型。终端需求涵盖航空航天、高速列车、智能终端产品、电子通信、汽车等30多个细分行业，铜应用范围广泛，行业前景较好。

2. “1+3”金融服务模式

九江银行围绕铜产业打造“1+3”金融服务模式，“1”是以产业金融服务为基础，打造铜产业服务平台，推动产业资源集中的一站式服务集成。“3”是三种金融服务模式，针对不同企业类型提供相应的金融服务，主要为如下三种。

（1）预付账款模式（又名“配资代采模式”或“委托加工模式”）

适用于下游原材料为精炼铜的加工型企业。由企业向金融机构信任的第三方平台采购原材料，九江银行根据采购协议进行配资，同时第三方平台委托借款企业加工成为产成品，待企业资金回笼后，向第三方平台回购产成品。

（2）存货监管模式

适用于中游原材料为铜的冶炼型企业。企业向金融机构申请存货质押贷款，金融机构委托信任的第三方平台进行监管，第三方平台依据金融机构的要求进行出入库、巡库、日常货值评估的管理。

（3）应收账款模式

主要适用于两类企业：一类是上游原材料为废杂铜的回收企业，其下游是相对强势的铜冶炼型企业；另一类是下游精加工企业，面向各终端行业销售产品。可直接依托真实的贸易背景开展应收账款（池）业务，当应收账款质量不高时，可通过第三方平台进行增信。

3. 主要风险控制点

针对铜产业上中下游的特性以及在产业链的地位不同，金融机构提供的金融服务也各不相同，核心是以真实的贸易背景为前提，借助第三方平台的资源，利用“金融+科技”的手段，做实做细不同模式下的风险防控管理，主要风险控制点如下所示。

（1）预付账款模式下，通过引入信任的第三方平台介入上游采购，透明化企业真实的采购数据；金融机构通过控制提货单和货物物权，保障贷款资金安全；以委托加工的形式继续实质上控制货物物权。

（2）存货监管模式下，金融机构通过第三方平台监管加强对押品的管理；通过现场监管与物联网监管相结合，对铜产品的出入库及在仓生产环节的风险点进行管理，通过技防、流程、制度的设计保障货物的品质和数量的安全。

（3）应收账款模式下，依托于对企业采购、生产、销售等信息的掌握，钩稽其应收账款的真实数据；依据与下游长期稳定的合作关系判断付款方的偿付能力；在下游较为分散时，可依托第三方平台参与贸易环节，协助金融机构核实贸易的真实性。

（三）产业金融实践的几点思考

1.产业能力的培养至关重要

一方面，要获得产业链企业的认可，产业能力不可或缺。随着金融可获得性日益提高，产业对金融也提出了更高的要求，客户不仅想要获得便捷的金融服务，同时还想获得金融以外的其他服务。作为从事产业金融的银行人员，每个人都应当成为所服务产业的专家。只有深入理解产业，了解产业发展过程中的痛点和堵点，精准解决产业客户发展过程中遇到的困难和瓶颈，才能真正获得企业的认可。**另一方面，产业能力对于银行管理风险也至关重要。**以存货质押为例，当一个企业因为某些原因无法偿还信贷资金时，若金融机构有能力将质押物迅速变现，则不会造成风险；若没有能力将质押物变现，或者变现时过于低于市场价格转让而导致信贷资金出现敞口，则会造成实质上的风险，对质押物的快速处置变现正是产业能力的一种体现。

2.产业赋能是产业金融的终极目标

只有创造价值，才能分享价值。只有当金融真正给产业带来了价值，产业才会乐于向金融服务提供者分享价值。金融为产业创造价值的关键在于金融为产业赋能，集中体现在两方面。一方面，金融具有资源配置功能，将金融资源优先配置给生产技术先进、生产效率高、竞争力强的企业，让最优质的企业获得最多的资源，得到最快的发展，从而带动整个行业的技术发展和进步；另一方面，以金融力量支持企业发展壮大全过程，基于对产业的深刻理解和企业的个性分析，为企业量身定制从初创期、成长期到成熟期的一揽子金融服务方案，金融服务与企业生产经营全过程深度融合，充分满足企业的金融服务需求，企业越发展，产业越强大，金融越健康。

3. 服务边界的局限是中小银行在产业金融领域的天然短板

受外部监管环境的约束，中小银行服务边界存在局限，资金的运用存在诸多约束，但产业链很多时候不仅局限于当地的市场，这就导致中小银行在服务产业客户时无法站在全产业链视角看待产业发展，设计服务模式，整合产业资源，在产业金融领域存在天然的短板。

（四）下一步的发展方向

目前，很多中小银行利用自身快捷灵活的优势，结合当地特色产业的发展方向，积极研究探索产业金融发展新路径。为产业赋能是产业金融的终极目标，因此，中小银行可从如下两个方向入手。

一是参与产业服务平台的建设和运营。将金融服务与产业运营深度融合，不断引导产业客户使用产业服务平台，提高产业服务能力，逐步增加客户黏性。

二是推动建立产业金融联盟。地方产业只是产业链中的一部分，部分上下游企业分散在其他区域，由于中小银行的区域展业限制，难以跨区域服务客户。产业金融联盟将共同服务产业链上的企业，实现银行机构间信息共享，减少信息不对称，给客户更优质服务体验的同时，更好地把控业务风险。

虽然中小银行当下面临着转型困难，但在国家宏观趋势的指引下，市场依旧存在着诸多机会，中小银行应该积极拥抱产业时代，充分利用自身快捷灵活的优势，结合当地特色产业的发展方向，研究探索产业金融发展新路径，努力构建“金融+科技+产业”的服务新模式。

产业数字金融助力实体经济高质量发展

百信银行产业数字金融课题组

当前，社会和经济发展运行的方式正在发生深刻变革，数字经济成为继农业经济、工业经济后的新经济特征，已深刻融入国民经济各领域，成为把握新一轮科技革命和产业变革新机遇的战略选择。党的十八大以来，我国深入实施网络强国战略、国家大数据战略，先后印发数字经济发展战略、"十四五"数字经济发展规划，有关部门认真落实各项部署，加快推进数字产业化和产业数字化，推动数字经济蓬勃发展。党的二十大报告提出了"加快发展数字经济，促进数字经济和实体经济深度融合，打造具有国际竞争力的数字产业集群"的任务。

在新形势下，产业与数字技术、数字金融的融合更加紧密，对金融服务提出了更高要求，产业数字金融应运而生。这一讲系统性地总结了涵盖"四大基建""三张产业互联网"和产业数字金融"五大业态"的发展新范式，深入介绍了产业链金融、物联网金融、绿色金融、农村数字金融、科创金融等产业数字金融发展新业态，丰富了产业金融发展的内涵，并对未来发展趋势做出了分析和判断。

一、产业数字金融是数字经济的必然产物

数字经济已经上升为我国国家战略，发展迈上新台阶。党中央、国务院高度重视数字经济发展，前后出台实施"互联网+"行动、大数据战略、数字中国等，加快数字产业化、产业数字化发展，推动经济社会数字化转

型。特别在抗击新冠疫情中，数字经济发挥了不可替代的积极作用，成为推动我国经济社会发展的新引擎。2022年1月，国务院印发《“十四五”数字经济发展规划》提出，到2025年，数字经济核心产业增加值占GDP比重达到10%。展望2035年，力争形成统一公平、竞争有序、成熟完备的数字经济现代市场体系，数字经济发展水平位居世界前列。

近年来，我国大力推进5G、人工智能、工业互联网、物联网等新型基础设施建设（以下简称新基建），助力实体经济数字化转型升级，创造新的产业、新的业态，推动产业数字化蓬勃发展，消费互联网加速向产业互联网演进，农业、工业、服务业三大产业互联网新态势正在形成，成为数字经济发展的根基。

在这过程中，数字金融深度融入各行各业产业链生态，产业数字金融应运而生，成为数字经济不可或缺的一部分。通过自身数字化转型，促进金融服务更广泛和更深入地嵌入各产业数字化转型场景中，如在工业互联网平台嵌入基于区块链的金融服务方案，实现更精准、更智能地信贷投放。释放出的数字红利进一步驱动金融业支持实体经济数字化转型，产生倍增效应。

2022年1月，中国银保监会发布《关于银行业保险业数字化转型的指导意见》，鼓励积极发展产业数字金融。积极支持国家重大区域战略、战略性新兴产业、先进制造业和新型基础设施建设，打造数字化的产业金融服务平台。

产业数字金融是以产业互联网为依托，数据为生产要素，数据信用为核心特征的一种新型金融形态。智能制造、智慧医疗、智慧物流、数字乡村等各类产业数字化方案的实施所产生的融资需求，均可以与产业数字金融深度融合，促进金融系统与企业生产经营系统打通，共同提升各产业数字化水平，并孕育出产业链金融、物联网金融、绿色金融、农村数字金融、科创金融等新模式、新业态，为更广泛的生产经营者提供更智慧的金融服务、更精准的产品定价、更低廉的融资成本。当前我国产业金融规模接近300万亿，随着数字经济和产业数字化加速度进一步提升，产业数字金融的渗透率将逐步提升，发展前景将越发不可限量。

面向未来，产业数字金融的形态将更加丰富，以数字新基建为基础，产业数字金融与产业数字化同频共振、融合发展，将形成以“四大基建”“三张产业网”和“五大业态”作为共同体的发展新范式。

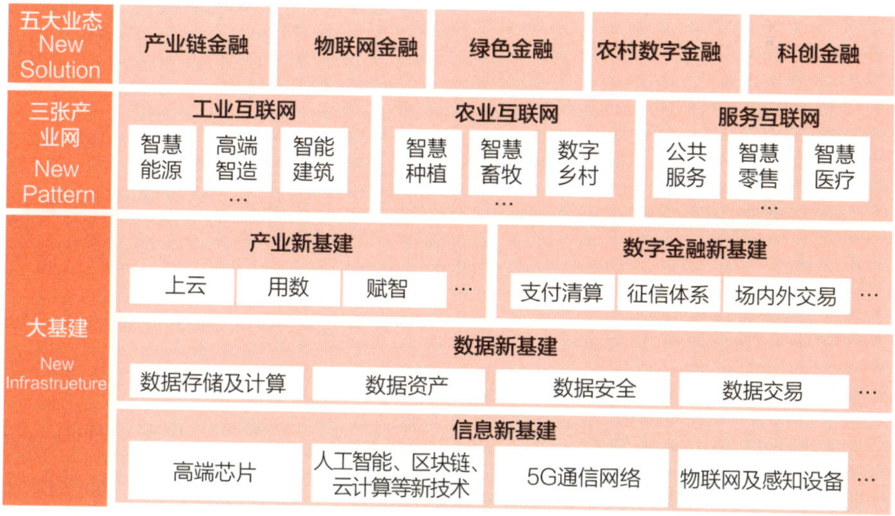

图 8-1　数字经济与产业数字金融全景图

其中，“四大基建”是产业数字化及产业数字金融的发展根基，信息新基建将输出技术创新源动力，数据新基建将释放数据要素生产力，并促进产业新基建和金融新基建的革新，从根本上提升我国的硬核科技实力和国际竞争力。产业端则在产业互联网转型的大势下形成工业互联网、农业互联网、服务互联网三网互通互联的新态势，进一步促进新型基础设施的完善；产业数字金融将深度融入新基建和产业互联网的发展过程，新模式、新业态持续孕育，最终为数字经济发展注入新活力、新动能，形成产业与金融相互促进、螺旋提升的良性发展格局，助力数字经济腾飞。

二、筑牢四大新基建，打造未来竞争力

数字新基建是以信息新基建为源动力、数据新基建为生产力、产业新基建及数字金融新基建为助推器的基础设施。数字新基建在信息新基建持续输出技术源动力的基础上，通过数据新基建释放数据要素生产力，支持产业新基建和金融新基建的革新，将产生不可估量的乘数效应，成为攻克"卡脖子"核心技术、构建双循环格局的重要推手，一方面优化传统产业结构，另一方面带动新兴产业发展，完善产业发展链条。

1. 突破核心技术，筑牢信息新基建底座

信息新基建是围绕信息的感知、传输、连接和处理的一系列信息基础设施的集合，包括高端芯片、人工智能、区块链、云计算等新技术、通信网络和物联网及感知设备等内容。作为新时期国家信息发展能力建设的重要组成部分，信息新基建以战略性和普惠性为特征，是提升国家经济信息化水平，促进经济转型发展，实现数字中国和网络强国战略的重要基础。创新是驱动信息新基建发展的主要驱动力，政府、学界、企业、金融机构等多方面的协作联动将推进核心技术突破和普适普惠，为数字新基建筑牢底座，促进数字经济飞速增长。

2. 打造数据新基建，释放数据要素生产力

2020年4月9日，党中央、国务院联合印发《关于构建更加完善的要素市场化配置体制机制的意见》，正式将数据作为第五生产要素写入政策文件，与传统意义的土地、劳动力、资本、技术等要素并列，并参与到市场化分配中。数据新基建以数据的安全存储、可信传输及协同生产为目标，主要包含数据存储及计算、数据资产、数据安全和数据交易四方面的基础设施建设。从数据储存及计算角度出发，数据中心将是新基建的代表形态；从数据资产角度出发，数据资产基建让数据可计量化并商业化；从数据安

全角度出发，《中华人民共和国数据安全法》等制度为政府及企业建立数据安全管理体系提供指引；从数据交易角度出发，全国各地纷纷兴起建设数据交易所的大潮，2021年3月成立的北京国际大数据交易所便是新型交易范式之一。

3. 上云用数赋智，产业新基建站上新风口

产业新基建为实现“上云用数赋智”将数据生产要素与劳动力、土地、资本和技术等传统生产要素相融合，通过四大生产要素的革新助力企业，尤其是小微企业的数字化，进而助推产业的数字化。产业新基建的建设受到国家高度关注。2020年4月，国家发展改革委、中央网信办联合印发《关于推进“上云用数赋智”行动培育新经济发展实施方案》的通知，对进一步加快产业数字化转型，助力构建现代化产业体系具有重要指导意义，其中尤其指出面向中小微企业，需推行普惠性“上云用数赋智”服务。

4. 推动数字化转型，数字金融新基建迈上新台阶

对于产业数字金融而言，数字金融新基建包括支付清算、征信体系、场内外交易及配套制度安排等内容。近年来，我国积极把握数字化、智能化、生态化发展的趋势，厚植数字金融发展根基，不断推动金融基础设施建设，着力解决产业数字化过程中的金融痛点，但仍存在一定制约。一是传统支付清算体系下，企业账户管理存在重防控风险、轻企业服务的问题，尤其是开户环节KYC尽职调查流程复杂、时效长，小微企业开户普遍较难且基础支付服务手续费较高。二是小微企业金融信用信息覆盖不全，信用信息缺乏共享机制，影响金融机构有效服务更大范围的小微企业客户；三是金融服务供给与科创企业尤其是专精特新企业需求不匹配，多层次资本市场发展普惠金融方面存在短板。随着金融科技应用的加快，金融基础设施数字化水平及服务能力将日益完善，为产业数字金融发展提供重要支撑。

三、数字化转型提速，构建三大产业互联网

1.消费互联网加速向产业互联网演进

过去由于数字要素驱动业的强大优势，消费互联网在我国蓬勃发展。消费互联网主要以个人消费者为用户，以日常生活为应用场景，结合衣食住行、社交娱乐等方面提供服务。随着市场竞争日趋白热化，消费互联网人口红利和流量优势趋近耗尽，增长乏力，面向B端的产业互联网成为发展新基调。

在消费互联网向产业互联网转型的过程中，农业、工业、服务业三大产业互通互联的产业互联网新态势正在形成。工业互联网、农业互联网和服务互联网作为新型的互联网经济形态，正在孕育全新的商业模式。工业互联网着力提升工业产能及效率，农业互联网侧重降低人力成本、提升农产品品质、提高农产品运输和销售效率，服务互联网则关注提高公共资源配置效率，解决公共资源配给不平衡。总结来看，产业互联网将扮演“转换器”的角色，将数字化这个最大的变量转化为各行各业创新发展的最大增量，为工业互联网、农业互联网、服务互联网三网注入发展源动力。

2.工业互联网发展提速，释放倍增效应

近年来，党中央、国务院高度重视工业互联网发展，习近平总书记连续四年对推动工业互联网发展作出重要指示。国家工业和信息化部和工业互联网专项工作组制定出台的《工业互联网创新发展行动计划（2021–2023年）》标志着工业互联网发展进入快速成长期。

工业互联网是以企业为客户，以加工、制造为应用场景的互联网经济新形态，同时具备产业属性、服务属性，其内核是工业企业及服务的虚拟化、网络化，一方面实现工业产能及效率的提升，另一方面孕育全新的商业模式。例如，以电力行业和石油行业的数字化转型为例，电力行业具体应

用为以火电、风电、光伏发电为代表的智慧电厂等。智能电厂的建设使用数字化手段为电厂物理对象构建虚拟模型，模拟现实行为，搭建整合电力生产工艺流程的数字生产系统，实现从工厂规划设计、建设、生产、维护、营销全过程数字化；石油行业具体应用为加快汽油储备设施建设和管道建设，在各作业环节部署数字化应用，包括智慧研发制造、数字开采、智能储运、智能炼化等内容。

3.农业互联网为乡村振兴注入新动能

农业互联网是以农村、农业、农民为客户，以生产、种植、养殖等为应用场景的互联网经济新形态，同时具备产业属性、服务属性，其内核是农业企业及生产流程的科技化、智能化、信息化，一方面实现节约人力成本，提升农产品品质，另一方面提高农产品运输和销售效率，孕育全新的商业模式。

以智慧种植为例。智慧种植指利用智能感知、分析、控制等技术和装备在大田种植和设施园艺领域集成应用，积极引进、消化、创新水肥一体化、自动喷滴灌、自动采摘等自动化、智能化系统和数字设备，开展工厂化、智能化和标准化生产。

4.服务业加速数字化，第三产业释放新红利

服务互联网是以第三产业为基础的服务业经济新形态，其内核是服务数字化。

以新零售为例。新零售是以互联网及先进技术为依托对商品生产、流通与销售过程进行升级改造的零售业新模式。传统而言，新零售以消费互联网属性为主，但近年来也在逐步融入产业互联网内涵，具体体现在智能供应链（S2B模式）、工厂直供（F2C模式）等领域。S2B模式是指零售企业通过数字化手段构建全渠道的供应链服务平台，推动产品溯源、仓储物流、营销渠道等智能协同，有效控制成本，提高利润；F2C模式是指品牌公司把设计好的产品交由工厂代工后通过终端送达消费者，其技术支持是通

过物联网等技术，对每一件产品进行实时监控。

四、以数字经济为基，产业数字金融五大新业态

产业数字金融是面向B端产业提供数字金融服务的统称，主要服务于产业数字化和数字化产业。产业数字金融的提出，对我国金融供给侧结构性改革和数字经济高质量发展具有重要意义。具体而言，在人工智能、大数据、物联网、隐私计算等技术的促进下，产业数字金融进一步衍生业链金融、物联网金融、绿色金融、农村数字金融、科创金融等五大新业态。

1.产业链金融

产业链金融是以产业互联网为主要服务对象，通过云计算、数据处理、OCR识别验真等技术手段还原产业链中各企业的复杂交易关系，并基于交易关系综合评估企业经营情况以提供金融服务的业务模式，融资是其中最为主要的功能。

以汽车产业链为例，中信银行、百信银行及百度协作探索产业链内部整合路径。首先BC端联动服务全产业链，以B端贷款为切入点，广泛连接主机厂商、经销商等，打造“AI车联盟”汽车金融生态圈，以B带C，广泛获取C端客户，提供车贷为主的金融服务。其次是一站式金融产品服务及增值服务联动。最后是面向未来的新金融模式探索。中信银行重点服务于传统汽车产业链上下游，并逐步向新兴汽车产业链上游上移。百度，作为科技企业，重点服务于新兴汽车产业链下游，包括数据与智能网联、按需出行等；百信银行，作为金融及科技企业，重点服务于传统汽车产业链中游、新兴汽车产业链中下游，包括新车二手车购车金融、智能账户及金融等。

展望未来，产业链金融服务的差异化程度将加深，识别交易信用及验证交易数据真实性的方式或将更为多元，授信体系也或将进一步丰富，自建场景及开放式平台将成为银行布局新趋势。产业链多方企业将打破交易

壁垒，借助互联网等新兴信息技术及电商平台打造虚拟产业集群，深度连接分散企业，扩大银行自身产业链平台服务的使用范围。

2.物联网金融

物联网金融是以工业、农业等产业互联网为主要服务对象，通过传感器、数据采集等物联网技术，实现对企业主体的智能识别感知、定位、跟踪、监控，以增强主体信用数据的真实性及可得性，实时掌握企业销售运营情况，动态调整信用评级结构的一种综合金融服务业态，融资是其主要功能。与产业链金融不同，物联网金融侧重通过提升企业主体信用的真实性来优化授信模式。主体信用侧重关注企业自身的经营情况，通常从营运能力、盈利能力、资产规模、成长性、流动性等维度做出评价。

物联网金融融资功能解决了信贷业务全流程中主体信用识别效率低、管控难的问题。以平安银行为例。平安银行在2019年开始建设星云物联网平台，2020年发射了第一颗物联网卫星“平安1号”，打造天地一体化的物联网解决方案，帮助企业与其资产连接，为企业提供有效和可视化的资产监控与控制服务。截至2021年9月，平安银行星云物联网平台已接入千万级物联网设备，为实体经济提供超1300亿元融资。以商用车市场为例，平安银行搭建了具有平安特色的“智慧车联”应用场景，以物联网设备为货车司机提供贷前增信并实现贷后有效监管。首先，对每个货车司机和车辆设定唯一ID，用以识别司机和车辆。其次，在用户授权并严格遵守相关数据安全规范技术标准的前提下，通过物联网终端设备，对车辆和司机所在位置的经度、纬度、运行轨迹、车辆状态进行实时监控。最后，将采集回来的数据与仓储、税务、票据等数据进行关联验证，从而实现对司机和车辆的有效管控，最大限度降低了贷后风险。

展望未来，产业链金融和物联网金融从不同逻辑及视角优化工业互联网授信模式及信用数据的真实性。未来两者可能趋同实现主体信用、交易信用的融合，进一步助力实体经济高质量发展。

3.绿色金融

绿色金融指为支持环境改善、应对气候变化和资源节约高效利用的经济活动，即对节能环保、清洁能源、绿色基建等领域的项目投融资、项目运营、风险管理等提供的金融服务，近年来金融科技进一步推动绿色金融的发展。发展绿色金融、服务绿色项目是金融机构社会责任的重要体现。

绿色金融业态繁多，包括绿色信贷、绿色债券、ESG投资、碳排放权交易等诸多领域，银行及非银机构良性竞合，且金融科技正在持续推动绿色金融的发展。

目前我国推动绿色金融发展的三大主要科技包括大数据、人工智能和云计算。应用业务上，金融科技的使用主要集中在绿色信贷、绿色基金、绿色能源市场、绿色债券等业务领域。从业务实践来看，为落实国家碳达峰、碳中和目标，支持经济向绿色低碳转型，2021年5月29日，中国人民银行营业管理部设立“京绿通Ⅱ”专项再贴现产品，旨在发挥商业汇票在推动节能减排、发展清洁环保产业、解决突出环境问题等方面的支持作用。与一般再贴现工具相比，“京绿通Ⅱ”专项再贴现工具具有专项额度保障、名单制管理、流程优化和利率优惠的优势。

百信银行结合自身“百票贴”产品优势，率先响应政策，推出北京地区首笔“京绿通Ⅱ”专项再贴现产品，创新“票据+供应链+互联网+再贴现”业务模式，通过金融科技手段，拓宽“三小一短”（小企业持有、小银行承兑、小金额、短余期）票据的融资渠道，产品服务企业范围包括中国人民银行营业管理部绿色企业目录范围内的企业，以及工信部披露的绿色工厂和绿色供应链管理示范企业。

百票贴采取可插拔的技术架构灵活应对市场变化，通过轻量级的H5前端来触达客户；通过OCR技术识别客户信息无须客户录入，自动结构化分词、存储，秒级即可完成，提升客户体验；通过链接进行实时视频核实，同时行内进行双录验证留档，实现跨越空间的“面对面”；依托百信大数据体系，在对风险进行准确计量后，来进行企业授信审批、票据甄别，防范风险。截至2021年9月末，百票贴向22户绿色企业、213户科创企业和1588户民营企业共提供22444笔，累计总金额达64.09亿元再贴现资金支持。

面向未来，发展绿色金融将成为金融机构的必选项，围绕节能产业、资源循环利用产业、环保产业、水资源利用和保护、大气治理、固废处理、集中供热、绿色建筑等绿色经济的重点领域提供绿色综合化解决方案，助力各地区转型低碳绿色发展将是大势所趋。绿色金融数字化建设也将加速，各方将探索运用区块链、多方安全计算、联邦学习等技术，建立跨部门、跨区域、跨行业数据融合通道，进一步丰富和完善绿色信用信息体系。

4. 农村数字金融

农村数字金融是以互联网、云计算等数字化技术为手段，以农村、农业、农民“三农”为服务对象的普惠性金融服务。农村数字金融一方面离不开云计算的支持，以突破传统服务模式的成本瓶颈，另一方面离不开政企协同下由人工智能、大数据、区块链等技术形成的农民农户农企征信体系。农村数字金融主要包括便捷金融服务、涉农信贷服务、新型农业保险等内容。

农村数字金融的普及可减少金融服务的信息不对称，精准匹配资金需求，降低农民和新型生产经营主体融资门槛，缓解农村融资难、融资贵、融资慢等问题，有助于推动农业产业链模式整合，突破农产品产销的限制，推动农业产业数字化升级。

以养殖业为例，百信银行为顺应国家“乡村振兴、高效服务‘三农’”的政策战略导向，聚焦养殖场景，创新推出“养殖贷”，并与政策性银行合作，利用数字人民币充分解决养殖户的信贷痛点，持续优化养殖产业数字金融服务模式。

养殖贷是百信银行联合百度智能云搭建的基于信用服务体系的养殖产业金融服务平台。该平台依托“金融+科技”整合行业资源，基于百度生态数据、养殖场景数据和第三方公共数据，为养殖户提供由数据驱动的信用贷款及其他养殖服务。为进一步优化该平台服务模式，百信银行还与中国进出口银行合作，获得专项低息政策性资金支持。

养殖贷利用数字人民币解决了养殖户信贷的三大痛点。首先，养殖贷用户开户难度大，多分布在边远乡村难触达银行实体渠道，而开户（对公账户或1类户）必须在实体网点柜台进行，通过数字人民币的在线开立流程可解决目前业务遇到的困难。其次，养殖户难以负担融资成本，数字人民币的零交易费率可有效降低养殖户的成本支出。第三，农村信贷风控的挑战始终存在，而政策性资金需要严格控制使用用途，数字人民币的可控匿名特性以及智能合约能力有效地实现了资金的全流程监控，助力百信银行把控风险。

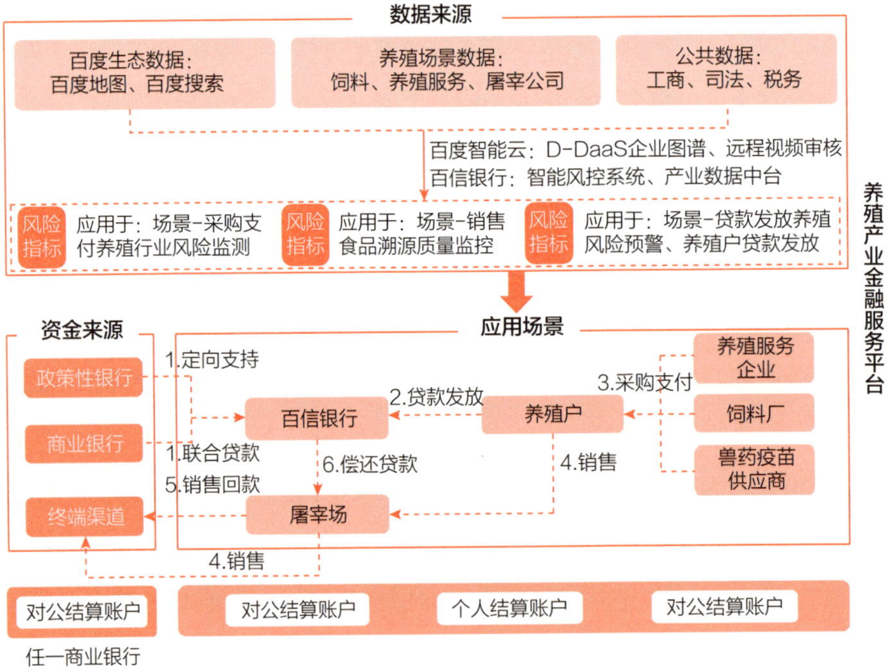

图8-2　基于人工智能的养殖产业金融服务平台的业务模式

目前而言，数字金融知识在农村尚未普及，农村居民的数字素养仍有待提高，农村数字金融产品仍有待丰富，农村数字金融基础设施仍有待加强，数字经济法律法规建设仍有待完善，对农村数字金融发展形成一定制约。下一步，政府、金融机构、企业以及社会组织要通力合作，各司其职，强化农村数字金融基础设施建设，采用灵活多样的方式引导农村居民提升数字金融素养，结合农村实际需求创新产品和业务模式，推动农村数字金融创新发展，助力农村振兴。

5.科创金融

科创金融是以赋能专精特新为代表的科创企业为目标，通过金融科技创新与服务机制及制度创新提供全生命周期金融服务的新业态，直接融资及间接融资是科创金融的主要功能。

直接融资方面，2021年9月注册成立的北交所拓宽了以专精特新为代表的科创企业的直接融资渠道。对一级市场而言，长久以来新三板市场存在流动性枯竭现象，导致挂牌企业定价难、融资难，退出通道受阻等。北交所的登场，对一级市场来说利好颇多，可大大缓解新三板长久以来存在的流动性难题，一方面为PE/VC/LP等提供了退出新路径，另一方面PE/VC也将有更多可选择的项目标的，提高了社会资金效率，实现资金均衡分布，从而推动科创企业的发展。对二级市场而言，个人投资者交易门槛及公募基金的参与通道被打通，中小企业进入二级市场直接融资的渠道被进一步打开，既是当前制造业产业链“强链”“补链”在资本要素上的现实所需，也更加丰富了国内多层次资本市场的构成要素，在推动企业创造价值的基础上也提高居民财富回报，助力共同富裕的实现。

间接融资方面，银行作为服务主体在诸多方面探索尝试。首先，数字技术提升了科创金融服务能力。科创金融提高了对企业进行资质审核和资产评估的严谨性和可靠性，在传统风控因素的基础上，尤其通过技术、市场及发展前景等多重因素优选客户，实施名单制管理和销售，将风险管理前置。

其次，投贷联动成为科创金融的重要手段，投贷联动的核心是在权益投资的基础上，通过和投资机构开展全方位合作，银行在为被投企业提供债务融资时，给不同的投资主体合理的回报，覆盖其所承担的相应风险。投贷联动包括商业银行与外部风投机构合作共同投资科创公司，商业银行子公司（如理财子公司等）对科创项目进行股权投资，与外部机构共同发起设立股权投资基金等模式。

再次，科创金融结合科创企业“全生命周期”设计综合金融服务方案。从行业实践来看，领先银行已认识到科创金融的发展前景，正着手布局。例如，中信银行推动中信易贷产品，根据专精特新“小巨人”不同的经营特点，有针对性地制订授信方案，特别是订单e贷、政采e贷、关税e贷、银税e贷等信用类融资产品，满足不同行业、不同场景下专精特新“小巨人”的融资需求。此外，中信银行还依托中信集团协同优势，联合中信证券、中信资本等团队，以“商行+投行”服务模式，为专精特新“小巨人”提供全流程综合金融服务，支持中小企业高质量发展。

着眼未来，首先，科创金融产品形式将进一步创新，以科创企业用云等情况为依据提供的金融贷款云量贷等产品将逐步普及；其次，对于科创企业人才尤其是科研人才的智本化处理及量化定价将成为风险评估的重要依据；最后，围绕北交所拓展投贷联动可能成为探索的新途径。

五、未来八大趋势

1. 全球产业链数字化升级，中国的机遇与挑战并存

我国数字经济进入蓬勃发展期。从长期来看，全球价值链布局的引力将转向数据要素成本，而数据要素成本更多依托于市场规模，中国这一超大市场将会成为吸引全球产业的高地。另一方面，挑战也同样存在，美国政府发布的实体清单暴露“卡脖子”关键核心技术困境，涉及军工、芯片、

核电、安防、人工智能、网络安全等多个领域的企业，阻碍了企业所在行业的科技创新，这将直接影响中国产业链向前延伸以及全球竞争力。

2.“双碳”目标推动产业数字化和绿色金融跑出“加速度”

我国碳达峰、碳中和目标的提出，蕴含着巨大的经济增长潜力和技术创新活力，为绿色金融和金融科技的快速发展带来历史性机遇。要实现碳中和，未来三十年中国需要数百万亿的绿色投资。过去，中国绿色金融的主要业务集中在支持绿色基础设施项目，这些绿色项目比较容易识别。但是，未来的绿色金融业务，必须支持绿色小微、绿色农业、绿色消费、绿色建筑，要在计量几乎所有经济活动的碳排放碳足迹的基础上开展。对这些主体、项目和产品进行绿色识别的难度很大，这就需要大数据、物联网、AI、区块链等金融科技手段来为绿色金融赋能。可以预计，随着中国绿色金融市场的快速发展，金融机构在绿色金融产品创新等应用场景越来越多，对于信息的规范性、时效性、整合度、精准度等要求越来越高，金融机构对数字化的需求也会越来越强烈。

3.专精特新、多元协同，构建产业创新共同体

2021年7月30日召开的中央政治局会议要求，强化科技创新和产业链供应链韧性，加强基础研究，推动应用研究，开展补链强链专项行动，加快解决“卡脖子”难题，发展“专精特新”中小企业。引导中小企业走“专精特新”的发展道路对于我国实施创新驱动发展战略、加快产业升级发展具有十分重要的战略意义。要实现产业链现代化，不仅要发展一批大型龙头企业，还要培育大批长期专注于特定细分领域、细分产品、能够在所在领域不断创新发展并占据市场领先地位的“专精特新”中小企业，带动多元协同，整体提高各产业的附加值，构建产业创新共同体。

4.“新基建+产业互联+金融服务”成为数字化转型新范式，推动银行业保险业高质量发展

产业互联是新基建的重要应用，“新基建+产业互联+金融服务”将为银行业数字化转型注入新动能，也将为具有自主核心能力的产业科技企业带来新的发展机遇。越来越多的金融服务通过数字化新基建来重塑不同产业场景中的服务能力、效率与质量。数字化基础技术的升级，让金融业务和传统产业的连接更加紧密，围绕产业场景的金融服务也将更加平滑和通畅，同时能让传统金融场景获得足够的创新空间，为发展注入新动能。

5.智能网联汽车成为第三空间和下一个“入口级载体”

全球汽车产业进入大发展大调整阶段。在这场变革中，如果说电动化是上半场，那么智能化就是下半场。汽车作为全新生活场景的链接者，正经历着从普通交通工具到以人为核心的第三空间的角色转变。在产业互联网生态下，手机和汽车不再是割裂的产品，无论是云服务还是手机的功能，以及将手机作为车钥匙，都能与汽车进行融合。汽车上丰富多彩的大屏，是继电视屏、电脑屏、手机屏之后的“第四屏”，汽车的智能网联系统有其独立性、封闭性、私密性等特点，可以更好地应用于音乐、视频、游戏等场景，这些使用场景在车内的体验远超手机的体验。未来，汽车将成为连接家和办公场所的第三空间，在挖掘用户在“路上”需求的同时，也填补了这块互联网服务空白，让“家—路上—办公室”的互联网服务体验无缝衔接在一起。

6.数字乡村是数字中国的最后一公里

数字乡村是乡村振兴的战略方向，也是建设数字中国的重要内容。实施数字乡村战略，有助于发掘信息化在乡村振兴中的巨大潜力，进一步解放和发展农村数字化生产力，加快弥合城乡“数字鸿沟”，促进城乡一体化融合发展，为乡村振兴注入新动力、提供新路径，让广大农民群众在经济社会数字化转型过程中，共享“数字红利”。但总体来看，我国数字乡村建设还处于持续探索阶段，部分地区存在发展思路不清晰、建设主体不明确、建设效果不突出、对农业生产和农民生活的带动作用不明显等问题。各地区应立足本地实际和资源禀赋，选择合适的数字乡村建设运营模式，同时注重提高基层干部和农民的数字素养，加快培育数字乡村发展良好生态，进一步增强造血功能、激发内生动力，形成可持续发展机制，让数字乡村推动乡村振兴跑出“加速度”。

7.数据治理是产业数字化健康发展的关键

2020年4月，中共中央、国务院发布《关于构建更加完善的要素市场化配置体制机制的意见》，明确提出“加快培育数据要素市场”，进一步强化了数据作为生产要素的重要性。数字经济之下，数据已成为推动产业转型升级、加快数字社会建设的重要的生产要素。不过，在数字经济带来发展新机遇的同时，数据安全形势不容乐观。数字经济的核心是数据与产业的融合，而数据在采集、共享、分析、流动与使用等环节都将面临不同层面的风险，这包括数据产权、数据流通、跨境传输和安全保护等层面的风险问题。2022年工信部公示《网络数据安全标准体系建设指南》，从政策层面为数据管理提供了制度保障，未来还需要产业中各类企业主动强化数据安全技术能力建设，建立统一高效、协同联动的网络安全管理体系，做好个人信息保护与数据安全管理。

8.产业互联网上市公司和独角兽进一步扩容

2011–2020年，是以移动互联网为代表的新经济发展的黄金十年，诞生了一批高市值的互联网上市公司和独角兽。未来十年，伴随产业数字化进程，整个互联网革命浪潮也从早前围绕消费产品的流通领域变革展开，进入了围绕工业和消费产品生产领域的深度变革展开的阶段。“产业互联网”将接棒“消费互联网”，成为下一个批量产出上市公司和独角兽的领域，形成巨大的蓝海。

以数字技术赋能供应链金融

李振华　宋　华

党中央、国务院高度关注产业链安全及配套供应链金融体系支撑作用。2022年4月，《中共中央　国务院关于加快建设全国统一大市场的意见》发布，就提出“发展供应链金融，提供直达各流通环节经营主体的金融产品。通过金融科技和数字技术赋能，可以通过信贷资金将货币政策引导利率直接、精准传递给微观市场主体，在支持小微企业融资的同时，促进实体行业发展”。2022年9月，中国人民银行和银保监会联合印发《关于推动动产和权利融资业务健康发展的指导意见》进一步“鼓励银行等金融机构通过应收账款质押和保理融资，满足不同客户多样化金融需求。支持探索应用区块链等技术手段，实现链上应收账款签发、确权、转让、质押等信息的记录和验证。鼓励用好中国人民银行征信中心应收账款服务平台，开发与中小微企业需求相匹配的应收账款线上融资产品，拓宽应收账款业务范围，提升融资效率”。

随着数字经济的不断发展，实体经济持续经历数字化转型。“如何通过数字技术推动供应链金融不断升级，更好地服务实体经济，提升产业链韧性”已经成为当前金融业发展的重要命题和使命。本讲以网商银行大雁供应链金融系统实践为例，尝试从金融科技行业的视角对此进行解题。

李振华系蚂蚁集团研究院院长；宋华系中国人民大学商学院副院长。

一、网商银行与大雁系统

1. 网商银行

网商银行于2015年6月25日正式成立，是由蚂蚁集团发起，银保监会批准正式成立的中国首批民营银行之一，致力于解决小微企业、个体户、经营性农户等小微群体的金融需求。与多数银行不同，网商银行是一家由科技驱动的银行——不设线下网点，开创了无接触贷款“310”模式（3分钟申请，1秒钟放款，全程0人工干预），为数千万小微经营者提供纯线上的金融服务。

从线上到线下，网商银行基于支付宝推出的收钱码服务，把小微商家通过收钱码收款的交易数据作为授信放贷依据。在农村，网商银行通过“普惠金融+智慧县域”的合作方式满足根植于中国大地的农村经营者的资金需求，截至2021年末，全国1000多个涉农县区相继与网商银行合作，数量已占全国总数近一半。

在持续探索前沿技术方面，网商银行是全国第一家将云计算运用于核心系统的银行，也是第一家将人工智能全面运用于小微风控、第一家将卫星遥感运用于农村金融、第一家将图计算运用于供应链金融的银行。

数字技术发展使网商银行服务小微能力大幅提升，截至2022年6月，网商银行已累计为4900多万小微经营者提供数字信贷服务，平均贷款时长90天。网商银行服务的客户群体中有80%人群是首次获得银行经营性贷款，超过70%的贷款单笔贷款利息成本低于100元。

2. 大雁系统

大雁系统是网商银行基于核心企业和上下游小微企业的供应链关系，开发出的一套数字化产品矩阵，以满足小微企业在供货回款、采购订货、铺货收款、加盟、发薪等生产经营全链路中的信贷需求及综合资金管理需求。

随着数字化商业的发展，商业社会发生巨大变化：一是全经营链路的数字化，从消费、零售、品牌经销到供应链，从组织数字化、交易数字化到营销数字化，全方位数字化在加快发展；二是品牌企业在整个链路中起的作用越来越大，品牌在整个商家、经营业务和经济生产活动中的作用和掌控力越来越大；三是渠道下沉，如果仅局限在线上或者线下渠道，品牌很快会遇到发展瓶颈，需要渠道下沉以开拓更大的业务；四是消费个性化和新兴人群需求催生小单快反模式，需要供应链与之相匹配。为此，网商银行推出数字化供应链金融产品矩阵——大雁系统，应对新时代的变化。

大雁系统作为数字化授信及资金管理利器，包括合同贷、采购贷、加盟商贷、发薪贷，网商贴、云资金和回款宝等一系列数字金融产品，目的是解决各行业核心品牌上下游供应链中小企业的供货回款、采购订货、铺货回款和发薪加盟等生产经营全链路的金融需求。

网商银行将核心企业类比头雁，供应商、经销商、零售商、加盟商等群体构成群雁。网商银行希望通过大雁系统，在品牌核心企业这个头雁的带领下，让整个供应链金融，整个雁群飞得更远，飞得更高。

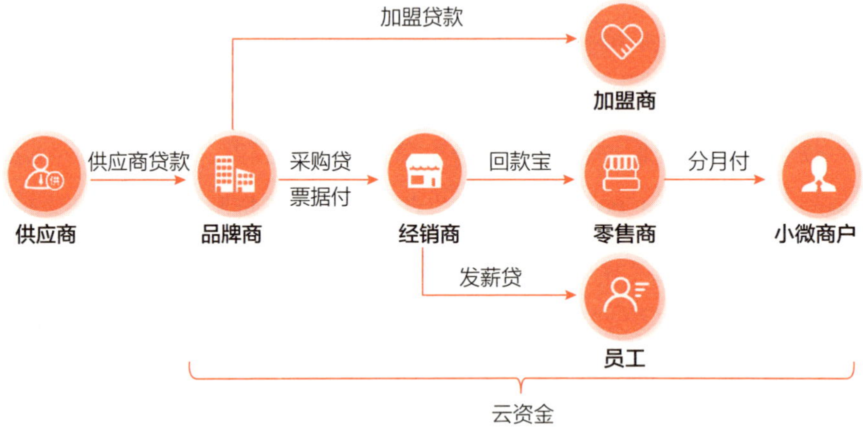

图9-1　大雁系统——数字化供应链金融产品矩阵

相较于其他银行提供的供应链金融服务，大雁系统基于数字风控优势和服务小微基因，将310服务理念首次引入供应链金融领域，以全信用的方式服务核心品牌供应链下沉和末端经营者，改善供应链金融服务体验。大雁系统一是“即贷即用”，以往银行的审批流程较长、尽调成本高、服务意愿低、审批通过率低，等银行审批完可能已经错过了资金使用的最佳时机或者需要核心企业担保、固定资产抵押，小微企业主非常无奈；二是灵活性，即“随借随用随还”，小微企业都是小本买卖，贷款利息能省则省；三是开放合作，携手品牌企业、科技服务商以及同业机构共同服务品牌供应链。

相较于网商银行既有的金融服务，大雁系统在以下三个方面进行了发展：①交易场景，供应链金融围绕交易场景而生，从交易中理解客户的生意模式和客户的经营特点；②行业视角，供应链金融面对千差万别、多种多样的行业，每个行业的品类都有不同的特征，需要深入行业寻求更多的认知和理解；③从微到小，大雁系统承载了网商银行“相伴成长”的使命，随着小微企业经营规模扩大，需要的资金越来越多，网商银行将逐步提高授信额度，实现从微到小服务的跨越。

大雁系统的直接服务对象是核心企业供应链上下游的小微经营者，这个群体是中国经济的毛细血管，数量众多，行业繁杂，在促进经济增长、吸纳就业和推动创新等方面具有不可替代的重要作用。以往的供应链金融依赖于核心企业的担保，头部效应显著，只能服务销售额达到一定规模的大经销商，无法满足长尾经销商的需要，更别提末端的零售商。而核心企业的发展离不开一张完整的经销商网络，离不开供应链上的这些小微企业，供应链强则核心企业品牌强、销量强。对于核心企业来说，零售端已成为影响销售的关键环节。大雁系统要做的就是改善头部效应，将金融活水经由作为销售体系“主动脉”的经销商，进一步引入零售商等“毛细血管”中。

今天的产业链更加强调上下游之间、主体企业与服务机构之间的数字化协同，更加强调直通直达、尽量减少中间环节，更加贴近终端零售客户的个性化需求从而更加强调信息的共享与信任的传递[①]。大雁系统通过数字化供应链金融服务恰好可以穿透到产业链毛细血管中，使其持续保持活力。

二、大雁夯实基础风控能力

国家提倡发展供应链金融，以创新方式支持实体经济提质增效，2021年政府工作报告首次提出“创新供应链金融服务模式”，“十四五”规划和2035年远景目标纲要中也正式提出“推动供应链金融服务创新发展”。

尽管供应链金融已在中国发展超过20年，但仍存在“风控过度依赖核心企业”的问题。网商银行的禀赋在于，利用处理分析海量数据的能力，智能风控体系、线下交易数字化方法等数字技术，可以逐步实现为供应链中经销商等非核心企业提供相对独立的风险定价。

1.大数据分析处理能力

网商银行最初的主要服务群体是线上电商卖家，在此过程中积累了小微企业的交易和财务信息，锻造了根据商户动态需求快速做出反应、为其提供临时提额和利率优惠等金融权益的风控能力。从2017年开始，网商银行从线上逐渐走向线下二维码收单的买家，走向了新型农民、新型农村经营规模主体，也走向了物流、快消、汽车、电子电器等行业的小微客户。这些线下的小微经营者，规模小、底子薄、缺乏信用记录和积累。通过支付宝“收钱码”“智慧县域”等方式，他们零门槛开始了“数字化经营”，通过网商银行的金融服务不断积累信用。利用超大规模实时图计算技术，网商银行已实现虚假交易的甄别和剔除，从而保证交易数据的真实性。

2.智能风控体系

网商银行以动态、多维、场景化的大数据，分布式、弹性、高性能的

---

① 根据网商银行党委书记、董事长金晓龙在2021年10月14日网商银行大雁系统发布会上发表的讲话整理。

云计算和传统结合人工智能算法的量化模型为支撑，建成了全链路数据化风险管理智能风控体系。该体系具备贯穿“数据—模型—策略—业务”的风险管理总体架构，能够应用各类智能化模型对众多小微商户进行全方位画像，并结合决策系统，在贷前准入、授信、贷中监控预警，贷后催收的信贷“全生命周期”进行风险管控。

智能风控体系旨在解决小微企业“小频短急”的融资需求，实现风险可控的普惠金融。优势在于：①以实体经济构建风控场景，目前已经覆盖电商、线下码商、农村经营性农户和供应链小微经营者群体；②以科技创新驱动风控能力，体现为多维实时的预测指标、精准智能的预测模型和全面动态的风控策略。通过日常高频的支付记录，替代原本缺失的信贷记录，解决小微信贷“最先一公里”难题。从2018年至今，除了利用机器学习模型、实时图计算，以量化策略为核心技术，智能风控体系还吸收了卫星遥感和企业图谱技术，在农村金融和供应链金融两块业务上取得重大突破。

事实上，随着产业互联网的发展，产业链核心环节的数字化管理能力持续提升，细分行业内也涌现出大量的B2B平台和SaaS服务商，产业链小微企业的商流、物流、资金流的数字化程度不断提升。这些场景不仅能够帮助网商银行实现批量化、精准化获客，同时在用户授权前提下，这些产业链中的数据也可以帮助网商银行更有效地验证中小微企业的真实经营状况，实现有效风控。

三、大雁系统产品矩阵融入产业链毛细血管

从2018年开始，网商银行与品牌核心企业以及上下游小微企业合作，扎入供应链交易场景，探索了一套从供应商、核心品牌企业、经销商到终端小微商户全链路的数字化供应链金融产品矩阵，即大雁系统，逐步成为

产业链发展的助推器。通过三年多的实践，大雁系统从食品粮油、酒水饮料等快消品行业开始，慢慢覆盖超过18个细分行业；上下游供应链客户的贷款可得率大大提升，达到了80%；并且使用过贷款服务的经销商的平均采购额增长超过未使用贷款服务经销商约20%，真正实现了金融助力实体经济。

1.采购贷缓解经销商资金周转难题

从核心品牌企业的供应链结构可以发现，经销商上有核心品牌企业，下有批发商、终端零售商，处于中间弱势地位。经销商向核心品牌企业采购贷订货时，需预付货款，核心品牌企业基于订单排期生产发货。通常来说，在向下游零售商铺货时，体量较大的零售商与经销商还存在结算账期。因此，经销商只能垫款进货。遇到销售旺季，除了进货垫款，还要承担库存周转、人工成本和市场营销等费用，因此经销商资金压力倍增。不仅如此，有些经销商实际上代理了数家品牌。比如，在快消行业，经销商很可能既卖粮油米面，又做零食饮品批零，这样的经销商对资金的需求更为迫切。而经销商的资金实力越强，对品牌市场拓展的支撑能力也越强，其本身业务发展的可持续性和健康度也越高。①但由于技术手段匮乏、信用体系不健全，很多银行无法获得这些小微经营者的风险信息，核心品牌企业在做市场拓展时，也无法解决供应链各参与方的融资需求，导致商业规模增速有限，成本还很高。而传统供应链金融，一方面主要依赖核心品牌企业的信用，因此只能满足经销商在单一链条上的金融需求；另一方面尽调时间过长、流程复杂、覆盖度有限和授信方案调整慢，无法快速满足此时经销商的资金需求，效率相对低下。针对这样的行业痛点，网商银行为核心品牌企业核心企业开发了采购贷产品。

采购贷主要针对供应链的采购订货场景，是网商银行为核心品牌企业下游经销商定制的纯信用订货/采购贷款，解决小微经营者进货难、周转慢、

① https：//wallstreetcn.com/articles/3642553【2021-12-20】

额度低等困境，为核心品牌企业拓展供应链广度提供金融支持。不同于以往订货模式，在采购贷中，经销商先申请资金进货，卖完货后再还款，扩大了进货规模。

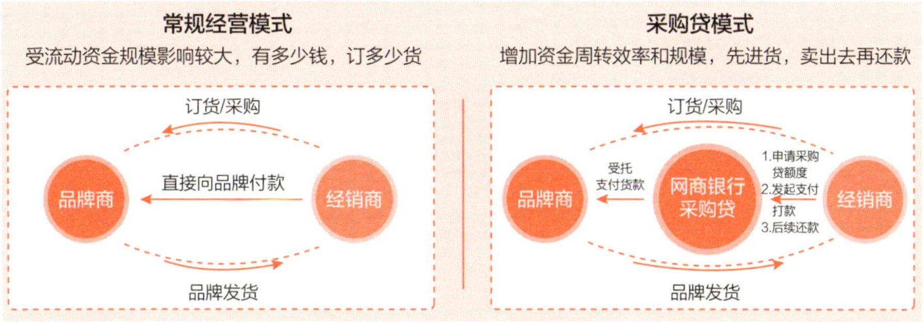

图9-2　大雁系统采购贷产品

相对于传统供应链金融产品，采购贷有以下6种优势。①310模式，无须抵押和核心品牌企业担保，无须人工尽调。②贷款可得率高，平均审批通过率80%。③支持随借随还，按实际使用时间计息。④兼容性强，付款方身份支持个人和公司类型，即支持私对公、公对公打款。⑤数智化还原供应链网络，融资额度根据所在品牌供应链数量状态叠加。⑥使用方便，目前有三种使用方式。一种是网商银行给每个核心品牌企业提供一个专属二维码，经销商只要用支付宝扫码，输入金额，就可以直接将货款打到核心品牌企业账号下，并附带资金和订单信息。对于要求经销商预付款（先打钱再发货）的核心品牌企业可以通过品牌专属二维码提前收款，与网商银行合作的大部分都采用这种方式。第二种，采购贷产品嵌入品牌经销商采购订货系统，可以更灵活便捷完成采购付款。第三种，经销商通过支付宝搜索“采购贷”小程序，申请通过点击借钱后选择相应供应商/核心品牌企业，就可以直接付款。

截至2021年末，采购贷授信总额已经达到千亿规模。不同行业授信额度差异明显，例如，泛农业需要的资金少一些，授信额度在几万到几十万；

能源行业需要的资金规模大一些，经销商单笔融资在100—200万之间。采购贷目前覆盖了六大行业，18个细分行业，包括大快消、家装建材、泛农业、新能源出行及零配件、医疗等。在泛农业，采购贷服务通过大数据风控系统降低了普惠金融准入门槛，支持随借随还，使得更多的"三农"群体享受到普惠金融的福利。

普惠的背后都是大雁系统核心技术支撑。首先是基于识别及验真技术，为小微企业提供关键增信维度。通过光学字符识别技术OCR①、图像识别技术IRT，可识别客户授权提供的合同、发票、生物信息等。验真技术是指基于企业输入的供应链关系及区块链公共可信数据库，通过多模可信数据刻画供应链各方信用，提升授信匹配度。其次是基于大规模图计算及数据处理技术识别企业关系，生成企业信贷数据大底盘。网商银行通过图计算及数据处理技术，还原供应链贸易关系网络，进而预测信用风险，给用户做增信、提额、定向支付以及反欺诈、反套现等风险防控策略。

同时，在运营过程中，网商银行与核心品牌企业在贷前、贷中和贷后都保持充分、深入的互动与合作，切实帮助小微经销商解决资金周转困难。

贷前建立专属服务群。双方达成初步合作意向后，网商银行建立品牌专属服务群，并由专属客服在群中定期发布宣传、营销和答疑信息，为经销商提供及时有效的服务。

贷中整理品牌、行业数据。为给核心品牌企业提供定制化的金融服务，网商银行注重从行业视角研究品牌发展趋势、营销政策、销售计划、淡旺季等信息，形成相应的品牌档案，随后在逐步的实践中，不断优化风控模型，最终形成行业档案，给予核心品牌企业更多针对性支持。网商银行供应链金融负责人王志誉提道："我们构建了各行业细分品类的行业研究知识

① OCR：Optical Character Recognition；ICT：Image recognition technology

库，将风控授信策略细化到行业品类粒度，以量化手段叠加行业经验的方式，高度把握客户经营周转需求。”网商银行会通过大数据模型分析每个经销商、每个行业的资金使用周期和使用次数，并推出适合的优惠活动，例如，对长周期贷款推出6个月之后免息、短周期推出2个月免一个月利息活动。还会根据品牌的销售节奏或者行业淡旺季，调整经销商的临时额度。以消费食品品牌旺旺为例，其产品品类非常多，包含冻品（冰棒）、低温奶、常温食品旺旺大礼包等，而且不同品类，淡旺季都不同。所以对旺旺来讲，如何根据不同品类和淡旺季为分销渠道提供满意的授信方案是一个非常大的挑战。网商银行与旺旺紧密合作，通过对不同品类、不同季节、不同的区域、不同的产品线的分析，推出了一个综合授信方案，满足分销渠道差异化额度需求。同时网商银行还根据各个产品不同的季节性特征进行智能化营销，从原来“人找钱”变成“钱找人”，在合适的季节将金融服务送到客户手中。在旺旺与网商银行合作的一年多时间内，提交申请的经销商中准入采购贷的用户已有数千家。

贷中打通资金流与订单流。品牌专属二维码实现了经销商与核心品牌企业之间资金流和订单流的打通。但是由于核心品牌企业的数字化能力和系统建设能力参差不齐，目前有两种方式，对于数字化程度高的核心品牌企业，其OMS系统[①]已与网商银行的采购贷系统对接。OMS系统承载了订单流信息（包括客户信息和订单信息），对接之后，每个订单流生成动态码，经销商需要通过动态码打款，资金流就与订单关联，从而实现资金流与订单流的打通，目前已有上百家核心品牌企业接入。其他一些核心品牌企业的数字化基础较弱，网商银行改进了业务逻辑，即先让经销商扫核心品牌企业的专属二维码，将资金预付给核心品牌企业，核心品牌企业在自己的系统中产生订单后自动从账户中扣款，这样在核心品牌企业的系统中实现

① OMS：Order Management System订单管理系统。

订单与资金的关联。与订单融资不同，采购贷是纯信用贷款，小微经营者在网商银行的额度与订单金额无直接关系。

贷中联合营销。网商银行一般与核心品牌企业在利息补贴上进行联合营销。（尤其在品牌方即将新品发布时，非常希望与银行联合营销。）以vivo为例，vivo品牌厂家为了撬动更多的经销商以满足新品发布的铺货量，在新品发布一个月之前就开始与网商银行联系，告诉网商银行新机的定位、覆盖人群的销量、经销商概况等信息，希望以网商银行的资金帮助下游经销商和门店。基于这些信息，双方沟通达成基础合作方案。在具体操作中，网商银行和vivo共同出资，给予客户利息补贴，例如，免息30天。目前，已有十几家大品牌与网商银行合作开展联合营销业务，为几十万家下游小微经营者提供了免息资金扶持。

贷后风险管理。如果核心品牌企业发现自己的经销商不达标、进入淘汰队伍，那么它会将淘汰名单发送给网商银行。如果网商银行主动发现了经销商的风险过高，例如，该经销商有多处信用风险，那么网商银行会将这个风险预警告知核心品牌企业，便于核心品牌企业调整或重新安排当地的经销商布局，以保证核心品牌企业渠道的稳定性。

贷后逾期管理。实际过程中，的确有些小微经销商不是主观赖账，而是想还而还不上。例如，疫情期间，为帮助小微经销商，网商银行扩展了两种能力：第一种是延期还款，在还未逾期时，经销商已经告知核心品牌企业这个月资金周转困难，但可以在今后确定的时间还清，那么核心品牌企业将这类经销商名单提供给网商银行做延期还款处理；第二种是重组，在经销商已经逾期、无法按照规定偿还利息甚至本金时，网商银行将偿还周期从一年变成两年，降低每个月还款金额。

贷后资金闭环。网商银行从采购贷业务层面考虑了资金闭环问题。2021年网商银行开发了回款宝产品帮助经销商解决经营回款问题。下游或者终端零售商不管使用支付宝、微信还是信贷支付，回款宝都可以支持。从采购贷到回款宝，前者为经销商提供融资，后者帮助其回款，实现经销商到网商银行之间的整个资金链条打通。目前已有20%的采购贷用户开通了回款宝业务。

在大雁系统采购贷的帮助下，经销商们抵押房产、飞到品牌总部集体签约以获得订货资金等方式已成为历史。大雁系统发布至今，已与700多家知名品牌合作，正在逐步建立更完善的产业关系图谱，还原更完整的供应链网络，还原批零商户在供应链网络中的综合画像。通过这种立体数字画像，大雁系统能对不同核心品牌下游的同一个经销商，实现叠加的金融权益服务。王志誉举例，“有家经销商同时是金锣火腿肠和克明面业的代理，同时还批发鸡尾酒等商品。在接入大雁系统前，他们只拿到银行50万元授信额度，接入系统后，我们对其做了立体数字画像，现在他获得的授信额度是原先50万元的6倍”①。

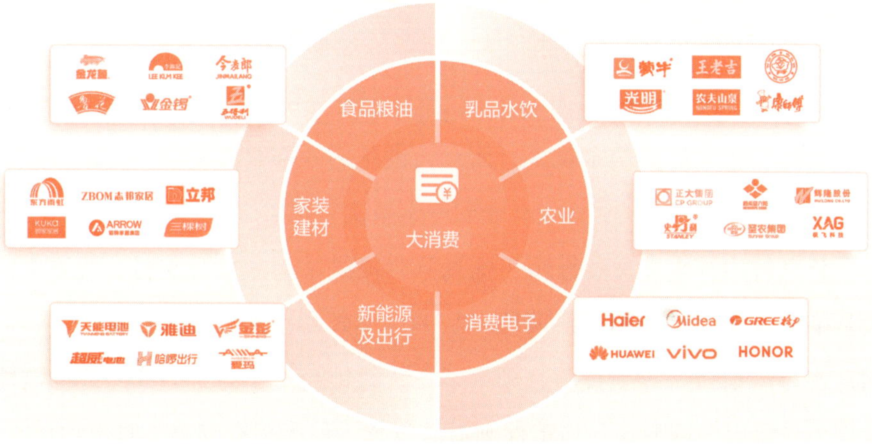

图9-3　采购贷合作客户

案例　庄安安：代理思念13年，他靠采购贷盘活40万元资金流

庄安安在2009年成为了思念品牌的一名经销商，经过13年的发展，他

---

① https：//wallstreetcn.com/articles/3642553【2021-12-15】

服务当地7家店面，一年营业额可达3000多万。每当佳节临近，庄安安都在计划囤货，而受到疫情影响，商超账期延长，庄安安就必须自行垫资，保证过节期间的库存。自2020年使用网商银行采购贷之后，庄安安的额度从70多万元涨到150万元，他每次支用30万～40万元用来囤货，不再垫资拿货，大大缓解了资金压力。

2.分月付助力小微企业轻松购买经营性设备

分月付解决的是经营性设备销售中的账期问题。传统的大额经营性设备（如100万元以上），融资租赁公司或银行已经提供了完善的解决方案。但是小额的设备，根据网商银行调研，市场规模达万亿但是传统金融机构进入的少。原因在于：①风控成本高，传统机构需要人工上门尽调；②同时要求厂商额外担保，对企业的财务报表不够友好；③还款周期短，市场上针对小微企业的金融产品一般为一年内的短期产品，而小微企业的生意在3年～5年回本。如果小微商家希望扩大经营，原有的金融产品较难满足。设备经销商的资金周转压力也很大。以单价几十万元的工程机械设备为例，购买的小微经营者希望分2年～3年付款，但是经销商需要现款向上游采购，上下游存在较大的资金水位差。而且买设备的大部分都是新客户，导致经销商更不敢赊销，其销售规模会受到一定限制。

分月付为买卖双方相互陌生的场景，提供了买家分月支付，卖家提前收款的服务。交易结构分成两段：第一，小微商家购买经营性设备时，向网商银行申请按月支付设备款项；第二，经销商基于与小微商家之间的赊销订单，可以向网商银行申请保理提前收款。如果买家没有按时履约付款，由网商银行进行催收和触达企业客户。这样分段有两个好处，一是交易真实，双方的合同明确了销售的商品和应收账款信息；二是控制资金使用范围，资金定向支付给经销商。小微商家相对分散的信用流转到经销商，实现相对大额的提前收款额度。

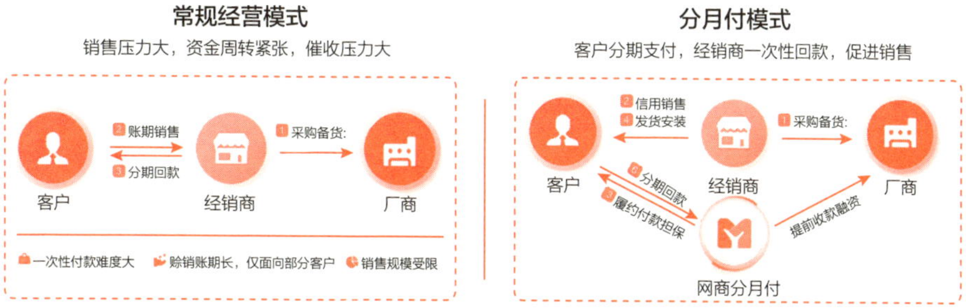

图9–4　大雁系统分月付产品

分月付的产品特点为：①最高额度50万，线上实时授信效率高；②最高支持期限两年24期，支持随借随还；③分月付实质是担保交易，最终资金通过网商银行定向支付至经销商/核心品牌企业，不能挪作他用；④传统融资租赁都是面向大企业，分月付支持个体工商户和小微企业，在大数据风控逻辑下，授信通过率70%左右。根据市场监管总局的数据，2021年末国内市场主体1.5亿户，其中个体户有1亿多户，小微企业4000多万户，分月付产品比较符合现在个体工商户和小微企业购买中小型设备的需求。

在实际运营中，分月付在设备买方和卖方之间架起了信用的桥梁。对于小微买家来讲，分月付是一种延期支付，只需要按月支付设备金额，例如，需要一台10万元的设备，分10个月每个月支付1万元即可。经销商可以灵活地根据他的销售和资金情况来申请是否提前收款，提前收款的利息成本由经销商承担。如果经销商的资金比较充足，可以先不用提前收款，直接等买家按月支付回款；资金缺乏时，可以向网商银行申请一次性回款并支付一些利息。例如，经销商最近资金周转困难，需要提前收取6个月的回款，那么还需支付6个月的利息。网商银行对买卖双方都进行一定的风险策略，保障双方利益。对卖方，通过多维度数据监控商品交付情况。对买方，在贷前、贷中和贷后进行风险控制，并督促小微买家按时付款。具体操作上，首先选择相对成熟、稳定、经营收益为正、有两到三年以上沉淀的行业进入，从源头降低风险。其次，通过大数据风控模型从两个维度刻画小微经营者的信用画像：①利用小微企业的征信、经营流水和纳税信息等信用数据刻画小微企业的还款能力；②以数字化方式监控交易是否真实，例如，电子合同、订单、物流信息。

分月付的价值在于：第一，帮助经销商覆盖更多的小微客户。通过分月付，经销商可以使用信用销售或者赊销方式将产品卖给更多原本负担不起的新客户。第二，对于小微经营者来讲，分期支付减轻资金压力。目前，分月付已经应用于通信设备、商用办公设备租赁、停车场IOT设备等场景。以通信设备为例，通信服务是小微经营者的必需品。以餐饮店为例，老板们为了经营安全，会选择通信运营商提供的网络宽带+安防设备（包含监控摄像头、员工打卡机）套餐。为了增加销量，通信运营商一般将安防服务与5G网络、宽带打包在一起销售，并为小微经营者提供营销补贴希望他们能够持续使用该服务。但是直接补贴的方式收效甚微，小微经营者们遇到价格更低的套餐就会更换掉原有产品。在新方案下，网商银行与运营商达成合作，运营商提供行业专属的套餐服务，而安防设备直接送给小微企业。小微经营者使用分月付分期付款并承诺使用两年期的运营商宽带服务，由网商银行担保这两年时间内小微经营者一定在网。通过网商银行与三大运营商的合作，小微经营者的通信成本大概下降三成，与运营商实现双赢。

3.供应商数字金融服务解决方案帮助供应商在线灵活回笼资金

供应商数字金融服务来源于网商银行对供应链上游小微企业金融需求的挖掘。具体解决方案以供应商的资金需求为核心，应用于政府、国企央企等集团公司以及行业头部核心企业的上游采购供应链场景，为上游小微供应商提供全采购周期的一揽子金融服务方案。目前，供应商数字金融服务的业务按场景分为政府采购和企业采购两类：

政府采购场景。根据网商银行调研，目前政府采购市场非常广阔。截至2020年，全国政府采购交易规模达到3.7万亿元，全国2000多家公共资源交易中心交易总额达到30万亿元。并且从中央到地方政府都在鼓励将70%以上的政府采购预留给中小微企业，刺激中小微供应商的资金需求。此外，政府采购履约情况良好，各个环节数字化普及度高，采购交易数据标准化程度高、可获得性强，给网商银行提供了极佳的进入机会。

企业采购场景。在企业（包括国企、央企、行业头部核心企业等）上游采购场景中，供应商总量达到近400万家，其中小微企业占比超过70%。这些小微供应商是企业供应链中不可或缺的组成部分，但是由于缺乏可抵押资产、数字基础设施薄弱、征信空白，同样面临融资难题。为此，供应商数字金融服务团队从2020年开始与核心企业及行业互联网平台、数字化服务商合作，探索如何运用技术手段为小微企业提供数字化金融服务。团队先后与各类细分领域SaaS平台开展合作（例如，SRM、MES等），根据供应商在SaaS平台上与核心企业之间的订单、交易、回款、发票、仓储、物流等实时在线数据字段，并结合每个小微企业自身的信用状况、履约记录等进行综合判断，给予相应的信贷额度和数字化的服务体验。

目前供应商数字金融服务已开发出核心产品供货贷和三类场景产品中标贷、合同贷和投标保函。核心产品其中供货贷是根据企业历史中标情况、平台交易数据，结合大数据风控，给小微企业提供的一款非常稳定的小额信贷产品。供货贷最高可为小微提供200万元纯信用无抵押额度，支持310模式、随借随还。目前供货贷已发放上百亿的贷款，覆盖了全国大概70%的政府和公共资源交易中心群体。

三类场景产品中标贷、合同贷可以理解为中标以后/订单阶段基于应收账款提供给小微企业的融资服务。中标贷最高额度300万元，最终放款额度等于中标金额乘以不高于30%的系数。在具体操作中，对于大部分客户，网商银行利用RPA[①]技术自动完成应收账款质押登记并检查，客户即可获得融资；对于部分大额或者复杂的服务标的，通过人工介入帮助审批，最快一天之内完成，因此中标贷是类310模式。在采购中标场景，传统金融机构的做法是：只有小微企业中标后签完合同，并且把合同的回款账户锁定，才会放款。但是网商银行分析了大量公共资源交易中心公布的交易合同后发现，从中标到签署合同中间往往需要半个月到30天的周期，大部分企业会利用这段时间备货、购买材料或者设备，然而在这个阶段几乎所有企业大概有50%的资金缺口。于是网商银行将融资时间节点提前到中标阶段，帮助小微企业快速回笼资金保障经营持续性。在签完合同后，小微经营者可以使用合同贷，解决账期回款风险。合同贷最高纯信用额度为500万元，无须抵押，在网商银行备案后3日即可放款。目前中标贷和合同贷还在测试阶段，整个产品正式上线后，给予小微经营者的额度将有所提升。除了供货贷、中标贷、合同贷以外，为了完善产品图谱，网商银行还根据合作方的需求，在招投标以及组织生产、组织备货和施工履约过程开发了投标保函、履约保函产品。和其他银行相比，两个产品不需要线下开户，开保函的速度非常快。

供应商数字金融服务优势在于：①满足了供应商履约各节点的融资需求，不论是没有中标，还是中了标到签约合同，每个节点上都有匹配的贷款解决方案；②流畅的客户体验，包括申请开户到放款的310体验，实现实时准入和额度策略化，利用RPA技术自动登记；③灵活支用和还款，支持随借随还和提前部分还款，中标贷提供借款人6个月先息后本和12个月等额本息两种还款方式选择；④产品延展性强，支持多类型资产进入授信，例如，中标项目、应收账款、订单、交易卖场等。

---

① RPA：Robotic Process Automation机器人流程自动化软件，是一种新型人工智能的虚拟流程自动化机器人。

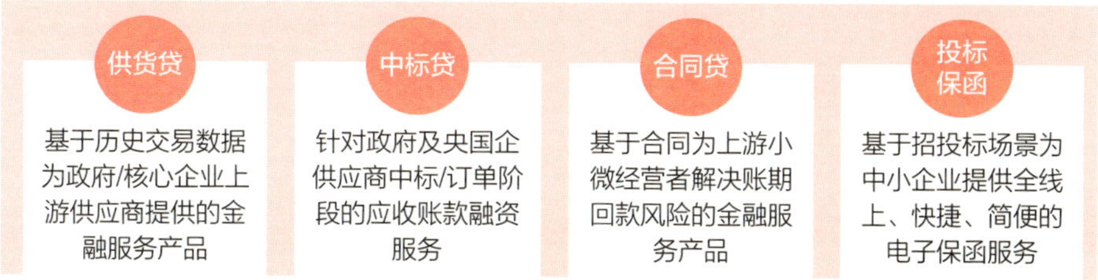

图9–5　供应商数字金融服务产品

通过一年的供应链场景深耕，已有10多万家小微供应商通过网商银行申请贷款并使用，核心企业/行业互联网平台扩大了现金流来源，反哺经营投入和研发支出。网商银行对供应链上小微企业的信用刻画更加全面和完整，从而增强对他们的识别能力，提升授信额度，助力小微企业稳健可持续发展。

4. 云资金打通供应链，赋能核心品牌企业降本增效

随着数字化浪潮推进，品牌核心企业纷纷进行数字化变革，赋能上下游小微企业，建立数字商城、采购系统或业务管理系统，并组建供应链生态，从管理集团内部资金慢慢延展到整个供应链生态的资金。大雁系统中的云资金基于品牌供应链场景，以“账户+在线收款+资金管理”为核心，为品牌企业提供一整套在线化、多账户、低费率、易管理，服务品牌客户的门店收银、采购收款、资金扣划的资金管理服务，让品牌企业资金管理更合规合理，对账更简单、分佣更精准，发货更及时，降低非必要支出，助力品牌降本增效。

目前云资金的服务客户包含三类：①品牌分销渠道；②连锁加盟企业；③批发市场综合零售企业。在这三类客户的供应链条上或所在的产业链中，存在大量的小微企业。网商银行希望通过与这些品牌核心企业合作，在协助这些核心企业数字化升级过程中，让小微企业也能够享受数字化升级带来的便利性。以上三类客户及背后的小微企业在供应链上下游之间遇到不同的资金管理问题，存在不同的诉求，云资金产品团队深入供应链观察到这样的痛点问题，针对不同类客户开发不同的解决方案。

（1）品牌分销渠道

品牌分销渠道由于纵深长、覆盖面广、涉及主体多，其资金管理存在诸多痛点。①下游小微分销商向上采购时，结算方式杂（现金、微信、支付宝、对私账户、对公账户），资金和财务难以清晰化管理；②核心品牌企业、上下游小微企业、银行三者之间的商流、信息流、资金流还没有完全打通，出现账单与订单分离、资金与业务分离、资金-业务-客户不同步等问题，人工操作成本高；③一些核心品牌企业中间环节多，数字化基础设施还处于初级阶段，对终端消费者、产品、价格的把控较弱。核心品牌企业有非常强烈的诉求希望将整个供应链路数字化，配套支付、结算、资金管理等服务，降低运营成本同时增加对终端的把控。

针对以上痛点，云资金为品牌企业和小微经销商提供了不同的服务。针对核心品牌企业，云资金先帮助核心品牌企业搭建整个生态的数字化账户体系，实现客户、业务、订单、资金之间的连接和匹配，即业财一体化，再提供适配行业的在线B2B支付及资金管理服务方案，帮助核心企业连同小微商家解决资金归集、交易分账、资金划拨等难题，这个过程省去了人工操作，实现降本增效。当小微企业与核心企业一起参与到数字化升级后，小微企业的交易行为就沉淀到生态中，网商银行还可以基于交易行为和商家信用为其提供信贷服务。例如，云资金叠加大雁系统中其他产品（如采购贷、多收多贷、加盟商贷等），为品牌供应链提供一整套解决方案。海尔、今麦郎、利郎等品牌采用了“采购贷+云资金管理”的组合方案，既帮助核心品牌企业完成整个生态的支付结算，链条中经营、采购等款项清晰明了，数据由静态变为在线且动态化，又为生态中小微企业解决了信贷难题。针对下游小微经销商，云资金为其提供了支付服务，一是帮助经销商打通订单和回款链路，统筹各个渠道的回款（个人微信转账、银行卡转账、公对公转账、业务员当面收现金等），实现货–款匹配同时便于向上游核心品牌企业支付；二是结合“回款宝”收款工具，让这些统筹的资金在增值同时又能灵活使用。

（2）连锁加盟渠道

在新零售、新消费的趋势下，从2019年开始连锁加盟发展迅速。连锁品牌总部以轻资金模式运作，快速拓展门店，对供应链提出更高的要求。同时，随着公私域平台的兴起，销售渠道越来越多元，营销活动也越来越多样，给资金的管理带来了难度。虽然移动支付的普及提高了门店收款信息化程度，为总部统一收银打下了基础，但是目前大部分连锁企业的信息流和资金流各自流转，存在严重的孤岛效应，导致资金利用效率低下，进而拖累企业各部门运作效率，资金集约化管理势在必行。受新冠疫情影响，加盟店单店生存率也大大降低。如何通过整体运营，优化后端供应链、提高加盟店生存率和盈利率也是品牌总部希望解决的难题。

以客户快乐番薯为例，作为全国头部茶饮连锁品牌之一的快乐番薯，旗下全国各地加盟店数量近2000家，在收银系统、进销存、采购系统互相隔离的情况下，每家店的打款方式不一、款项归类困难、没有供应链金融服务能力，管理上有时会出现发货不及时，加盟门店分润有失误等系列难题。2021年快乐番薯接入大雁系统云资金管理平台，将业务系统和资金管理系统打通，通过账户系统准确识别线下打款的资金来源，在系统中自动记账，加盟门店在采购系统下单支付后，总部可以实时得到和订单匹配的支付结果，立刻安排发货，财务部门不再需要到多个系统取数对账，财务管理效率提升了30%，总部抽佣过程也更加合规。改革后，快乐番薯总部一是可以实时看到营业额、收入情况和客群形态，便于从整体上分析消费者喜好进而调整销售策略、精准营销；二是控制得住门店；三是能够做相应的资金管理，有助于提升加盟店的经营业绩。快乐番薯财务总监曾伍鑫表示："对于连锁品牌来说，网商银行云资金起到的作用不只是让账目更清晰、让管理更规范，更重要的是可以让连锁品牌通过总部政策和资金管理的组合拳，充分激发加盟商的市场开拓能力，让企业营收倍增，让加盟商也更有信心开店！"在云资金的助力下，连锁企业从封闭供应链模式到开放供应链平台模式，不仅能够提速扩张门店数量，还能做到真正有效掌控自己的供应链体系，让加盟连锁企业快速数字化，提质增效。

（3）批零综合市场

在数字化转型升级过程中，一些批零企业从传统线下积极转变为线上线下一体化，由原来的房东角色转变为服务商的角色，希望为入驻商家带来新的增量。为此，网商银行帮助批发市场提供组建数字商城所需的账户结算能力，将厂内交易、找货车、付运费、交保险等业务在线化。

截至2021年底，云资金已经服务了超过百家品牌客户，一方面帮助核心企业做毛细血管的资金服务，另一方面为小微企业提供工具化的简单应用。如果用物理电学概念来形象描述，云资金管理平台在核心品牌企业生态中一是充当了资金与支付管理的路由器，连接核心企业与小微这些毛细血管之间的资金流和信息流；二是资金与支付管理的整流器，统筹管理各渠道的资金回款，便利上下游资金结算。通过云资金的一揽子功能，资金与订单实现一一对应，省略了以往要人工匹配收款和订单的人工操作，提高了效率，节省了人工成本；相较于传统支付方式支付手续费更低，节约了交易支付成本；依托银行机构的支付能力，降低了企业自身进行资金清分处理的合规风险。

除了以上四种产品，大雁系统还推出了发薪贷、回款宝、加盟商贷、票据付等产品。发薪贷解决劳务/人资公司的灵活用工发薪痛点，回款宝解决经销商的分散收款和资金结算难题，加盟商贷提供加盟开店采购的定向用途资金支持，这些产品与云资金、采购贷、分月付配合，共同服务于品牌供应链上下游场景。

四、开放合作，共同增强产业链“韧性”

我国政府一直将增强产业链韧性，深化供应链金融发展作为促进实体经济的有效途径。当前，我国正着力构建以国内大循环为主体、国内国际双循环相互促进的新发展格局，其中产业链供应链稳定是国内大循环的基础，也是构建双循环新发展格局的重心，实现这一稳定局面离不开产业与金融的深度融合。

数字供应链金融的优势在于，融入实体经济产业链中各品牌供应链的毛细血管，为其解决融资难题。**截至目前，海尔、华为、蒙牛、旺旺等700多家品牌接入大雁系统，品牌供应链中下游经销商及终端门店的经营性贷款可得率平均达到80%，采购额平均增长了20%。**根据蒙牛供应链融资平台数据显示，使用过大雁系统融资的经销商相较于未使用的，销售额增长率高了12%。这就改善了品牌企业供应链“毛细血管”的金融供血状况，真正实现金融助力实体经济发展。对于今后供应链的发展，笔者有如下思考：

1.从1+N到1+N^2，服务N背后的小微企业

传统供应链金融服务更多的是以核心企业为代表的主动脉上的客户，随着渠道下沉、全链路数字化，以网商银行大雁系统为代表的数字供应链金融从传统的1+N的模式蜕变成1+N^2模式，重点拓展服务供应链下沉和末端经营者，顺着这条主动脉延伸到社会经济生活领域当中的各个毛细血管，把每个N也当作一个中心，一个新的“1”，去探寻和服务背后更多的N，服务N^2量级的用户，为更多小微经营者提供纯信用、纯线上的信贷服务。数字化供应链金融的风控逻辑从关注核心企业转向小微企业的主体信用，更加重视供应链数据和交易关系的佐证力量，摆脱了“钱变货、货变钱”的窠臼，也让核心企业告别了担保与否的纠结。

数字供应链金融从经销商向核心品牌企业采购这个节点切入，在供货、加盟到经销商和零售门店的回款，甚至在员工发薪节点，结合业务场景和痛点在全链路提供了相应的数字化信贷产品和服务，解决了品牌供应链金融中大部分痛点。但是各个产品之间如何无缝串联起来，为核心品牌企业及供应链上各节点的小微经营者提供更流畅、全面、综合的服务还需要进一步思考。大雁系统目前开发产品的思路是发现一个场景，围绕痛点开发一个产品，这样可以做细做深，但如何能够系统、全面围绕整个品牌供应链生态搭建出完整的产品体系，还需要进一步发展。

案例　全面接入网商银行大雁系统，助力经销商销售额提升超22%

2021年，蒙牛集团全面接入网商银行数字供应链金融大雁系统，借助大雁系统，蒙牛下游经销商获得融资的通过率提升至80%，获得融资的经销商销售额同比增长22%。未来，蒙牛计划联合网商银行，为超百万下游小微经营者提供利率更优惠的综合金融服务，纾解小微经营者的资金流转压力。

案例　李网：不用“打飞的”去银行签合同，足不出户就能申请到大额贷款

江苏省如皋市的李网一直代理蒙牛的产品，“为了进货，我常常需要贷款，每年我都要千里迢迢，坐飞机跑到内蒙古总部签署合同，一次来回就得五六千费用。要不就是在镇里的银行抵押房产，但县城房子不值钱，也抵押不出多少钱。”有了大雁系统，不用“打飞的”去贷款，也不用办房产抵押，手机点一点，足不出户就可以申请到100万元贷款，有了更多精力开拓市场，销售额也提了上去。

2. 与核心品牌企业、外部机构合作，更好地赋能小微企业

像网商这样的互联网银行具有利用数字风控技术解决小微金融的优势，但在资金、供应链服务以及行业理解等方面，单靠网商银行一个主体很难服务到海量的小微企业。这就需要与更多元的伙伴开放合作，解决从“能不能用”到“好不好用”的问题，将普惠金融覆盖到更多的小微企业。

（1）核心品牌企业

回归到本质，从小微经营者、各个环节渠道商再到核心品牌企业，所处的供应链实际是网状的。但受限于技术，以前采用点、线来刻画供应链。现在新的技术可以更加清晰全面刻画出供应链网络中各个节点在网络中的关系、地位、更完整的授信情况。数字供应链金融希望能与合作核心品牌企业建立产业关系图谱，通过横向（在数条不同供应链上）和纵向（在同一条供应链上的各个环节）两个维度，还原批零商户在供应链网络中的综合画像，以提供精准差异化服务。更为重要的是这能识别尾部商家，提升目前大雁系统的市场渗透率，完成对核心品牌神经末梢的覆盖广度。未来则与核心品牌企业联合营销、联合风控、联合运营，互享客户信息、行业积累的经验，进而为小微企业提供智能决策，辅助小微企业的经营。

（2）数字化服务商

供应链金融只是供应链服务的一种需求，还有办公协同、管理系统、货物系统、物流系统等，这些构成了供应链数字化的重要支点。数字供应链金融要与各类数字化服务商伙伴一起为品牌供应链数字化提供服务，使得供应链网络更加高效、健康、繁荣。目前网商银行已与外部数字化服务商合作探索针对民营企业上游小微供应商的数字金融业务。

（3）同业金融机构

数字供应链金融本身就应该是一个开放系统。中国的产业链韧性与安全是整个产业链企业和金融业和科技行业共同面临的挑战，也应该以开放合作的方式求解。例如，2021年，在全国工商联的号召下，网商银行已和中国农业发展银行、中国工商银行、平安银行、北京银行、重庆农村商业银行发起助微计划，共同助力小微“稳就业、振乡村、兴科创”。2022年4月，全国工商联与网商银行达成战略合作，深化“助微计划”、推进“助农计划”，开展助力小微、助农振兴、共促科创、数字赋能、服务就业、践行公益等六项行动，持续加大对小微、“三农”的信贷支持与综合服务力度。

用众人之力，则无不胜也。

发挥信托服务优势 推进产业链金融创新发展

袁　田　郝晨旭

党的二十大报告明确提出建设中国式现代化的宏伟目标，高质量发展是全面建设社会主义现代化国家的首要任务。坚持把发展经济的着力点放在实体经济上，建设现代化产业体系为产融结合赋予了新使命。大力发展产业金融和供应链金融是金融机构服务实体经济的重点方向，是全力推进金融供给侧结构性改革的必然要求，也是促进金融机构自身高质量发展的重要途径。作为金融业的重要组成部分，信托业服务实体经济发展，创新探索产业链信托服务既是行业“本分”，也是制度“本源”，更是实现自身高质量发展的“本心”选择。信托公司通过开展产业链信托服务创新，可以围绕产业链全生命周期提供综合金融服务和受托服务，在固链、强链、补链的“链式创新”中发挥更大价值。

一、产业链现代化对金融整合服务的时代要求

产业是实体经济发展的关键，是立国之本。产业链是指各个产业部门之间基于一定的技术经济联系和时空布局关系而客观形成的链条式关联形态。产业链现代化要求社会分工不断深化细化，市场交易机制不断

袁田系中航信托首席研究员、研发总监，中国信托业协会特约研究员；郝晨旭系中航信托研发与产品创新部研究员。

成熟完善，进而才能形成有韧性、可持续的产业链组织深化和价值创造最大化。

从金融服务产业发展的角度，产业链现代化对金融整合服务提出了更高要求，具体表现为三个面向：更加聚焦的产业金融导向；更加完善的产业链供应链金融服务体系；更加适应数字经济发展的产业数字金融创新。

（一）促进产业链现代化升级的产业金融

产业金融是金融机构（如银行、证券、保险、基金、信托等）服务于不同产业的发展、满足各类产业金融需求的总称，产业金融关注产业与金融的相互融合、互动发展、共创价值。①传统的产业金融以某一产业的核心企业为主要服务对象，金融服务内部化，手段单一化，例如，产业集团内部通过设立财务公司，集中管理现金流，提升资金使用效率，虽然能够起到一定的协同效应，但难以覆盖核心企业上下游供应商，尤其是中小企业，产融结合程度不显著。

随着我国制造业强国战略的不断推进，制造业综合实力不断提升。2012年至2021年，我国工业增加值从20.9万亿元增至37.3万亿元，年均增长6.3%，远高于同期全球工业增加值2%左右的年均增速。产业体系完整优势进一步巩固。我国制造业有31个大类、179个中类和609个小类，是全球产业门类最齐全、产业体系最完整的制造业，产业链配套能力全球领先，产业链、供应链韧性和竞争力持续提升。②

随着产业基础能力提升、运行模式优化，以及产业链控制力增强，产业链供应链的成熟发展需要产业金融的服务半径和服务边界不断拓展和扩

① 钱志新，产业金融［M］，2010

② 人民日报，制造强国　步履铿锵，2022.8.15，http：//www.gov.cn/xinwen/2022-08/15/content_5705364.htm

张。大型实业央企集团加快金融板块布局也充分说明了这一趋势。航空工业集团、五矿集团、中粮集团、国家电网等大型央企的金控平台先后上市，服务集团所在产业链现代化发展，助力做大、做强产业链“链长”成为金控平台的重要战略任务。

（二）促进产业链供应链融合发展的整合金融

产业链金融与供应链金融密切相关，从金融服务的不同角度出发但本质上高度契合，且产业链金融相较于供应链金融覆盖更广，内涵更完整。供应链金融是从管理学角度，基于原材料供应关系组织链上不同企业的制造加工、组装、分销等过程直至到最终用户企业，相应地，为供应链上相关企业提供的金融服务即为供应链金融。产业链金融则是从产业经济学的角度，不限于供应关系，还包括创新关联、生态关联、技术关联等多种维度的链接关系，供应链内嵌于产业链中。因此，产业链金融基于多链式的产业互联关系，更需要金融整合服务的有效供给，提升产业链韧性，切实保障产业链供应链安全前提下，实现供应链、创新链、价值链、人才链、资金链的协同融合。

产业链供应链金融具体可分为核心企业主导型、物流企业主导型和第三方信息服务机构主导型等细分类型。我国产业链金融发展起步较晚，早期限于核心企业与关联企业的金融服务，主要体现为商业银行主导，通过提供票据贴现、商业保理、仓单质押、应收账款融资等方式。随着商业模式创新和技术进步，核心企业、上下游企业、金融机构、第三方服务机构业务互动增多，利益博弈机制更加丰富，业务主导主体也更加多元，物流企业、金融机构、服务机构的价值创造效果更加显著，因此产业链金融的服务形式也逐步向提供综合金融解决方案迭代，更有效地汇聚整合商流、资金流、物流和信息流。

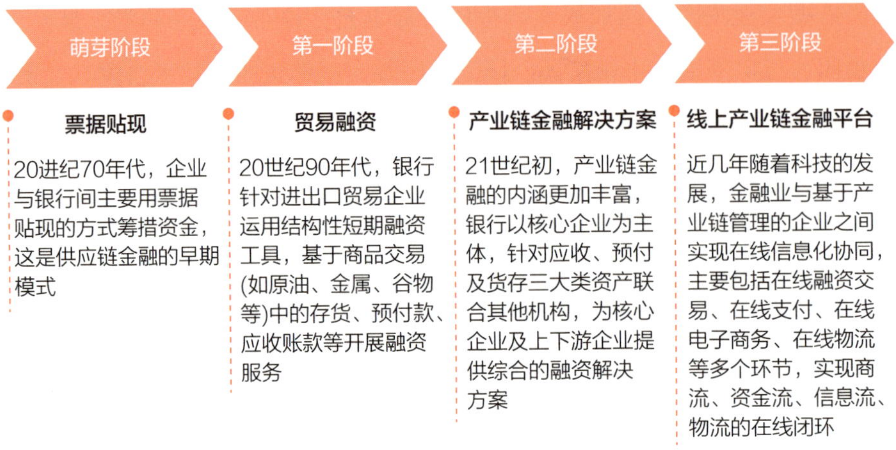

图 10-1　产业链发展阶段

资料来源：中航信托整理

（三）聚合产业+科技+金融的产业数字金融

党的二十大明确要求，加快发展数字经济，促进数字经济和实体经济深度融合，打造具有国际竞争力的数字产业集群。数字经济的发展加速了产业结构和经营模式的数字化转型，也推动着金融行业的高质量发展，构建适应现代经济发展的数字金融新格局成为金融监管的明确导向。2022年初，银保监会发布的《关于银行业保险业数字化转型的指导意见》（银保监办发〔2022〕2号）明确提出了积极发展**产业数字金融**，积极支持国家重大区域战略、战略性新兴产业、先进制造业和新型基础设施建设，打造数字化的产业金融服务平台，围绕重大项目、重点企业和重要产业链，加强场景聚合、生态对接，实现"一站式"金融服务。

产业数字金融立足全产业链覆盖，通过产业+科技+金融的新型产融结合模式为产业数字化和产业链智能化提供体系化的数字金融服务，将开放银行与产业链个性化需求精准对接，形成创新金融服务模式。根据中国信通院发布的《中国数字经济发展白皮书（2021）》数据显示，2020年我国产业数字化规模达31.7万亿元，占GDP比重达31.2%，占数字经济比重达80.9%，为数字经济持续健康发展输出强劲动力。产业数字金融也为产业链金融插上科技驱动的智慧翅膀，迎接更为广阔的市场前景。

产业链金融的发展前景面临着百万亿规模的市场容量，金融供给侧结构性改革也要求金融机构在金融科技驱动下，探索创新商业模式和服务方式，提升金融服务效率，建立产业为核心，以促进产业链现代化为目标的产融结合新生态。

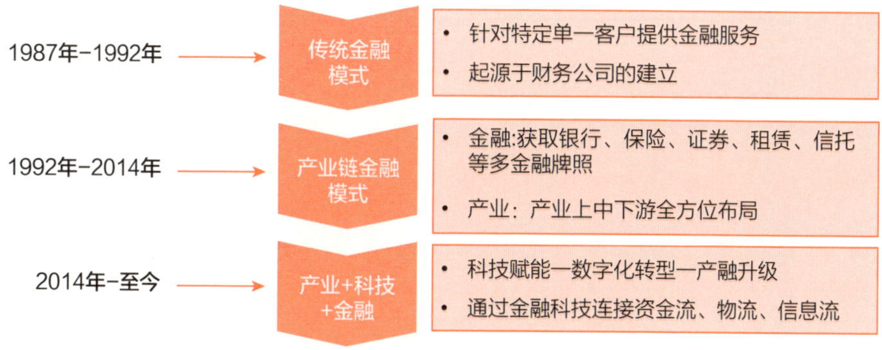

图10-2　我国产业金融发展历史

资料来源：WIND，中航信托整理

二、信托公司开展产业链信托服务的比较优势

改革开放以来，我国信托公司40多年的发展历程始终将服务实体经济作为立业之本，与市场经济发展同步，在服务产业链现代化进程中逐步形成了独特的信托优势，具体表现在历史优势、制度优势、机构优势和专业优势四个方面。

（一）牌照红利时代积累的历史优势

资管新规出台以前，与我国经济高速增长同步，信托行业受惠于类银行的牌照优势，曾被称为“金融百货公司”，为市场企业主体提供了大量融资服务，在基础设施、不动产、工商企业等产业链延展、产业周期长、产业结构复杂的领域积累了丰富的金融服务经验，信托行业受托资产规模曾一度达到27万亿元的历史最高规模，成为仅次于银行业的第二大金融子行业，信托业服务的实体经济产业类别和细分领域也十分丰富，基本覆盖了国民经济各个重要产业领域，由此累积的产业信托服务优势成为信托行业切实服务实体经济发展的重要体现。

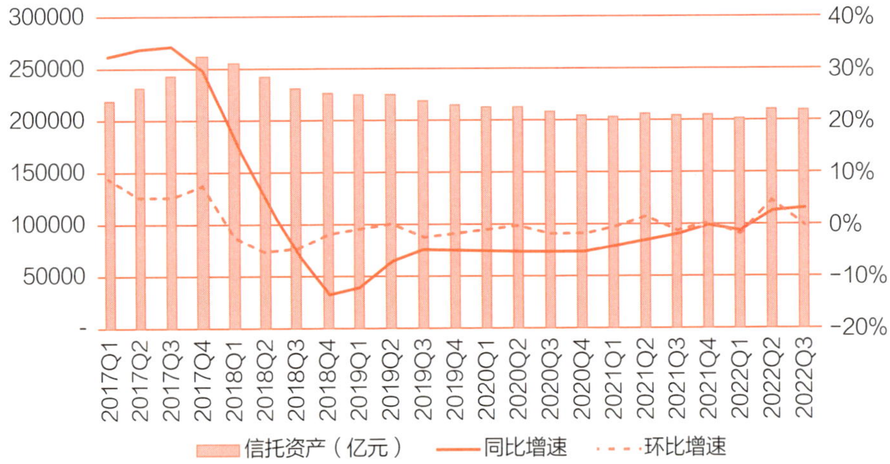

图10–3　信托业受托人资产管理规模变化情况

资料来源：中国信托业协会官网数据统计，中航信托整理

随着我国经济发展由高速增长向高质量发展转型，传统信托融资类业务逐步式微，产业现代化升级不再仅是依托“重资产”型的融资驱动，而是依托科技驱动的产业链升级，更加要求场景化和智能化，金融服务的内容和方式也要随之变化。资管新规的颁布实施，尽管信托行业的牌照优势不再凸显，之前非标信托业务积累的产业服务优势仍在，对产业发展逻辑的深刻理解还在，与客户保持联合合作关系的信任还在，信托公司需要在信托转型中重塑认知，总结研判，形成培育信托差异化核心竞争力的基础优势。

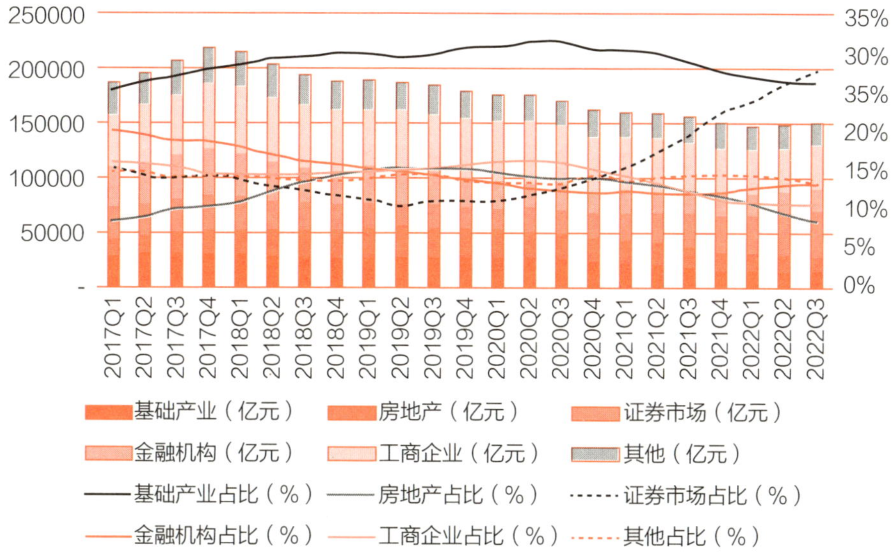

图 10-4 信托业资产投向细分领域的规模及占比

资料来源：中国信托业协会官网数据统计，中航信托整理

（二）金融工具灵活运用的制度优势

信托本质上基于信托财产独立性的法律制度安排，按照委托人意愿，遵循信托目的管理和运用信托财产是受托人的本职。在满足信义义务前提下，信托公司作为受托人享有广泛的自由裁量权，可以运用多元金融工具和多样化的受托服务方式管理信托财产，这也是信托制度灵活性的重要体现。

在产业链信托服务过程中，信托优势具体表现在：其一，从资金运用角度，信托公司可以采用债权融资、股权投资、夹层融资、资产证券化等多种方式为产业链供应链的主体提供定制化的服务，例如，为核心企业提供股权融资，为上下游中小企业提供债券融资或投贷联动等多种方式。其二，从资金来源角度，信托公司可以接受单一来源资金，也可以通过私募集中合格投资者的社会资金为产业链提供金融服务。其三，从资金期限角度，信托公司可以通过设计不同交易结构和交易期限的信托产品为产业链上的各类企业提供短期、中期、长期不同类型的金融服务方案。

（三）社会资源禀赋驱动的机构优势

我国67家信托公司的注册地基本分布在全国各个省份，具有丰富的区域特色资源，不仅能深耕服务本地化客户，而且能全国展业，有效拓展服务半径，广泛筹措社会资金，在资金募集方面具有显著优势。根据信托业协会2021–2022社会责任报告数据统计，截至2021年末信托业个人投资者数量增至120万人以上，这些稳定的个人客户群体为信托公司服务实体经济发展提供了坚实的资金来源与可持续的投向支持。

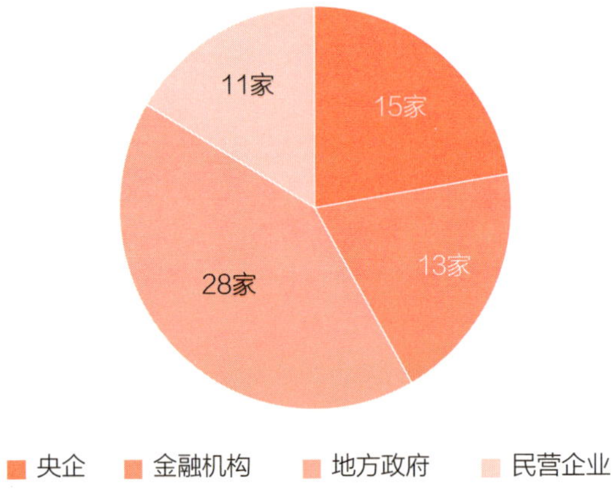

图10–5　信托公司股东类型分布情况

资料来源：中国信托业协会官网数据统计，中航信托整理

此外，信托公司股东背景也广泛覆盖中央企业、地方国企、民营企业、外资背景等多样化的资源分布，许多信托公司的股东和实际控制人本身就是大型产业集团，这些资源禀赋会形成信托公司开展产业链信托服务的先天优势，也是信托公司服务产业链现代化的战略方向。例如，中航信托的战略发展定位就是要契合股东中航产融的发展定位，“立足航空，面向金融，

服务市场”。五矿信托也是中国五矿集团旗下的信托公司，将实业投行作为公司发展的战略业务。英大国际信托依托股东优势，将“根植主业、服务实业、以融促产、创造价值”作为公司发展定位。无论是实业背景还是金融背景的股东资源都会为信托公司服务相关产业形成特色优势，发挥汇聚资金流、信息流、商流的重要作用，服务产业链做大做强。

（四）交易对手广泛互动的专业优势

信托公司在服务实体经济的过程中，针对具体产业及行业细分也在不断向专业化精进，通过与产业端合作伙伴持续沟通、加强研究、专业研判、精准服务形成自身展业的差异化优势。例如，中航信托、英大信托、百瑞信托聚焦绿色产业创新开展绿色信托研究与实践，在清洁能源、储能、碳资产等绿色产业链细分领域深耕，培育了对绿色产业链供应链的深入理解和市场感知，建立了广泛的绿色信托服务生态圈，在信托业内也形成了良好的市场口碑和产品品牌。还有的信托公司专注科技创新的股权投资领域，在半导体芯片、AI、生物医药等“卡脖子”攻关技术细分赛道形成投融资服务优势，服务新兴产业升级及产业链现代化。例如，中航信托、国通信托、陆家嘴信托、五矿信托、中诚信托、国元信托、天津信托等多家公司设立信托计划，通过参股产业基金形式，支持科技创新领域的战略新兴产业发展。

信托公司通过与产业链上下游合作伙伴的业务合作，提供综合金融服务，也能够有效地承担起补链、固链的协同作用，提升产业链韧性，而且在互动合作中可以建立广泛的链式客户黏性，探索产融结合的创新模式，协助产业链健康成长。

信托公司在深化转型过程中正在逐步认识到服务产业链供应链的重要意义与价值，但受制于传统信托业务聚焦地产和政信类业务的路径依赖，信托公司对产业及产业链的深入理解还缺乏行业普遍共识，战略转型的定力与动力仍有不足。此外，鉴于产业链的复杂性与延展性，从风险防控角度，对资产信用的判断与主体信用判断同等重要，甚至前者还要优于后者，这便要求信托公司建立基于产业链供应链的业务评审、风险控制及科技创新能力，这些对转型中的多数信托公司而言仍是阶段性难点和待完善的痛点。信托公司开展产业链信托服务的成熟业务模式和可复制、可推广的发展路径仍待持续探索和实践。

三、信托公司创新产业链信托服务的典型实践

信托公司开展产业链信托服务的典型特色实践目前有两种路径，其一是基于产业股东背景的战略驱动型业务；其二是基于市场需求的政策驱动型业务。信托公司在逐步探索创新商业模式和基于具体场景的差异化能力建设。

（一）高端制造业导向的航空产业链信托服务

航空工业被誉为“现代工业之花”，是知识、技术和资金密集型的高科技产业，具有产业链长、投资乘数效应大、辐射性带动性强等特点，是大国强国发展高端制造业的重要领域和抓手。[①]航空工业体系庞大，产业链包括前期设计研发、原材料供应、部件制造、整机总装制造、售后维修等环节，通常采取“整机制造商——多级供应商”制造模式，需要体系化的金融服务方能有效满足产业链需求。作为航空工业集团旗下中航产融的重要成员单位，中航信托立足航空，将服务集团主责主业、开展航空产业链信托服务作为战略业务方向。

中航产融是中航信托的控股股东，旗下还包括产业投资、租赁、证券、

① 谭瑞松，《在中国式现代化新征程上贡献航空力量》，《求是》，2023年第2期。

保险、期货、资产管理等多个服务单元，为有效服务航空主业，中航产融总部建立战略客户部，围绕航空产业链需求，建立体系化服务模式。

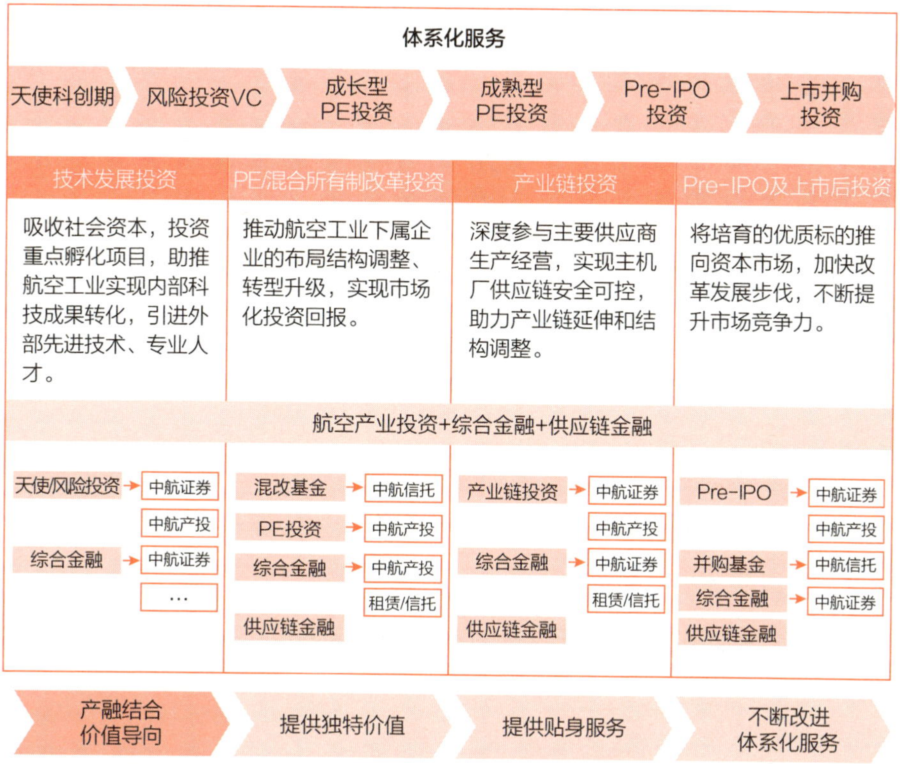

图10-6 中航产融产业-金融集成服务体系

资料来源：中航产融2021年度ESG报告

中航信托充分运用混改基金、供应链金融和并购基金等多种金融工具服务并满足航空产业链多元金融需求。2021年，联合集团所属金融科技公司密切合作，开展航空产业链订单融资项目，便利中小企业融资，解决航空产业供应链资金占压比例大、资金周转效率低等问题，迄今累计授信融资规模超过4亿元，有效发挥补链、固链、强链的金融服务效能，积极促进军民融合发展。

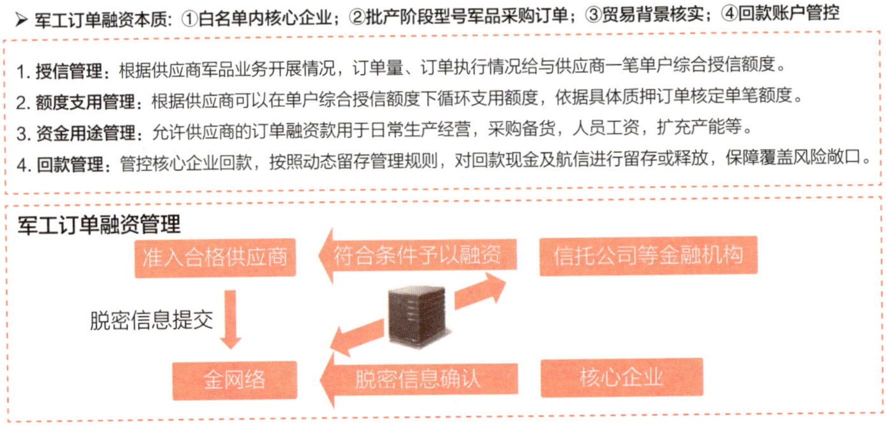

图10–7　航空产业链供应链订单融资业务管理流程

资料来源：中航产融产业金融白皮书2022，中航信托整理

为了深入开展业务协同，中航信托还专门成立了产业金融事业部，在服务航空产业链基础上，聚焦产业链信托服务新场景，不断创新拓展至电商产业链以服务更多样化的小微企业，基于科技化风控和精细化运营，探索服务模式和服务内容优化创新，实现产融结合的迭代发展。

（二）“双碳”目标下的绿色产业链信托服务

在信托深化转型的发展过程中，信托业开展绿色信托服务创新已经建立了比较良好的发展基础，2019年中国信托业协会就发布了《绿色信托指引》，引导信托公司积极开展绿色信托服务创新，助力绿色产业发展。“双碳”目标指导下，信托公司加速了绿色信托的发展规模和服务内涵，全行业半数以上信托公司建立了绿色信托事业部或专业团队，围绕清洁能源、储能、绿色生产等领域开展绿色信托业务。在绿色产业链信托服务方面，信托公司也在持续更新产业思维和业务逻辑，积极布局绿色产业。

1. 英大信托电力产业链金融

英大信托股东单位是国家电网公司，主要从事电网投资建设，自2013年英大信托就开展了电网产业链金融业务，2016年成立供应链金融事业部，陆续推出“联赢”系列信托产品，有效解决电网供应商融资难问题。英大信托积极参与上游发电端清洁能源领域，设计发行“蓝天”系列清洁能源信托产品，专门设立清洁能源基金管理公司，投资光伏、水电、风电等清洁能源领域以及电力产业链上下游、环境资源等主营业务公司的债券、股权及可转债等。①

2. 中航信托绿色信托战略品牌

作为信托业内首家系统性提出绿色信托发展理念的信托公司，中航信托一直致力于创新推动绿色信托发展，坚持贯彻落实国家绿色发展理念，积极助力我国“双碳”目标落实。中航信托以绿色产业链为业务核心落实，创新开拓“绿色产业链+金融业务链”的双轮驱动发展路径。2019年公司设立绿色信托事业部，打造“投研驱动+产业链服务”的专业化管理能力，形成“天岚”系列绿色信托品牌共识，通过绿色信托贷款、绿色股权投资、绿色产业基金、绿色债券、绿色资产证券化、绿色供应链、绿色公益信托等业务方式服务绿色低碳产业，截至2022年末，中航信托管理绿色信托存续规模逾140亿元，覆盖光伏风电、固废处置、新能源汽车、生活垃圾发电、动力锂电、储能、清洁供暖、建筑节能等众多绿色细分领域，同时在碳金融和碳信托方面也积极创新布局。

（三）数据要素市场化驱动的数据产业链信托服务

2019年，党的十九届四中全会首次将数据与土地、劳动力、资本、技

① 中国信托业协会，《基于信托视角的产业链金融研究》，《2021年信托业专题研究报告》。

术并列作为重要的生产要素。数据要素市场化成为加速我国数字经济发展的重要途径，在促进产业数字化和数字产业化的进程中发挥关键基础性作用。与区块链、云计算、人工智能等技术基础设施并重，涉及数据要素权属安排的制度基础设施同等重要。2022年12月，国务院发布《关于构建数据基础制度更好发挥数据要素作用的意见》，又称“数据二十条”，提出构建数据产权、流通交易、收益分配、安全治理等制度，初步形成我国数据基础制度的“四梁八柱”，旨在充分激活数据要素价值，赋能实体经济，推动高质量发展。

信托制度的显著优势是专注于财产及财产权管理，作为特殊的法律安排，以信托财产独立性为依托，可以将信托财产的使用、管理、处分等权能分别赋予不同的信托当事人，有效契合数据要素权属安排的复杂性和结构化，在促进数据要素流通和数据产业链培育和构建方面具有独特的受托服务优势。①

2022年4月，中航信托在中航产融指导下，联合成员单位金网络公司，共同发起设立“基于数据信托制度创新的航空工业产融结合数据公共服务空间”（简称“航数空间”）项目，将数据信托制度安排应用于航空产业链供应链的数据要素及数据资产管理，促进行业打造数据要素全流程流通的可信数据集成服务平台。2022年8月项目成功入选工信部2022年大数据产业发展工业大数据应用方向试点示范项目。

中航信托创新运用数据信托制度安排，积极融合数字科技前沿发展，旨在打破数据产业链上的数据孤岛，解决数据权益共享与分配，发挥市场化手段及创新机制建立航空领域数据要素市场化配置体系。通过整合航空产业链数据，输出数据管理运营能力，赋能数智航空体系建设。

① 钟宏，袁田，《数据信托的制度价值与创新》，《中国金融》，2021年19期。

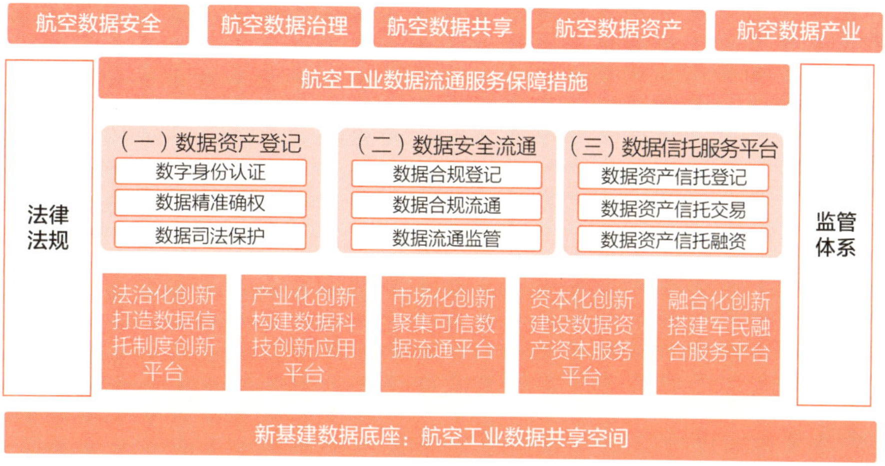

图 10–8　建设“航数空间”促进航空产业链“数智化”发展

资料来源：“航数空间”项目组，中航信托整理

四、信托公司完善产业链金融整合服务的生态构建

充分发挥信托制度优势和信托公司服务优势，助力产业链金融创新发展是信托行业深化转型已经达成的广泛行业共识，加强产业链信托服务的能力建设是信托公司培育核心竞争力的关键所在，围绕支撑产业链健康发展的生态体系，信托公司需要在战略协同、科技驱动、风险管理、运营支撑四个方面与产业链深度融合，提升受托服务质效，实现与产业链现代化的同频共振。

（一）尊重产业发展周期和业务逻辑的战略共识

在资管新规和信托业务新分类标准的指引规范下，信托行业深化转型势在必行，信托脱虚向实，服务实体经济的内容和方式均须与时俱进，产业链金融是信托公司创新转型的重大机遇。无论是否具有产业股东的资源禀赋，信托公司都需要从战略高度选择并谋定具体的产业赛道及细分领域，深耕研究产业链上下游的业务逻辑和服务需求，尤其是纾解产业链上中小微企业融资难、金融服务可得性不充分、不及时的痛点和难点，形成公司经营管理、业务执行以及中后台服务支持部门的高度充分共识，才能形成服务产业链全生命周期发展的体系化金融服务体系。聚焦国家政策大力倡导和支持的新一代信息技术、绿色低碳产业、高端制造业等战略性新兴产业，从产业链信托产品设计开发、风控运营、品牌宣传、投资者引导形成全链条的信托服务体系，以战略为引领，协同为保障，打造产业链信托服务的新范式和成熟商业实践。

（二）创新金融服务和产品供给方式的科技驱动

产业链现代化的核心内涵就是用科学技术和先进产业组织方式来改造传统产业链，使产业链具备完善的产业链接能力、自主可控能力和领先于全球市场的竞争力。产业链现代化集中体现于关键技术自主可控的技术密集型产业，这便要求产业链信托服务同样要以金融科技为驱动，方能与之匹配。对于产业链供应链信托投融资业务而言，“链上”资产信用与“链下”主体信用同等重要，对于“链上”资产信用的判断依据和方法则与传统金融判断方法不同，需要更多依托于金融科技手段，例如，大数据分析、区块链及隐私计算信任机制、人工智能助力财务分析及客户画像等创新方式，才能更有效地为产业链企业提供适时适配的信托服务。相应地，信托公司与金融科技服务商通力合作，专业分工基础上协同拓展业务的实践也越来越丰富，例如，中航信托与金网络科技公司合作开展供应链金融业务；中信信托联合网易和顺丰成立的中顺易开展信托账户托管业务；英大信托联合四川电力公司等机构共同搭建“川电云链”开展供应链金融业务等，充分体现“金融+科技”的有效融合。

（三）强化产业链韧性与系统性统筹的风险管理

产业链信托的风险管理理念与方式与传统基于单体项目的融资类信托

风控管理显著不同，金融服务手段和方式更多元，更复杂。一方面，链上企业相对分散，对单体企业的授信风险集中度有效降低，产业链韧性增强，金融机构可获知的有效信息更广泛，基于应收账款、订单、存货等资产及贸易凭证判断的依据更充分；另一方面，由于核心企业的信用风险对上下游企业信用风险具有强关联度，产业链延展性越强，受外部冲击和影响的波动就越大，对产业链系统性风险的预判就越具挑战。这便要求信托公司不仅要深耕产业链主体和业务逻辑本身，还要开阔视野，关注宏观经济和市场环境变化对产业链整体的影响，政策性风险、流动性风险、市场波动性风险等都需要综合判断，对信托公司的风险管理能力和水平提出了更高要求，需要建立受托人尽职尽责全流程风险管理体系。

（四）建立专业化、全链条系统支撑的运营中台

信托公司在深化业务转型、强化受托服务能力建设的大背景下，由资金驱动型向服务供给型转变，要求信托公司建立强有力的运营中台，树立“大运营”管理理念，针对产业链信托业务开展有针对性的组织变革。鉴于传统的信托业务小分队难以应对产业链信托业务的体系性和复杂性，信托公司应当以专业的事业部建设为前线，深耕具体细分产业领域，以科技系统支持的运营中台为中枢，与合规风控紧密配合，才能切实关注产业链整体运行情况，动态分析产业链发展变化并做出科学评估，为经营管理提供决策依据。信托公司运营能力的提升，也是受托服务能力整体提升的重要表现，可以更有效地带动产品研发、业务场景开拓、投资者引导等多个环节，有效体现“信托即服务”的信托本源本色。

党的二十大报告明确指出，要坚持以高质量发展推进中国式现代化。推动高质量发展，就要建设现代化经济体系，实体经济是现代产业体系的基础和主体。产业链现代化正是现代产业体系建设的应有之义。正如金融行业需要在服务实体经济中体现自身价值，信托行业也将在产业链金融服务

中找到适合自身发展的生态位，通过开展综合金融服务和差异化特色的信托服务，为产业链现代化的提质升级提供有效信托服务供给，同步实现信托公司自身的经营管理优化和业务创新能力提升，在服务实体经济发展的信托本源路上发挥更大的经济和社会价值，实现高质量发展。

需求侧：金融赋能产业链高质量发展

创新打造“双链联动”模式供应链金融科技服务多行业

李　波

党的二十大报告提出“坚持以推动高质量发展为主题，着力提升产业链供应链韧性和安全水平”。

2020年9月，中国人民银行等八部门联合发布《关于规范发展供应链金融支持供应链产业链稳定循环和优化升级的意见》，明确了供应链金融服务于供应链产业链完整稳定、支持产业链优化升级和国家战略布局。供应链产业链是经济运行的重要基础，供应链金融对于产业链供应链的稳定起着巨大的支持作用。

金融棋活，全盘皆活。供应链金融是供应链产业链和金融服务的连接枢纽，可提升产业链中小企业融资的可获得性和普惠性，可打通产业链梗阻降低交易成本，助力实体企业稳链、强链、补链。

一、四个维度看供应链金融

金融是实体经济的血脉，供应链金融是产业链与金融的高度融合。供应链金融从实体经济产业链整体出发，在真实贸易背景下，构建供应链中核心企业与上下游企业一体化的系统性金融解决方案，以实现快速响应产业链上的结算、融资等需求。

作者系京东集团副总裁、京东科技金融科技事业部负责人。

在数字技术快速更迭的时代中，供应链金融既迎来了前所未有的变革良机，也面临着巨大挑战。从供应链金融自身发展所需的必要条件来看，当前的供应链金融体系依然面对着较多的限制性因素，存在较为明显的瓶颈。下面，将从“点”“线”“面”“体”四个维度展开。

从“点”的维度来看，主流的供应链金融模式过于依赖作为“链主”的核心企业去服务上下游，但很多核心企业对供应链金融的价值认识不足，没有足够动力或不具备平台条件去分享其交易链上的数据，导致金融机构难以对其链属上下游企业进行客户身份识别、贸易背景核查、交易确权以及管理抵质押物等。这些问题使得围绕核心企业展开的业务范围受到较大限制。

从“线”的维度来看，由于供应链金融对核心企业的信用确权和信用评价的能力过于依赖，导致金融机构更愿意做核心企业上游的保理融资或信用流转业务，而对于下游经销商的采购融资，由于没有核心企业的担保增信，会将其等同为信用融资，缺乏推广的意愿和能力。

此外，大部分与核心企业直接关联度比较低的中小企业，信息不对称和数据孤岛的问题非常突出，金融机构识别核心企业信用大多仅能涉及一级供应商或一级经销商，难以对供应链上的第二层乃至第三层企业形成有效覆盖。

从“面”的维度来看，存在着供应链商流、物流、信息流和资金流“四流”数据处于不同的主体难以统一归集等问题，比如，订单信息可能在核心企业，物流信息在物流方，资金流又在银行那边，没有一个平台能够把“四流”数据真正整合起来。

即便是在特定情形下，单条供应链的“四流”信息可以形成聚集，但是不同产业链之间仍不能“跨链”，更多维的产业和企业经营相关数据，例如，行业整体销售及价格指数、产业园区数据、财税数据等，也没有形成连通共融，使得金融机构基于信用的风控模型难以真正向多维大数据模型进阶，所以授信仍会非常谨慎。

从“体”的维度来看，供应链金融所涉及的生态各方，相互之间良性的协同机制尚未建立。核心企业、链属企业、金融机构、科技公司以及行业组织之间，大多采用独立作战，或者两两合作的模式，更多还是点状的突破，很少能将点连成线，将线结成网。

综上所述，要想真正做大做强供应链金融，就需要换个思路和打法。供应链金融科技应需而生。

二、认识供应链金融科技的价值

供应链金融是一项系统工程，其本身不能脱离产业数字化而实现。要先基于对产业的理解服务于企业的数字化转型和产业的互联网联结，再去叠加金融科技去改善供应链金融，才是根本解决之道。这就是供应链金融科技。

供应链金融科技的核心手段是，基于对产业链和供应链行业Know-How的充分掌握，利用新型的供应链数智化技术去打通研、采、产、销、服等各节点，进而实现整个供应链商流、物流、资金流和信息流“四流”数据的闭环并实现平台化归集，使各个环节的数据可留存、可监控、可利用。

其结果是，基于一条或多条供应链数据及行业综合数据的交叉验证，金融机构能够实时有效掌握供应链上下游不同融资客户的真实经营情况和资金动向，从而有效降低获客、风控、运营等成本，继而通过新型的供应链金融系统为供应链上各个环节的企业提供更高效率和更低利率的金融服务；将不可贷变为可贷，将线下贷变成线上贷，将低额贷变为高额贷，将高利率变为低利率。

总体看，供应链金融科技兼具科技性、产业性和金融性三重属性。其本质是科技、产业和金融高水平循环的结合点。

基于供应链金融科技，产业生态链运行成本降低、运行效率提升，最终为客户带来的体验更佳。微观视角下，核心企业、产业上下游的利益相关者，以及金融机构和消费者四大主体都从供应链金融科技的应用中获益。

从核心企业角度看，供应链金融科技对供应链核心企业的意义不仅在于为其提供金融服务或信贷资源，通过供应链金融在供应链中与各环节的连接关系，打通核心企业与其他参与者之间的信息壁垒，改善核心企业与其他主体之间的合作和连接方式，并将核心企业的资源能力输出给这些主体，提高它们的经营管理水平与业务质量。对供应链的信息获取从滞后到及时，从不透明到透明，对整个供应链链条风险识别的有效性大幅提升。

从产业上下游中小企业角度看，产业内除核心企业之外的其他利益相关者主要是中小企业，它们往往面临高融资需求与低融资能力之间的矛盾。现在它们可以借助供应链金融科技，连接核心企业，实现业务活动与管理活动的数字化，提高经营管理效率，降低经营决策难度；同时，依据数字化带来的高信息透明度，获得信用、贷款等金融资源支持，使其化解自身融资能力不足造成的发展束缚与障碍。

从金融机构角度看，供应链金融科技作为金融科技解决方案提供商，解决了金融机构缺少精细、多维度数据资源能力（技术、数据等）的难题。

可以看到，供应链金融科技平台作为开放的标杆，可激发出行业各方的协同效应，使数字技术+金融能力能广泛惠及产业链的核心企业和中小微企业，助力实体产业数字化转型、经营能力提升和高质量发展。

三、供应链金融科技的京东模式

作为京东集团面向政企客户输出技术与服务的核心平台，京东科技发挥京东集团产业互联网与消费互联网打通的优势，持续解耦区块链、大数据、智能风控等科技能力，为政府机构、大型产业集团和金融机构提供新型数字化产融联结平台，助力高效精准服务产业链上的中小微企业，为实体经济纾困解难。

1.“新型实体企业”的基因

京东集团定位为以供应链为基础的新型实体企业，一端连接消费互联网，一端连接产业互联网。在数智供应链的打造方面，截至目前，京东自营商品超过一千万SKU、服务超过5.8亿用户的基础上，京东采购自动化率达到85%，库存周转天降至近30天，达到世界级领先水平。京东物流运营超过1400个仓库，仓储总管理面积约2600万平方米，在全国94%的区县和84%的乡镇实现当日达或次日达。在工业品流通层面，京东工业深入行业一线，在工业企业的园区、厂区、产线旁，建设了企配中心、京工柜、智能移动仓等一系列面向工业产业供应链管理的新一代基础设施，来构建满足B端工业品履约需求的“最后一公里”交付保障中心。

京东供应链金融科技脱胎于京东数智供应链的整体实践，在此基础上深耕金融科技近10年，懂供应链也懂金融。京东早在2013年就推出了第一款基于互联网的供应链金融数字化产品——京保贝，通过池保理的业务模式，创造了分钟级到账、随借随还的产品体验。之后，又对自营场景外的POP商家，提供了根据交易量和库存等数据的信用融资产品京小贷和相关的动产融资产品等。在下游，为企业端提供基于非经营性采购及经营性采购场景下的采购融资产品——京东金采。随着向供应商本体产业链的逐步渗透，京东供应链金融科技又将供应商作为核心企业，为其提供上游的票据融资、应收融资，下游的采购融资、小微贷款等服务。

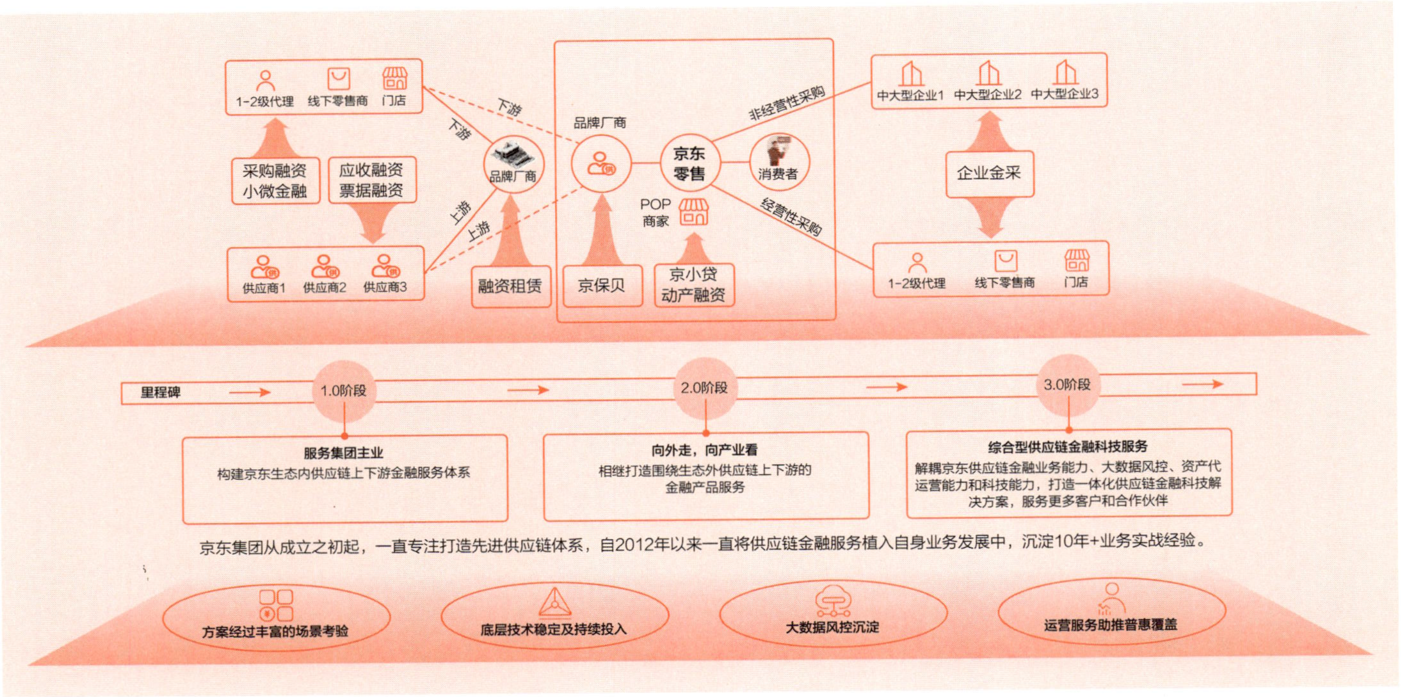

图11-1　京东供应链金融科技发展历程

支撑上述复杂场景、海量交易笔数和巨额资金需求的就是我们的供应链金融科技能力。经过这么多年稳定持续的科技投入和实战锤炼，京东供应链金融科技在底层技术、风控、运营、解决方案能力方面积累了丰富的经验，每年的618和双十一的高频冲击也验证了这套能力的稳定性。

京东科技从2022年开始，正式将供应链金融科技的输出列为必赢之战，将其视作京东的重要战略方向之一。京东供应链金融科技将多年实践所沉淀的技术、模型、算法、工具充分解耦，积木化拼装，并进行产品化和标准化，从对内服务向对外输出系统平台进行升级，助力核心企业实现数字化转型，以及产业链上的中小微企业高效便捷解决融资难题。

2. 模块化可拆解的“双十模型”

京东供应链金融科技平台是一个模块化可拆解的开放部署平台，涵盖保理融资系统、信用流转系统、采购融资系统，动产融资系统、仓单融资系统，票据融资系统，信用融资系统、融资租赁系统、征信科技支持系统、支付结算支持系统等10大供应链金融业务系统。这些系统的部署既可以采用SaaS化的模式，又可以采用SaaS+本地化部署结合的方式。而在这些业务系统的底层，是可输出的数智供应链服务体系。这个数智供应链服务体系非常庞大，它集成了整个京东集团在零售、物流、工业、健康、金融、城市、产发等多个产业链服务场景所锤炼出的所有数智化系统和能力。

京东供应链金融科技平台的各大系统模块、核心技术和中间件选用京东自研技术，具有自主知识产权，代码自主可控率可达99%以上，属于完全的国产化自研产品体系。京东供应链金融科技平台，既可以部署在传统IT架构之上，又可以部署在新型云原生IT架构之上，在与我国自主云平台和软件体系的适配方面，已全面兼容适配京东云等云原生平台，海光、鲲鹏等CPU、麒麟OS，以及达梦、南大通用、人大金仓等软硬件产品。

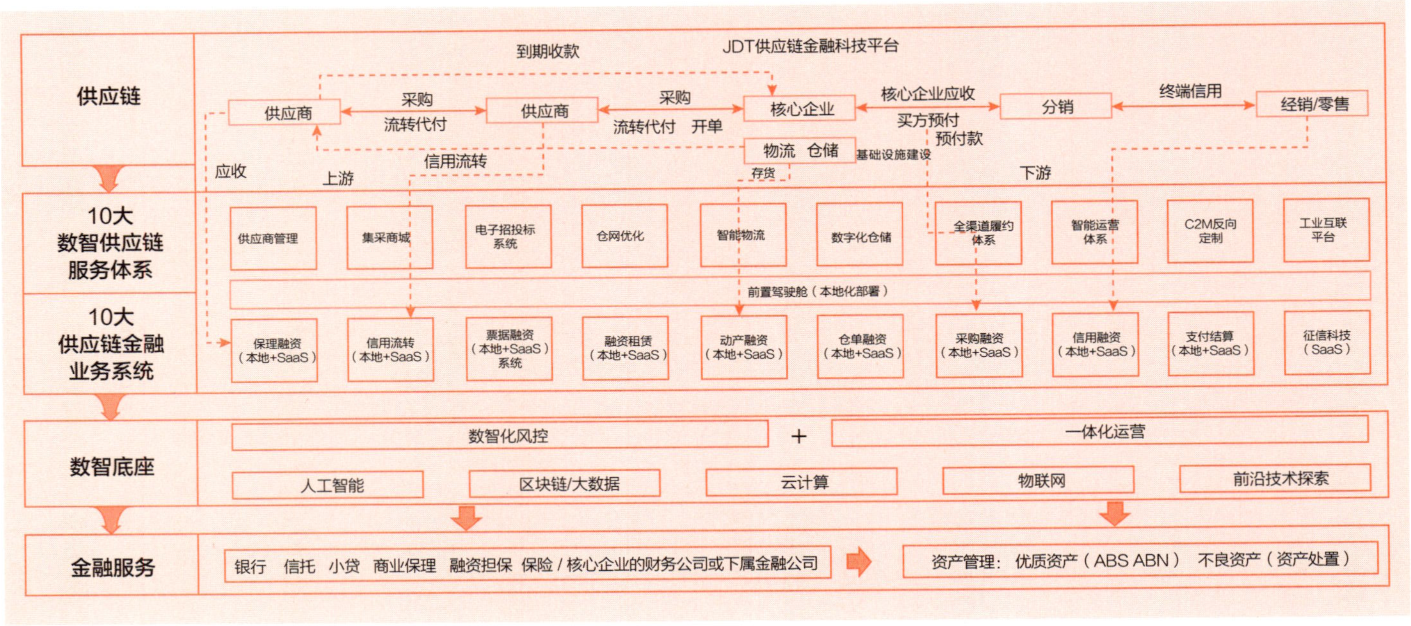

图 11–2 京东供应链金融科技平台的“双十模型”全景图

其中十个与供应链金融关系最为密切的数智供应链服务，包括服务于企业上游数智采购的供应商管理、集采商城、电子招投标系统；服务于数智物流仓储的仓网优化、智能物流、数字化仓储；服务于下游经销商和终端用户的全渠道履约体系和智能运营体系，以及服务于数智研发生产的C2M反向定制、工业互联平台。这10大供应链金融业务系统与10大数智供应链服务体系，共同组成了京东供应链金融科技平台的“双十模型”。但这并不是说平台只有这“双十”模块，后继我们将以客户需求为中心，模块化输出京东全部的数智供应链能力。

京东科技致力于从京东供应链走向产业供应链，全面开启走出去的战略。京东科技集成京东集团全部技术服务能力和产业服务能力，以“数智供应链+供应链金融”双链联动集合成为供应链金融科技平台的模式，助力地方政府和大型产业集团打造供应链金融服务平台，通过平台化方式连接金融机构化解不同产业链、供应链上的中小企业融资难融资贵的难题，推动实现“科技—产业—金融”的高水平循环，助力政府和行业各方构建国内更加强大的统一大市场，助力经济增长动力的恢复。

也就是说，京东输出的是供应链金融科技平台，而实际去跑供应链金融业务的，是产业方和金融机构。京东供应链金融科技平台的核心定位是，通过服务核心企业、产业服务平台、政府平台以及产业园区等供应链上的主体企业和组织，形成基于供应链交易或企业真实经营数据的金融资产，并通过科技手段将非标资产标准化，依据资金方的风险偏好及价格匹配资金，输出资产，促进平台的流量交易规模化，最终成为资产、资金高效对接的生态服务平台。

3.风控与运营服务的双轮驱动

支撑京东供应链金融科技平台服务众多产业客户的核心能力之一在于风控能力。平台通过风控与运营的双轮驱动，以技术为支撑，辅助、支持和改进金融业务的合规性，可更好识别信用风险和操作风险，提升效率、体验和资产规模。京东生态内实现了零售、物流、健康等业务板块系统和科技系统的互联互通，打通了数据孤岛，解决了四流合一问题，并沉淀了相关的经验和技术，能够在京东体系外进行复制。在四流合一的基础上，京东科技建立了一整套依托大数据驱动的贷前授信准入、贷中额度管理、贷后预警及续授信的智能风控体系。在与金融机构合作的过程中，京东科技的风控服务也成为金融机构自身风控能力的有力补充。

从风控能力上看，京东供应链金融科技的核心竞争力是对京东生态内部供应链业务的持续学习和深入理解，增强对交易数据、商品生命周期数据、物流数据、仓库数据等场景数据的处理能力和判断能力；同时不断引入外部各类数据，通过交叉验证，基于机器学习和AI算法等技术构建信用评估模型，最终实现客户信用风险的综合及精准评估。

从风控框架上看，京东科技建立的风险通用策略+业务定制策略，结合个人和企业各类数据的互联互通，可支持场景的快速对接和风险策略的高频迭代。最终，将经过数据集市、智能决策、反欺诈策略预判的结果，通过京东的蓝鲸企业征信牌照以及朴道征信的个人征信牌照输出给金融机构，为资产标准化提供前提保证。

截至目前，京东科技在用的风控策略已超过5000条，可实现1周内完成项目评审及系统数据对接，单笔业务秒级审批，自动化率达95%以上，相关业务资产不良率处于行业最低水平。

在供应链金融业务中，除了需要解决信用风险和操作风险之外，还需要帮助核心企业做好运营服务。京东供应链金融科技平台不仅为客户提供从0到1的基础技术能力建设，还提供从1到N的持续运营服务。平台整合京东集团多业务场景积累的线上线下一体的运营经验，从业务流程、系统工具、生态连接等方面，提供一体化的运营服务策略，并分别从用户运营、产品运营、业务运营、渠道运营以及量化运营方面，帮助平台客户快速提升运营水平，丰富线上服务场景和手段，并通过客户全生命周期管理以及运营技术工具的应用，快速提升用户量、获得性及满足度，最终通过一体化运营服务能力降低整体平台的运营成本、改善客户体验以及推动供应链金融服务更有效地覆盖。

四、供应链金融科技的产业需求分析

随着供应链金融科技的快速发展，相关产业需求也在同步加速释放。今天，供应链金融科技面对的是一个庞大的产业生态圈，包括各类核心企业，金融机构以及地方政府服务平台等，均面临着各自供应链管理及服务的痛点，需要通过供应链金融科技充分激发出各个要素之间的协同效应，才能创造最大价值。

1. 供应链金融科技平台的三大客群

从行业需求角度看，供应链金融科技平台服务的客群主要分为三类，第一类是产业类核心企业，第二类是地方政府服务平台，第三类是金融机构。

图11-3　京东供应链金融科技平台的三大客群

面对核心企业，通过供应链金融科技平台的搭建，可以深入核心企业的产业链条中，打破了数据孤岛，解决了“四流”合一的问题。同时通过本地化部署的模式，能够有效地缓解核心企业对于数据安全的顾虑。在分析核心企业的各类资产规模的同时，能够有效地将资产进行分成，推荐给不同的金融机构，实现有效的资产进行对接，提高整体的资产对接效率，降低整体的融资成本。

以酒类产业链的核心企业之一古井贡酒为例。京东科技为其搭建**供应链金融科技服务平台**实现了两个突破，其一是成功穿透到了二级经销商。二级经销商往往是一些个体工商户或终端门店，在传统的金融机构的名单中属于“白户”，没有任何的征信标准，所以传统的金融机构很难提供融资贷款。在京东科技服务古井的过程中，有效打通了数据链条，从古井集团穿透到一级经销商再穿透到二级经销商，能够让这些终端门店基于和古井贡酒的供应链条数据和信息流，从金融机构拿到融资贷款，极大提高了融资可获得率。其二是京东科技针对古井贡酒下游经销商的各种资金情况，做了相应的资产分层，把古井贡酒的一级经销商推给了农业银行，让一级经销商能获得更加低的融资成本；而对于二级经销商这类用户，推给了风险偏好高一点的中关村银行，也提高了二级经销商的资金获得率。

面向地方政府服务平台，供应链金融科技平台可综合运用区块链、物联网和大数据等技术，整合了信息流、物流、资金流等信息渠道，通过了1+3+N+M的模式去服务于政府平台。其中，1是指基于政府的主导去搭建这个供应链金融科技平台，3是指打通了核心企业的上游、下游及配套的物流体系，形成有效的三个支撑，N是指服务于多家核心企业以及多个行业，M是指打通了多个金融机构。

以京东科技为江苏南通市打造的区域型供应链金融科技平台为例，南通市通过“南通贸融”这个主体与京东科技一起搭建了**长三角产融公共服务平台**。平台建设初期主要是以建筑企业、建材供应商、物流企业为试点，后期则逐步推广到家纺、家具、农业等18条产业链。平台借助区块链、5G、物联网、人工智能等前沿技术，打通了核心企业及其上下游、物流企业、金融机构的数据交互，实现了信息流、物流、资金流的三流合一，为链属企业提供了系统性的金融解决方案，使得供应链运行效率显著提升。同时平台还引入了物流监测系统，以全数字化、可存储、可分析、无法篡改、可追溯的合同数据和物流数据为基础来验证交易的真实性，从而帮助中小微企业尽早拿到工程款项，降低经营风险。对于金融机构而言，平台提供的全量信息，也可促进其数字化金融产品的创新。同时智能化的审批流程，也让金融机构节约了放款成本，提高审批效率。目前，平台已对接16家金融机构，且通过平台办理的供应链金融业务加权平均融资成本较企业本身平均融资成本下降50BP左右。

面向金融机构，供应链金融科技平台可以提供两大类的服务和产品。第一大类是系统搭建，第二大类是运营支持。例如，在系统搭建方面，基于10多年的供应链金融业务所沉淀的实践经验，京东科技可以提供从覆盖供应链产销存全链路的供应链金融业务系统、支付系统以及管理系统，能够帮助金融机构和金控公司将线下操作业务转为线上化操作，提高资产管理的能力和效率。与此同时，京东科技还提供整套的运营支持服务，通过陪伴式的运营服务真正帮助金融机构实现资产规模的增长以及收入和利润的增长。

目前，京东科技服务了较多信托类的金融机构，信托行业受益于牌照有着较为灵活的展业范围，不少信托公司也逐步开始涉足供应链金融业务领域，多数信托公司都拥有产业类的股东背景，天然有着服务生态体系内业务的职责，产融结合的诉求也非常迫切。以**中海信托**为例，京东科技以下游采购融资系统模块先期切入，搭建供应链金融服务平台，并结合整体京东科技的风控能力、征信服务能力、资金资产对接能力，以订单和历史交易数据为基础，为海油商城的下游经销商提供高效便捷的金融服务，满足其经销商获得及时贷款的需求，从而解决了它们短期资金周转的难题。

2022年12月底，该业务迎来了中海石油炼化有限责任公司华南销售分公司的首批采购商，标志着平台正式上线运行。这个系统也有效帮助中海信托拓展了其资产类别，与此同时也有效助力整体产业链管理效能提升63.5%。

此外，京东近年来围绕着产业供应链数智化升级积累了丰富的实操经验，为中海油成员单位提供了京东云的可视化协同平台、京东工业的集采平台、京东物流的物流和仓储能力建设，继而又搭建了订单融资、到货融资、应收融资等供应链金融科技平台产品，助力中海信托为其自身产业发展发挥“保通、稳链、纾困”的重要支撑作用。

2.落地大消费、大制造、能源化工等产业

基于以上三大客群，京东供应链金融科技在行业选择上首选围绕着有京东禀赋的行业来进行服务，分别是食品、健康、3C家电、新能源、农业、能源化工以及物流行业等，真正实现“从京东供应链中来，走向产业供应链中去”。

比如，在大制造领域，京东科技助力**天奇股份**搭建新能源电池回收交易平台+仓储物流平台+供应链金融科技平台。2022年3月，天奇股份与京东科技共同发力锂电池循环再利用的全产业链发展，通过建设“1+3+N”工程，打造“一个总平台，三类功能定位，N个子系统支撑，支持接入多个金融机构”的“锂电池循环利用一体化平台”，着力解决当前锂电池回收利用企业规模小、融资难的问题，促进锂电池回收产业规范化、标准化，建立锂电池循环再利用产业闭环。

基于对电池产业“互联网+回收”业务的需求理解，京东科技为天奇打造供应链金融科技服务平台，发挥应收融资、采购融资、电池分期产品等能力，化解当前锂电池回收利用企业规模小、融资难的难点。通过与京东科技的合作，天奇供应链金融科技服务平台可助力锂电池行业上游供应商快速回笼资金，提升资金周转率；帮助下游经销商解决在采购燃料油、化工品的融资难题；并通过为产业链上下游合作伙伴打造综合支付解决方案，集钱包账户+支付结算+供应链金融+资金增值的钱包账号生态等，推动实现供应链、产业链转型升级。此次合作覆盖天奇股份整个锂电池产业交易体系，融合物流运输及仓储管理，后续还可为产业链上下游伙伴提供退役电池回收及信息溯源、撮合交易、电池快速检测与安全维护、仓储代管、物流组织等综合性一体化服务，推动锂电池产业生态体系的建设与完善。

基于和天奇的合作探索经验，京东科技依托新能源锂电池回收的供应链金融服务平台已经深入到主机厂商，助力一汽富奥打造供应链金融服务平台，结合供应链金融科技平台“双十模型”中的企业支付SaaS科技服务系统，实现从“线上+线下”到“付款+收款+资金管理”的全场景支付，使得动力电池回收链条的资金流、商流、信息流与物流“四流统一”，实现动力电池回收交易的线上化。

在能源化工产业链，除了前面提到的中海信托之外，还服务于化塑领域的道恩集团和快塑网。京东科技为道恩集团搭建了供应链金融驾驶舱，大量第三方的数据为道恩的数据征信提供了有力的补充，为其下游中小微提供金融赋能，促进道恩产业生态搭建。快塑网与京东科技合作供应链金融产品“京塑条”，中小微企业基于其在快塑网的订单和历史交易数据，能高效便捷获得贷款服务。

此外，在大宗贸易产业链，京东科技助力厦门国贸打造供应链管理协同平台+供应链金融平台。我国大宗商品发展正从线下传统领域向数字化、科技化领域深入，大宗商品大协同时代到来。呈现主要特点：业务模式从单纯交易向综合产业服务转变；产品定位从交易平台向供应链协同平台转变；平台服务专业化程度越来越高；集信息、业务、资金、物流于一体，实现商流、物流、信息流和资金流的多层次整合。在大宗贸易产业链，前沿科技可增加供应链的智能化管理能力，结合金融盘活存货，降低供应链公司负债及存货压力，助力构建稳定产业生态。

五、供应链金融科技是产业数字化的第一站

放眼未来，数字经济将成为未来一二十年最确定性的国家战略。而推进数字经济，产业数字化是大势所趋。在此大势之下，我们认为，供应链金融科技是产业数字化的“关键之匙”，是产业数字化的最优解，也是实体企业进行产业数字化的第一站。做好供应链金融科技，才能真正让自身的“四流”打通，运营效率提升，并化解产业链上下游的中小微企业的融资难题。

产业数字化本质上是强调利用工业互联网、人工智能以及大数据分析等数字技术对传统产业进行数据化、网络化与智能化改造，推动传统产业价值创造实现提质、降本与增效。无论是数据化、网络化和智能化的改造还是传统价值链的提升，产业数字化的过程必将是一个产业不断链化和联结的过程，而这背后离不开供应链金融科技的支撑。

从相对宏观的产业数字化推进与升级的维度来看，供应链金融科技的发展不仅会让产业链本身实现全链贯通，且能够让不同产业链之间的数据互通且形成一张彼此交织的网络。从链到网，逐步编织成真正的产业互联网。也就是说，供应链金融科技能够发挥真正的“连接者”角色，助力实体产业实现通链+组网的数字化大目标。

从相对微观的企业数字化转型维度看，企业引入并应用了供应链金融科技，也就是引入了“数据”作为新的生产要素，本身的发展模式也将发生改变——在纵向上推动以数智供应链为核心的数字化转型，将供应链变成供应网，可以提升供应链效率和韧性；在横向上扩展面向生态的金融服务和技术服务能力，可以打开新的增长空间。

这种纵横一体延伸的数字进化，不仅会直接带来降本增效的经营价值，也会因为联结产业互联网而实现模式的升级，从“链主”进化成“平台”，本质上是进化为新的物种。

从商业模式看，供应链金融科技能够通过改变供应链商业模式的底层要素，为供应链商业模式创新提供更高的自由度，助力产业进一步实现数字化。

总而言之，供应链金融科技是当下产业数字化的最佳选择，是产业数字化的第一站。而且，供应链金融科技能够提升产业上下游资源配置效率，助力中小企业解决融资难融资贵的传统难题。这对于加快建设现代化经济体系、实现中国式现代化都具有重要意义。

以产业金融助推实体经济高质量发展

胡利明　杜晓宇　谢任东

产业数字化升级正在席卷各行各业，产业互联、场景垂直、商业重塑、渠道整合……这一切都将在未来十年深刻地改变传统业态的底层逻辑。2021年，我国数字经济规模达到45.5万亿元，占GDP比重为39.8%，已成为驱动经济增长的关键力量。伴随着数字经济的蓬勃发展，金融如何才能更好地服务实体经济，帮助企业，特别是小微企业健康发展，已成为社会共同关注的话题。

产业金融以其与实体经济的深度融合、对小微企业的高度友好优势，成为金融供给侧改革和推动产业升级的重要抓手。在产业金融持续进化的过程中，各市场参与方需从内部管理模式、科技支撑、风控升级等方面实现全面变革，方能适应新时代背景下的发展要求。

基于对产业金融发展趋势的全面分析和深入洞察，腾讯金融云创新打造了"一横三纵"产业金融服务体系，连接了产业链端和金融机构，助力产业互联网金融的创新业务模式发展。在产业链端，腾讯金融云聚焦数字化升级、生态连接、风控管理等场景，输出全栈的金融科技能力，为产业链核心企业及上下游企业、交易平台、政府机构等打造产业金融服务平台。在金融机构端，腾讯金融云将集团多年沉淀的技术积累，结合金融行业特性，为金融机构提供涵盖IAAS、PAAS、SAAS服务的金融科技能力，连接金融场景，帮助金融机构升级服务模式和场景。本文旨在介绍腾讯金融云如

胡利明系腾讯云副总裁；杜晓宇系腾讯研究院副院长；谢任东系腾讯金融云副总经理。

何将自身打造为产业场景和金融机构的连接器，通过提供丰富的金融科技解决方案，助力产业互联网金融全面数字化升级。

一、行业扫描：产业金融发展的“三大痛点”亟待解决

产业金融是产业互联网金融的新业态模式，深入产业链和场景，利用云计算、区块链、大数据风控等金融科技能力构建产业与金融的数字化新连接，将产业价值链关键环节进行场景化呈现，有效结合金融资源，服务中小微企业融资，助力实体经济发展，践行普惠金融。

近年来，在政策的牵引以及全社会的积极创新实践的推动下，产业金融的发展取得了良好效果，这主要体现在：其一，金融服务中小微企业的规模越来越大。据银保监会统计，银行业金融机构普惠型小微企业的贷款余额不断加大，2019年为43万亿元，2020年为56万亿元，2021年为72万亿元，2022年前两个季度为42万亿元。其二，中小微企业融资的成本逐步降低。我国新发放的普惠型小微企业贷款利率逐期下降。2018年全年为7.34%；2019年全年为6.7%，较2018年下降0.64%；2020全年为5.88%，较2019年下降0.82%；2021年全年为5.69%，较2020年下降0.19%；2022年上半年全国新发放普惠型小微企业贷款利率5.35%，较2021年全年下降0.35%。

但我们同时也应看到，目前，产业金融的发展依然受到“三大痛点”的制约。

首先，产业场景的复杂性制约着产业金融的跨链条、跨生态和跨行业延伸发展。场景建设是产业金融的主旋律，未来的产业金融将会逐步进化到“无场景，不金融”的新阶段。近年来，伴随各类产业互联网平台的兴起，行业内逐步实现了对众多中小微企业的渗透与整合，但与之相伴而来的是海量关联结构和复杂交易关系。目前，不同产业网络生态中参与企业之间的资源和能力特征存在显著差异，各行业之间也缺乏共通的运营规范

和标准，这使得传统依托于特定产业或核心企业的供应链金融模式在向外拓展时难以简单地复制现有的融资决策和风险控制逻辑，即难以形成可标准化的服务解决方案。即使是作为产业网络组织者的平台服务方，由于未直接介入供应链交易业务，缺乏产业实践经验和动态管理能力，也难以有效推动产业金融的渗透。

其次，金融机构侧尚未从本质上摆脱传统借贷的固有模式，产品及业务模式创新不足。目前，金融机构发展产业金融更多沿用的是供应链金融的思路，其内部管理流程仍然是债权债务关系，或者说更多地关注在核心企业与上下游形成的交易型关系，较少渗透到供应链运营全过程，去评判或分析运营流程的安全、稳定和效率。未来金融机构的创新方向应从关注要素金融（基于应收、应付和存货）转为关注交易金融，关注交易过程和产业链的运行。产业金融的发展将是基于产业知识图谱，以此来强化供应链的韧性。

再次，数字科技的应用深度亟待提升，跨平台数据整合以及综合数据治理等问题亟须解决。随着数字技术的不断发展，现代数字技术（如人工智能、区块链等）已经逐步被广泛采用。然而，这些技术应用目前集中在某些特定的“单点”，主要还是围绕主体信用的刻画和管理，尚未能真正应用数字技术重塑运营流程。此外，由于产业金融的持续发展逐步强调生态场景、综合服务以及行为能力管控，因此需要建立系统化的数字科技作为支撑。这种体系建设不仅仅是数字技术的广泛应用，更是要解决跨平台数据整合以及综合数据治理的问题。

二、技术演进：产业金融中的关键技术及实现路径

（一）产业金融领域的关键应用技术

根据金融稳定理事会（FSB）的定义，金融科技主要是指由大数据、区

块链、云计算、人工智能等新兴前沿技术带动，对金融市场以及金融服务业务供给产生重大影响的新兴业务模式、新技术应用、新产品服务等。

金融科技是技术驱动的金融创新，旨在运用现代科技成果改造或创新金融产品、经营模式、业务流程等，同时借助机器学习、数据挖掘、智能合约等技术，简化供需双方交易环节，降低资金融通边际成本，开辟触达客户全新途径，推动金融企业在盈利模式、业务形态、资产负债、信贷关系、渠道拓展等方面持续优化，不断增强核心竞争力，推动金融发展提质增效。在新一轮科技革命和产业变革的背景下，金融科技蓬勃发展，人工智能、大数据、云计算、物联网等信息技术与金融业务深度融合，为金融发展提供源源不断的创新活力。

金融科技在金融业务领域的运用，主要体现在提升金融服务效率与质量、增强金融业务风险管理能力。当前来看，以人工智能（Artificial Intelligence）、区块链（Block Chain）、云计算（Cloud）、大数据（Big Data）、物联网（The Internet of Things）等为代表的金融科技正逐步运用于丰富的金融业务场景。

人工智能是计算机科学的一个分支，意在了解智能的实质，希望让机器具有像人脑一般的智能水平。目前图像识别、智能语音、自然语言处理等人工智能技术，正应用于风险控制、资产审核、投资顾问、客户服务等金融业务领域。

区块链是分布式的共享账本和数据库，具有去中心化、不可篡改、全程留痕、可以追溯、集体维护、公开透明等特点。现正逐步应用于产业链金融、跨境支付、资产证券化等领域。

云计算是一种基于虚拟化技术、分布式计算技术、并行计算技术等互联网技术提供的可以弹性伸缩、按需使用、按使用付费的计算模式。云计算技术提升了计算能力和弹性，可解决容量/可扩展性问题，降低基础架构成本、提高效益。云计算技术在助力传统金融机构部署私有云、公有云、混合云等方面，已取得一定效果，目前已应用于IT运营管理、底层平台开放、交易量峰值分配、网络安全管理等领域。

大数据是一种规模大到在获取、存储、管理、分析方面大大超出了传统数据库软件工具能力范围的数据集合，具有海量的数据规模、快速的数据流转、多样的数据类型和价值密度低四大特征。随着数据积累、数据处理效率、数据分析技术的快速发展，大数据技术在金融行业场景的应用，已经较为成熟，其主要技术包括NoSQL数据库、数据仓库、机器学习、并行计算、可视化等，现已主要运用于反欺诈、风险管理、投研投顾、评分定价、金融监管等具体场景。

物联网是通过各类感知技术、传感设备，获取物物信息并将其与互联网联结，实现人、机、物的互联互通。物联网技术通过RFID射频技术、WSN无线传感网络、EPC电子产品码、移动感知视频、电子围栏等，以监测不同终端设备的不同状态，如位置、移动或温度等，在产业金融场景中多用于对物状态的监控。

（二）产业金融中金融科技的作用路径

在宏观政策的指引下，我国新基建正在加速推进，云计算、大数据、人工智能等技术将深刻改变传统产业。以云计算为例，麦肯锡研究表明，到2030年，云为全球500强企业带来的价值将超过1万亿美元，有效的云使用可以将开发和运维效率提高38%，将基础架构成本效率提高29%。

对于产业金融而言，宏观经济、行业趋势及企业管理层面的不确定性一直存在。对大数据、云计算、人工智能、物联网、区块链等金融科技的整合运用，并形成综合性的工具套件式解决方案，可以在展业全链条上解决产业链金融的痛点。根据产业链金融业务流程特性分析，其作用路径上，金融科技可在产业链金融贷前风险评估、贷中资产审核、贷后运营监管的三个主要环节，通过产业链金融平台化、商业信用穿透化、动产监管数字化、资产审核智能化、信用评估数据化、风险监控实时化六大作用路径，最终实现产业链金融的风险控制（主体风险、交易风险、操作风险）、效率提升、成本降低的优化管理。

（1）产业链金融平台化：产业链金融平台化即线上化，是金融科技运用于产业链金融场景的基础。产业链金融参与主体及所涉环节众多，主体涉及金融机构、核心企业、供应商、第三方合作方等，需对商流、资金流、物流、信息流四流进行最大程度管控，业务环节包括客户准入建档、主体信息收集、信用风险评估、交易风险评估、资产审核可视、发票核验、中登登记、对账管理、回款管理、押品管理、资产池循环等，需要尽可能将所有作业环节实现线上化，以节省操作成本，控制操作风险甚至员工道德风险，并为金融科技的运用做好准备。

（2）信用评估数据化：产业链金融的本质是金融，而信用是金融最重要的要素，科技不能创造信用，但可以发现信用、传递信用、监控信用，并为信用定价。

在主体信用评估方面，核心企业信用是产业链金融的展业基础，产业链金融需要重点评估核心企业信用，并一定程度评估上下游供应商或经销商信用。通过运用大数据、人工智能等方式，对被评估主体及其法人相关信息进行数据采集、数据挖掘、机器学习，包括工商、司法、税务、黑产、财务、舆情、失信等信息，并通过机器学习、数据建模、评估打分等方式，实现对企业主体的大数据信用评估，进而提升信用评估的准确性、客观性、实时性。

在交易风险评估方面，交易风险是产业链金融风控的薄弱环节，94%的产业链金融风险源自欺诈。在产业链金融领域，交易风险评估，亦可称为“债项评估”，需要通过多方数据互联、大数据分析等金融科技方式，对贸易基础信息，如退货率、交易年限、供应商集中度、应收账款集中度、关联交易、商纠率等进行数据获取并交叉验证分析，以确定贸易双方的交易真实性、合理性及稳定性，最大限度控制交易欺诈风险，并提高交易风险评估效率。

（3）商业信用穿透化：产业链金融的关键是依托核心企业信用，并传递给上下游中小企业。区块链结合其他互联网、物联网等场景，通过算法遍历并验证交易网络中的各级数据，包括各节点的计算机系统、操作现场、社会信用系统（税务、电力部门等）等截取的数据和中间件、硬件（如GPS、RFID等）等获取的节点数据，实时、动态、多维度地实现数据交叉验证，提高数据的可靠性，如采购数据与物流数据匹配、库存数据与销售数据印证、核心企业数据与下游链条数据的可靠性，以降低信息不对称所造成的流程摩擦。

对应收融资而言，核心企业可将其商业付款信用，通过区块链技术传递至多级，实现信用的多级流转。区块链连通供应链中的各方企业和金融机构，完整真实地记录资产（基于核心企业应付账款）的上链、流通、拆分和兑付。由于区块链上的数据经多方记录确认，不可篡改、不可抵赖、可以追溯，从而实现应收账款的拆分转让，并全部能够穿透追溯至登记上链的初始资产。对于存货融资而言，区块链技术联合智能仓储、智慧物联网、人工智能和大数据分析等技术能力，通过密钥与数字证书可以确保业务参与方以真实身份通过区块链实现线上多方协议并签署电子合同，并可支持电子仓单的流转，最终有效解决传统仓单质押融资过程中的身份信任、风险管控以及效率低下等问题。

区块链技术的运用，较好地实现了核心企业信用转化为数字资产，并在不同的参与方之间高效传递，加速了整个产业链金融效率。

（4）交易审核智能化：人工智能结合大数据、云计算的综合运用，对产业链金融交易单据等的准确、高效审核提供了极大便利。产业链金融在交易审核环节，需要对合同、发票、履约证明等信息进行审核；图像识别、OCR、NLP、智能语音识别等人工智能技术，可极大地提高合同、发票、票据等单据的审核效率；此外，通过交易信息数据化，还可通过大数据校验方式进行交易审核，比如，物流产业链金融场景下，可借助物流运输车辆的GPS地图运输轨迹，对交易真实性进行核验。在大量图像、视频、语音等的存储、运算、调用等方面，通过云储存、云计算能极大地节约成本。

（5）风险监控实时化：贷后风险监控，既涉及对主体信用变化的监控，也可能涉及其他对融资回款有影响的因素监控，如存货货值、交易异动，甚至行业风险变化等。风险监控以大数据信息采集、分析为主，并结合物联网、人工智能等技术，对核心企业舆情、上下游交易异动变化、货品市场行情波动等进行监控分析，实时关注对融资回款的负面要素，并及时进行风险预警。

（6）动产监管电子化：在货押融资场景下，在抵质押期间如何有效对押品进行监控，确保不发生盗货、损货等情况是需要重点关注的问题。在此场景下，可重点借助物联网RFID电子射频技术，以及智能AI车牌识别、标签识别、电子围栏等技术，生成物联网电子仓单，并可对货物实现实时监管及预警，极大提升人工监管的效率及信息准确性、预警实时性。

三、制胜之道：腾讯云产业金融解决方案

（一）“1+4+5”架构下的产业金融

近期，腾讯金融云业务战略再次升级，聚焦“金融新基建”“数字新连接”和“场景新服务”，形成体系化、全面数字化转型整体解决方案，助力金融机构打造金融场景的技术底座，支撑业务持续创新。

在“金融新基建”的方面，腾讯金融云提供一系列自主合规分布式云

基础设施，以及移动中台、技术中台、数据中台、AI中台、业务能力中心等落地方案。在“数字新连接”方面，腾讯金融云提供多场景金融新连接、新服务解决方案，并打造了智能营销和风控支撑平台，为业务开展提供支撑，助推金融机构实现数字化转型升级。在“场景新服务”方面，腾讯金融云通过深入金融客户生态场景，推动金融机构不断形成适合自己的新服务模式，并成为其新的增长动能。

图12-1 腾讯云产业金融“1+4+5”总体架构

在金融新基建方面，金融基础设施建设呈现三个演进态势，一是应用创新的架构模式持续演进；二是云成为金融机构搭建数字化底座的首选，并逐步向混合云以及分布式架构演进，在演进过程中支持自动化的跨云管理，获得最高的云使用效率；三是从局部智能逐步向全局智能演进，构建联邦数据生态，打通过去彼此难以相通的GBC三端（政府、企业和消费者）。在数字新连接方面，利用领先的数字化技术，实现高效低成本的客户触达与运营，辅以全面极致的客户体验，全面提升金融机构获客、活客与留客能力。在场景新服务方面，随着新技术对金融机构价值链的解构，金融机构将自身融入客户的全场景之中，开放金融与产业金融成为应有之义，而

AI能力、微服务体系以及低代码平台的引入，正不断重构和改变金融的业务模式，开创新的业务模式。

（二）“一横三纵”产业金融服务体系

腾讯金融云基于对产业金融发展趋势的分析和洞察，创新打造了“一横三纵”产业金融服务体系，具体如下图所示：

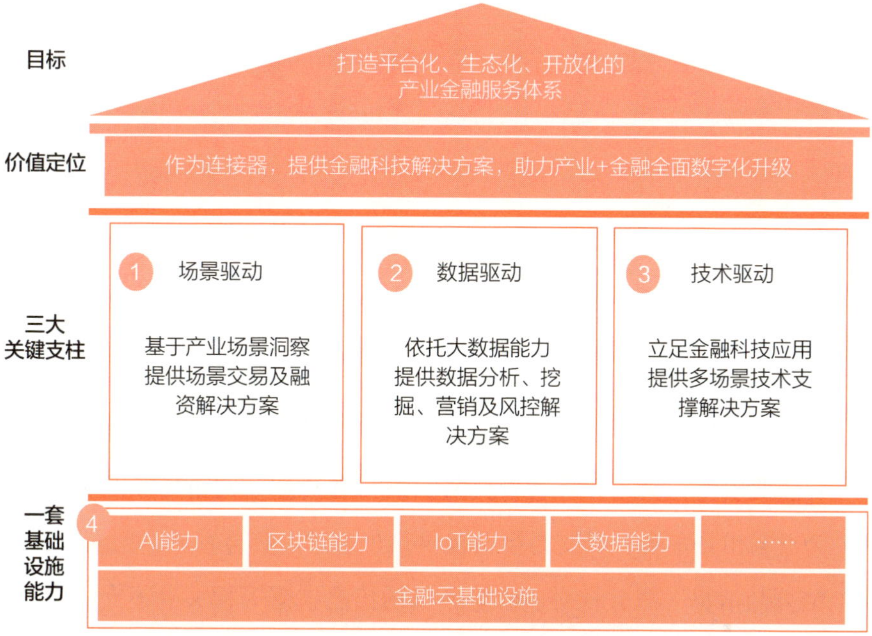

图12–2 “一横三纵”的产业金融服务体系

在这一产业金融服务体系中，“一横”代表着一整套技术领先、自主合规的云基础设施服务；“三纵”则分别将场景、数据、技术作为核心驱动要素，提供行业SAAS、企业支付、中小企业融资、供应链金融、智能风控、智能营销、大数据、多场景技术支撑等一站式解决方案，助力产业互联网金融全面数字化升级。

腾讯金融云产业金融解决方案通过对资产场景和资金供给两端的有效

赋能和充分连接，打造共赢的产融生态圈，有效缓解金融机构不敢贷、不想贷、不能贷的顾虑，积极化解中小微企业融资难慢贵的难题。

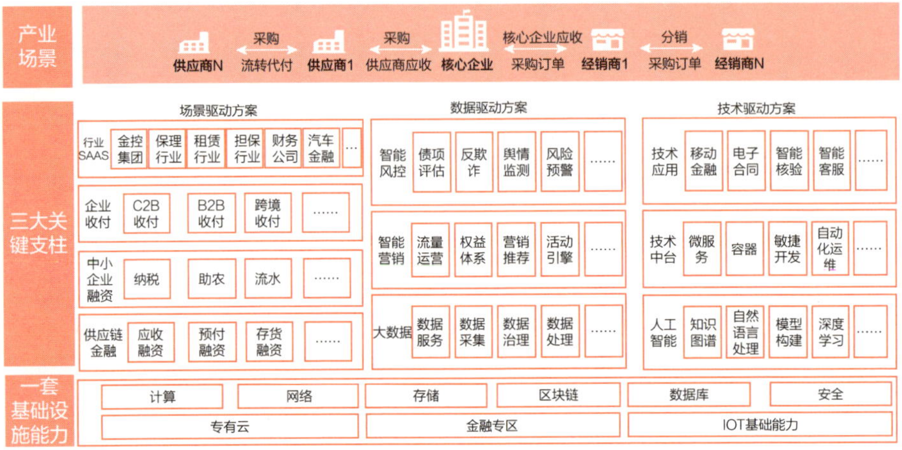

图 12-3　腾讯云产业金融综合解决方案

（三）重点解决方案介绍

1. 场景驱动方案

➢ **企业收付**：基于“市场管交易、银行管资金”的市场需求和监管要求，为交易市场平台及其交易会员提供账户管理、资金存放、出入金处理、资金结算与清算、账务核对、监管要求的信息披露等相关电子支付结算类服务，全面提供收单、支付清结算、账户体系、交易风控等收付分账方案能力。其中核心模块包括：专业化支付中心、统一商户管理平台、支付交易风控、分布式系统支持等。

➢ **供应链金融**：充分运用云计算、大数据、区块链、物联网等新技术手段，提供供应链金融解决方案，全面覆盖信贷资产的生成及流转环节。主要特色包括：一是全面覆盖应收、存货、预付等多场景，满足客户全方位服务需求；二是通过大数据风控、物联网、区块链等金融科技手段，助力金融机构实现产业金融风控技术升级；三是通过完善的交易结构设计、高效的海量数据处理能力、丰富的生态合作伙伴、强大的风控赋能支持能力，帮助合作伙伴实现优质资产的证券化等资产管理支持。

➢ **中小企业融资**：通过连接中小企业与金融机构，实现产业连接，助力金融机构中小微融资数字化转型升级，主要优势体现在：**一是智能风控**，打造小微风控中台，为小微融资场景提供贷前、贷中、贷后全流程解决方案；建立中小企业数据的采集、清洗、整理和分析能力，形成企业风控服务体系；**二是线上协同**，构建中小企业信贷全流程平台，提供业务办理线上化支持；**三是产业连接**，携手地方政府及产业资源，打造区域金融门户，提供企业融资服务撮合能力，突破融资双方的信息不对称瓶颈，拓宽中小企业融资渠道，提高供需两端对接效率。

2. 数据驱动方案

➢ **产业风控**：腾讯金融云提供新一代产业金融智能风控解决方案，其突出特色体现在：**一是远程音视频风控能力**，结合腾讯云音视频+产业风控底座能力，帮助产业金融客户实现面向业务场景的远程核身、远程尽调SOP管理、音视频存证、自动化尽调报告生成等核心业务流程；**二是智能风险决策平台**，构建了决策引擎、实时建模、知识图谱、变量加工、数据管理等产品能力，形成了数据、策略、模型联防联控的全场景覆盖和全生命周期管理体系；**三是模型策略能力**，基于企业财税等多维数据，沉淀了自动化贷前资质、信用风险、风险监测等模型能力，实现风险量化和辅助决策，并支持企业根据特定业务场景定制开发模型；**四是风险监测预警**，基于全网资料搜集，结合大数据处理能力对风险因素变动趋势进行有效监控，向决策层发出预警信号并提前采取预控策略建议。

➢ **数字化营销**：为金融机构提供数字化营销解决方案，完整覆盖触客、关怀、转化、忠诚客户服务全旅程。包含三大突出特色：**一是营销体系咨询及场景触达**，在行业洞察、体系规划等方面提供专业的咨询服务，腾讯丰富的生态场景可以为金融机构触达优质客户提供强有力的保障；**二是基于企业微信平台实现私域客群运营**，发挥个人微信、企业微信双平台互通的天然优势，打造“一平台、双端口、多工具”的营销服务体系，覆盖客户建联、活动推广、合规存档等多个场景，助力金融机构的私域运营能力提升；**三是基于数据驱动的客户精益管理**，发挥强大的跨渠道信息数据采集及融合能力，提供丰富维度的客户画像、数据分析及策略匹配产品，在聚力、分析、决策几方面实现金融机构精益运营能力的全面提升。

3. 技术驱动方案

➢ **移动金融渠道一体化**：基于移动金融技术底座，整合了腾讯在移动互联网渠道建设过程中卓越的客户体验、多端一体化适配、一站式开发&测试&发布、敏捷研发、数据驱动运营的技术能力，为金融企业提供能够支撑移动金融渠道一体化转型的技术平台，对外一站式支持多样化移动互联网渠道，连接客户业务场景，对内一体化连接内部服务，提供产品与数据服务，沉淀客户数据。

➢ **金融级身份安全认证**：帮助金融企业搭建一站式身份核验系统，减少金融企业的人力投入，提高用户的便利性并有效规避企业风险。腾讯提供人脸核身服务，提供各类认证功能模块，包含证件OCR识别、二/三/四要素认证服务、活体检测、人脸1：1对比、1：N识别等能力，为金融企业在远程开户、实名认证、贷款申请、额度支用等场景提供技术助力，实现KYC。人脸核身方案支持混合云、公有云部署模式，可根据行业特性和业务要求采用不同的部署模式，所有的产品功能也可根据需求灵活拆分组合。

4. 自主合规的云基础设施

➢ **分布式基础云平台**：腾讯金融云提供基于云原生体系的多种上云解决方案，包括全量上云、混合云、专有云等多种云基础设施解决方案。**对于金融企业全量上云场景**，业务部署于金融云，利用云弹性伸缩、按需分配能力，协助企业快速搭建环境，构建敏捷化IT基础能力；提升在物理安全、网络安全、主机安全、数据安全、应用安全等多层次全方位的安全保障。**对于金融企业混合云场景**，既利用IDC基础设施资源，又充分享受云计算平台红利优势，构建企业混合云。安全合规前提下，满足金融企业部分业务先行上云等需求，金融企业基础设施建设新模式。**对于金融企业专有云场景**，将腾讯云多年成熟公有云技术与运营经验以私有化的模式交付给金融企业，帮助金融企业搭建基础技术支撑体系，并支持构建分布式架构体系，支持高并发、海量用户、弹性扩容等需求，实现技术的自主掌控，满足监管合规要求。

➢ **数据库解决方案**：腾讯推出金融企业级分布式数据库解决方案TDSQL（Tencent Distributed SQL，TDSQL），其定位是基于互联网分布式架构的金融级数据库。TDSQL具备强一致高可用、全球部署架构、分布式水平扩展、高性能、企业级安全、跨区容灾等特性，同时提供智能DBA、自动化运营、监控告警等配套设施，为金融企业提供完整的分布式数据库解决方案。目前TDSQL已经为超过500+的政企和金融机构提供数据库的公有云及私有化部署服务，客户覆盖银行、保险、证券、互联网金融、计费、第三方支付、物联网、互联网+、政务等领域。

➢ **安全方案**：腾讯云安全解决方案基于全面规划的整体架构，通过多元化的产品与安全属性，实现全方位的防护，包括物理安全、虚拟化安全、网络安全、主机安全、数据安全、应用安全、业务安全、安全审计和安全管理，形成事前、事中、事后的全过程防护。同时，腾讯云也在鉴权、数据可靠性、监控等安全方案中，不断优化自身的属性。目前，安全解决方案体系，包含但不限于：网络安全（DDOS防护）、主机安全（云镜）、Web应用防火墙（WAF）、数据安全（数盾）、流量分析（御界）、安全服务、安全审计等。

四、腾讯云产业金融最佳实践

（一）打造云上数字产业园，助力跨境产业数字化升级

江西省共青城市为大力发展数字经济，加快建设产业数字化转型建设先行示范区，携手腾讯云共同打造全国领先的“云上数字产业园”，通过建设一站式云上跨境产业生态园服务平台，构建跨境贸易供应链及跨境贸易金融综合服务体系，推动本地跨境贸易数字化升级，树立全省数字经济发展示范标杆。

“云上数字产业园”，全面连接跨境贸易平台、供应商体系、跨境贸易企业、金融机构相关系统与平台。方案创新提供贴合业务场景的供应链金融服务，即通过结合大数据、人工智能和区块链等先进风控技术的应用，对跨境贸易业务过程中商流、物流、资金流、信息流的有效把控，实现整个跨境贸易链条的数字化、可视化、可控化、闭环化，解决传统跨境业务和跨境金融业务中的信息不对称难题，联合金融机构为跨境企业提供贴合业务场景的供应链金融服务，完整覆盖金融业务过程的贷前、贷中、贷后各个环节，有效降低金融机构业务风险，解决制约企业发展的融资难题。

“云上数字产业园”所具备的综合性服务优势让跨境电商企业能够释放更多的业务发展潜力。以某年度交易额近百亿元的跨境电商上市公司为例，入驻“云上数字产业园”后，产业园以生态化聚合的方式，将该企业跨境供应链服务所需的仓储，物流，报关，软件等服务一站式集成到平台，并且把各个要素做了全流程贯通，完成了商流、信息流、资金流、物流的整合，实现了跨境交易数据阳光化。在此基础上，“云上数字产业园”针对该企业的结算回款、场景金融、风险控制等重点经营场景，对接了金融机构的定制化融资产品，有效解决企业融资难题，真正让企业在平台上实现了

一站式找资金、找政策、找服务，极大提升业务经营效率。

（二）建设保税区产业金融服务平台，完善供应链综合服务体系

某市是商务部供应链创新与应用试点城市，该市保税区经过多年发展，在化工、纺织、木材、粮油等大宗商品方面形成了具有广泛影响力的交易市场，如何紧跟形势对接国家供应链战略，抓住机遇进一步提升各大交易市场的领先地位，放大保税区功能优势，促进市场和贸易繁荣，是保税区未来要保持高质量发展必须要解答的课题。

保税区依托港口优势和保税功能，发展了大宗商品为特色的临港物流产业。区内物流企业、仓储企业、贸易企业众多，如何利用云计算、大数据、区块链等金融科技能力，建设现代产业金融服务平台，赋能供应链金融，为区内的企业以及供应链上下游企业带来实际的便利，打造具有公信力和权威性的现代供应链一站式综合服务平台成为产业升级与项目建设的重中之重。

基于国家对供应链创新与试点的要求，根据保税区的需求及业务场景，腾讯金融云提供了一揽子园区产业金融方案，构建现代产业金融服务平台，其创新点体现在：

➢ **服务模式创新**：平台发挥资源整合优势及主动服务意识，切实服务好区内广大有金融服务需求的企业，以平台为载体实现全流程、精准服务，实现金融机构、仓储物流、交易平台、中小微企业的高效对接

➢ **金融产品创新**：根据保税区实际业务特征及区位优势，定制化设计金融产品，满足企业融资、结算需求的同时，兼顾合作机构在风控、资产处置、合规等方面的要求

➢ **技术应用创新**：平台根据区内业务参与主体多、流程节点长、数据信息多样化、业务规则复杂等实际特点，充分利用大数据、区块链、云计算、物联网等新兴技术手段，在贸易融资、大宗商品溯源、大数据风控、精准

画像、电子仓单、司法诉讼等细分场景加以创新应用，实现服务升级

通过现代产业金融服务平台的建设，满足国家对供应链试点城市建设要求；通过平台与核心企业、监管方合作，实现线上融资平台、核心企业电子商务平台和监管方仓储监管平台等多方在线协同，为供应链上下游企业提供全流程在线订货、在线融资、在线抵/质押、在线还款赎货等服务。

五、总结与展望

产业互联网的发展与产业金融服务互相影响，互相促进。产业互联网对行业的智能化、数据化、可知化改造，将主体情况、产业链情况、大数据信息等更加全面、持续地展示给金融机构，同时借助区块链、人工智能等技术，更好地发现信用、传递信用、监测信用，为金融机构提供更加优质的业务场景及安全资产。而产业金融服务，可更加贴近场景，为产业生态注入有氧血液，更好地滋润产业生态高效、稳健的发展。

未来，腾讯金融云将充分发挥云计算、大数据、人工智能、区块链、物联网等金融科技能力，以“1+4+5”架构为依托，推动金融科技在更多金融场景、行业场景运用落地，助力打造涵盖“传统生产贸易制造/大宗商品交易/产业园区/物流仓储/工业互联网/农业/能源/B2B贸易/……”等产业互联网金融新业态模式的综合服务解决方案，助力产业数字化转型升级，以科技之力践行普惠金融。

（感谢张佶、杨望、吴悦宁、陈明、巴洁如、王诗卉对此文的贡献与支持）

产融结合
金融赋能消费电子产业链

岳 凯

一、供应链金融在国内的兴起及其底层逻辑

1.供应链金融在国内的发展

相较于国外，供应链金融业务在国内的发展起步较晚。改革开放之后，特别是中国于2001年加入世贸组织并融入全球化以来，大量海外订单及跨国企业供应链汇集中国，使中国逐渐成为全世界的“制造中心”。制造业的快速发展带动了供应链金融的涌现和兴起。回顾供应链金融在中国的发展过程，其在业务模式上主要经历了以下四个阶段。

· **1.0阶段：**该阶段供应链金融主要为由商业银行主导、以核心企业为信用载体并以人工授信为主要形式的**线下“1+N”模式**。以某商业银行为例，在开展汽车经销商库存融资业务初期，银行需要对合作的整车企业和其授权的汽车经销商进行线下尽调并核定授信额度，整车企业需要为经销商的库存融资提供回购担保，并需由第三方物流企业对库存车辆进行线下实物监管和控制。由于缺乏IT系统支持，在实操过程中面临业务流程长、效率低、操作风险频发等种种挑战。

作者系小米天星数科总裁。

· **2.0阶段：**该阶段中供应链的资金流、商流、信息流逐步从线下转向线上，形成以核心企业为主导、多主体参与和线上化运营的**线上“1+N”模式**。以国内某互联网电商平台为例，其于2013年末发布其供应链融资产品。该产品依托于该电商平台的自营商城，将供应商与自营商城在采购订单、商品入库至结算单付款前各阶段的单据形成应收账款资产池，实现了不同阶段应收账款的标准化和便利融资。同时，根据某互联网电商平台积累的大量交易数据、物流数据，形成大数据风控模型，自动生成供应商可融资额度，供应商在可融资额度内任意融资，全流程在线发起。此产品是该互联网电商平台的首个互联网供应链金融产品，也是业内第一代线上化运营、线上化风控的供应链金融产品。

· **3.0阶段：**该阶段随着互联网技术的运用，供应链金融实现了“由链到网”的转变。供应链金融服务商通过搭建综合性的服务平台来为众多核心企业、上下游供应商、经销商中小企业提供融资服务，形成**平台化“N+1+N”模式**。以某智能制造业公司旗下的供应链金融板块为例，其作为独立第三方搭建供应链金融综合服务平台，除了服务本集团业务，还链接了电子制造、通用设备、建筑、化工、农业等各类产业中的众多核心企业及其供应链上的中小企业，并同时聚合链接了相关金融机构、第三方物流、中介服务机构等参与方。通过平台化运营，一方面实现企业授信数据及实际经营信息的对称共享，降低风控难度；另一方面，整合金融机构资金资源，为中小企业提供信贷融资、资产证券化、保理/再保理等多样化的综合融资服务。

· **4.0阶段：**伴随大数据、云计算、人工智能、区块链等技术的加速创新和应用，供应链金融也在向以**智能化**为特征的4.0阶段迈进。以某上市供应链金融科技SaaS企业为例，其聚焦于人工智能、区块链、云计算、大数据等先进技术在供应链生态的应用，以线上化、场景化、数据化的方式提供创新供应链金融科技解决方案。如该平台的供应链金融AI解决方案，融合计算机视觉、自然语言处理、联邦学习等行业领先的AI技术，可为资产审核、企业风控、跨境单证解析等多个应用场景提供自动化、智能化的平台服务，帮助客户轻松获得强适配、低成本、可视化、优体验的一站式供应链金融服务方案。

历经多年发展，供应链金融已逐步发展为市场规模超30万亿的重要金融细分业务领域。根据CIC灼识咨询在《2022中国供应链金融科技行业蓝皮书》中提供的数据，2017年至2022年供应链金融市场规模从18.5万亿逐步增长至31万亿，年均复合增长率达到10.9%。报告还预测，2023年供应链金融市场规模将进一步增长至34.3万亿。

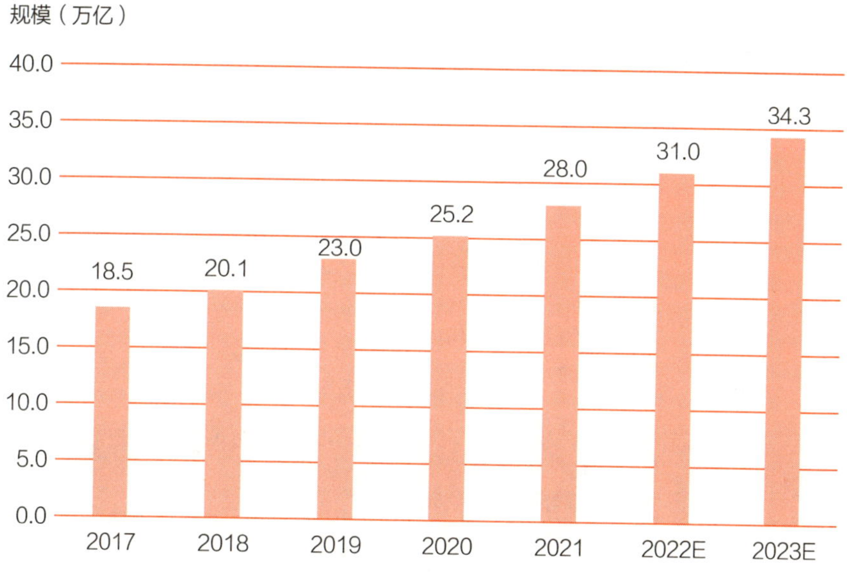

图13-1　中国供应链金融市场规模

供应链金融以真实贸易背景为前提，依托于产业链核心企业开展，并通过封闭资金流或控制物权对供应链上下游企业提供金融服务。区别于传统信贷业务，供应链金融可依托其自偿性的贸易融资方式为缺乏抵押物的中小企业提供资金支持；同时，开展供应链金融有利于促进产业链上核心企业及上下游配套企业“产–供–销”链条的稳固和流转顺畅，有利于降低整个供应链运作成本并提升供应链的安全性、协同性和效率；随着供应链金融在支持产业链发展及助力中小企业成长方面发挥越来越重要的作用，政策层面也获得我国政府部门的重视和支持。

表13–1 近年出台的支持供应链金融发展的相关文件

时间	发布机构	文件名称	主要内容
2017年10月	国务院办公厅	《关于积极推进供应链创新与应用的指导意见》	将“积极稳妥发展供应链金融”作为六大重点任务之一，推动供应链金融服务实体经济，有效防范供应链金融风险
2019年7月	中国银保监会	《中国银保监会办公厅关于推动供应链金融服务实体经济的指导意见》	要求银行、保险机构应依托供应链核心企业，基于核心企业与上下游链条企业之间的真实交易，整合物流、信息流、资金流等各类信息，为供应链上下游链条企业提供融资、结算、现金管理等一揽子综合金融服务
2020年9月	央行、工信部等八部门	《关于规范发展供应链金融 支持供应链产业链稳定循环和优化升级的意见》	从六方面提出23条政策要求和措施，明确供应链金融应坚持提高供应链产业链运行效率，降低企业成本，服务于供应链产业链完整稳定，支持产业链优化升级和国家战略布局
2021年3月	商务部	《关于开展全国供应链创新与应用示范创建工作的通知》	鼓励金融机构积极发展流程型、智能型供应链金融业务，为上下游企业提供基于供应链的授信、保理、结算、保险等金融服务
2021年11月	国务院促进中小企业发展工作领导小组办公室	《提升中小企业竞争力若干措施》	要求规范发展供应链存货、仓单和订单融资，发挥人民银行征信中心动产融资统一登记公示系统作用，提升企业通过动产担保融资的便利度。鼓励保险机构发展供应链保险业务。提高供应链金融数字化水平，引导金融机构开展标准化票据融资业务

续表

时间	发布机构	文件名称	主要内容
2022年4月	央行、国家外汇管理局	《关于做好疫情防控和经济社会发展金融服务的通知》	要强化产业链供应链核心企业金融支持；建立信贷、债券融资对接机制，引导金融机构快速响应产业链核心及配套企业融资需求；规范发展供应链金融业务，发挥供应链票据等金融工具和应收账款融资服务平台作用，支持供应链企业融资
2022年9月	中国银保监会、央行	《关于推动动产和权利融资业务健康发展的指导意见》	支持银行机构深化动产和权利融资业务创新，提升应收账款融资服务质效，优化商品和货权融资业务，发展基于供应链的应收账款融资、存货担保融资等业务，积极开发体系化、全场景的数字供应链金融产品；银行机构要提升动产融资风险管控能力，强化动产和权利价值评估，实施分类信贷管理

2. 供应链金融的内涵逻辑

参考中国人民大学商学院宋华教授在其专著《供应链金融》中的论述，在一个典型的产业供应链中，围绕核心企业，通常从配套零件开始，逐步制成中间产品以及最终产品，并在最后由销售网络把产品送到消费者手中的，将供应商、制造商、分销商直到最终用户连成一个整体链条。在这一过程中，各类企业的支出和收入通常发生在不同时刻，并由此产生资金缺口需要供应链金融业务提供支持。

具体来讲，应对不同的场景，供应链金融主要包括订单融资、库存融资、应收账款融资等几种主要业务形式。

（1）**订单融资（预付款融资）**，是指供应链中的融资企业凭信用良好的买方（通常为核心企业）产品订单，在技术成熟、生产能力有保障并能提供有效担保的条件下，由金融机构提供专项融资，供企业购买材料组织生产，企业在收到货款后立即偿还融资的业务。

（2）**存货融资，**是指供应链中的融资企业将库存货物（如原材料、半成品、成品）进行抵质押，从而获取融资的行为。根据研究，库存成本约占整个供应链运营成本的30%以上，库存融资可以帮助企业将库存转化为现金流，加快库存占用资金的周转速度，缓解企业的资金压力。

（3）**应收账款融资，**是指卖方企业为取得运营资金，以与买方签订的真实贸易合同所产生的应收账款为还款来源进行的融资业务。随着在各类产业链中赊销成为主要销售方式，供应链上游企业普遍承受资金压力，应收账款融资也在全部供应链金融业务中占比最高，接近60%。

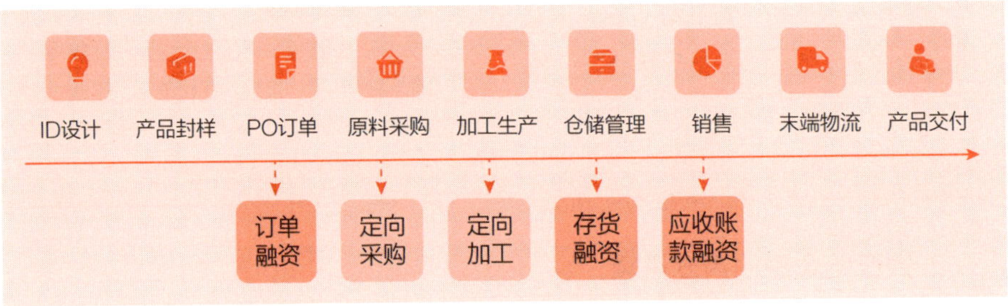

图13–2　产业链与供应链金融场景

综上所述，供应链金融可以是一种独特的商业融资模式，相较于传统的融资服务具备以下特点。

（1）**特定的授信用途。**企业的每次借款都需要对应明确的贸易背景，并支持相应的资金用途。

（2）**自偿性的还款来源。**通过业务模式和流程设计，将融资企业的收入自动导回特定还款账户作为还款资金来源。

（3）**封闭性的业务操作及更加侧重贷后监控和管理。**金融机构可以对放款到回款的全程进行控制，其间既包括对资金流的控制，也包括对物流、信息流的控制，并以此实现回款的安全性。

二、供应链金融的主要开展模式

1. 核心企业主导模式

近年来，各行业龙头企业纷纷布局供应链金融，依托各自在行业内的影响力和资源整合能力，贯穿产业链的上下游，为产业链上的企业提供金融服务，也维护了自身供应链的稳定和安全。

例如，某汽车集团借助新能源汽车的浪潮迅速发展壮大，其通过开展供应链金融业务，赋能供应链上的合作企业，为快速增长的业务体量、供销规模注入资金的支持。尤其是其通过以核心企业信用为基础的应收账款融资服务，弥补了生产、交易过程中的资金短板，为业务的快速发展提供了有力支撑。通过围绕应收账款等符合电子行业特点的供应链金融服务，龙头企业正在解决中小企业资金需求、优化稳固产业链的道路上努力。

2. 供应链管理服务公司主导模式

随着经济全球化的发展，供应链的稳定、高效运转对制造业企业的价值日益凸显。制造业企业将有限的资源投入到自身的核心业务中，进而需要体系外的专业公司来负责供应链上的物流、仓储等一系列支持业务。基于此需求，诞生了一批专业的第三方供应链管理服务公司，为供应链上的企业提供代理采购、代理分销、物流、仓储、进出口通关、税务服务等集成供应链服务。

供应链管理服务公司也由此成为供应链条上的重要参与者，对供应链上下游企业有着较强的关联性和渗透性，对商流、资金流、信息流、物流实现了集成和统一运作管理。因此，供应链管理服务公司天然具有提供存货融资、垫资采购、赊销等供应链金融服务的管理能力，供应链金融服务也成为供应链管理服务公司的一项增值服务，助力其实现整个供应链的价值增值。

3. 商业银行主导模式

商业银行作为重要的金融机构，一直积极参与供应链金融业务。其中，国有大型商业银行依靠其强大的客户群体、资金价格优势、客户覆盖程度，在应收账款融资、数字仓单、供应链票据等业务中成为发展最为迅速的金融机构。股份制银行则通过成立供应链金融部门，立足自身熟悉的细分领域，成为发力消费电子行业供应链金融业务的重要力量。此外，部分城商行也通过结合当地行业企业的特色，重点与地方产业结合，成为区域性消费电子行业供应链金融业务的重要补充力量。

以某大型国有商业银行为例，该银行与多家大型核心企业共同发起成立供应链信息服务公司，通过搭建互联网供应链信息服务平台，以科技手段对接核心企业及上下游产业链需求，打造新型供应链生态圈。该平台也是目前唯一一家银行背景的供应链金融服务平台，其同时具备银行端专业金融服务视角和行业内资源渠道。该供应链金融平台自搭建以来，以服务银行业务为主业，为该行提供金融科技、营销推广、客服咨询、单证审核等全面服务，为该行迅速占领供应链金融市场并处于领先地位提供了重要支持。

三、消费电子产业链对供应链金融的需求

近年来，我国逐渐成为全球消费电子产业链最重要的制造基地。随着产业规模的持续扩张，相关技术创新和品牌建设也在不断发展，中国消费电子产业链正从产业链“微笑曲线”的底部向上不断攀登。据相关报道，我国消费电子产业年产值已达6万亿元，终端产品产量占全球70%以上；中国已成为全球消费电子产品的主要生产国、出口国、销售国；手机、PC、电视等主要电子消费产品产量均位居全球第一，并在全球出货量中占据超过一半以上的比重。

我国消费电子产业链深度融入全球供应链体系，属于外向型供应链；消费电子产品供应链上游是原材料厂商，集中在全球知名企业中，原材料供给端在供应链上处于强势地位且部分依赖进口；供应链中游是ODM等制造型大型企业，原材料进口后，大部分在国内完成生产、加工、组装；供应链下游是终端品牌商，其中大型品牌商在产业链条上具有一定的话语权，而中小品牌商则面临上下游的双重挤压，二者的产成品都存在大量出口贸易需求；与此同时，产业链条上还存在着大量的中小企业，这些中小企业更需要供应链资源和金融的赋能。

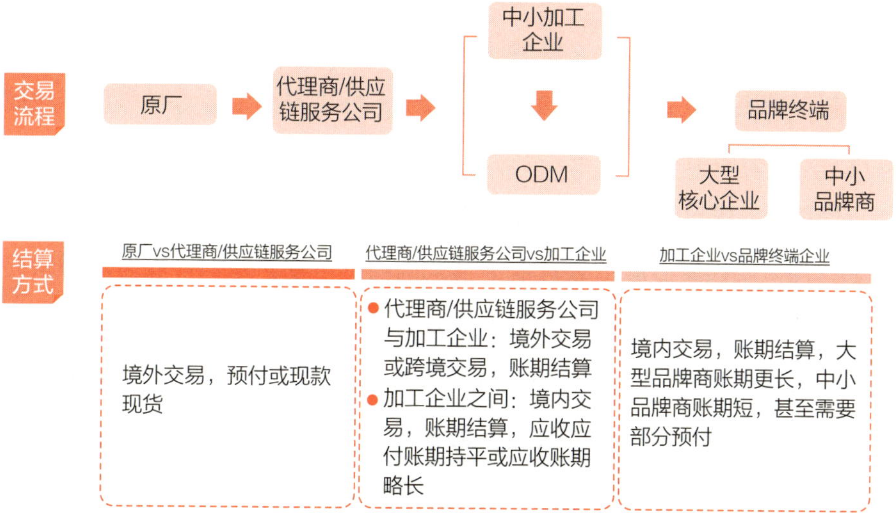

图13-3　消费电子供应链交易流程及结算方式

1. 原厂

供应链上游的原材料供应商，尤其是头部供应商，大多处于产业“微笑曲线”的左上部分，产品的利润附加值较高，在供应链条上的可替代性低，拥有较强的议价能力，且自身信用资质强，容易获得低成本的融资资金。

因此，原厂对供应链金融的核心需求点在于“降库存”，即需要通过供应链金融的辅助将库存转化为收入，从而实现降库存、增收入的目的。这种需求在买方市场，即供过于求的情况下尤为显著；在供求不平衡的情况下，原厂倾向于将更多的库存转嫁给代理商或供应链服务公司，从而保证自身收入、利润的实现。

2. 代理商/供应链服务公司

代理商或供应链服务公司是原厂与下游买家之家的连接器和润滑剂，协调原厂与下游买家之间关于付款账期、库存、物流等问题。代理商或供应链服务公司作为“中转站”，根据下游买家的需求周期对库存进行管理；当下游买家需要提前囤货时，代理商或供应链服务公司也可以帮下游买家承担这部分备货库存；此外，根据原厂的交易特征，代理商或供应链服务公司会替下游买家先行垫付采购货款，给予下游买家一定的赊销账期，从而满足交易各方的需求，促进交易达成。

代理商或供应链服务公司通过买卖差价、提供其他增值服务赚取利润。鉴于代理商或供应链服务公司业务模式的固有特征，他们对资金的需求是非常强烈的，资金规模直接决定了他们的业务规模。另外，代理商或供应链服务公司的利润空间是有限且缺乏弹性的，无法承担过高的融资成本。因此，代理商或供应链服务公司特别需要通过供应链金融的模式获得资金支持。

3. 中小企业

与供应链条上的其他角色相比，中小企业是最需要供应链金融支持的群体。中小企业是消费电子行业供应链的重要参与者，对维系消费电子行业供应链安全稳定发挥着不可或缺的作用。但大部分中小企业仍处于成长阶段，自身的盈利能力、抗风险能力与银行传统的授信逻辑相悖，因此较难从银行获取信贷支持，因此中小企业面临着融资渠道有限，且融资成本过高的困境。

中小企业融资难、融资贵的问题是世界范围内广泛存在的难题，供应链金融被认为是解决这一难题的有效手段。供应链金融依托贸易本身的自偿性，而不过分看重企业的盈利能力和可抵押资产，使中小企业也能获得低成本的资金支持，用于采购原材料、提高研发能力等，加速中小企业的成长速度和成长质量，同时稳固整个供应链。

4. ODM等制造型企业

ODM等制造型企业是消费电子产业链上非常重要的一环，承接着产业链的原材料采购、生产加工、成品交付等功能。ODM企业面对下游客户存在应收账款的管理需求，针对上游供应商面临应付账款的规划，运营资金的周转和管理特别重要。

尤其在上游，由于电子产品所需的原材料种类繁多、制造工艺复杂，每一个最终产品都由少则上百多则数千个零配件组成；供应链环环相扣，供应商数量大、层级多，且越是靠近上游的供应商，往往越是轻资产、报表不完善、缺乏抵质押物的中小企业，难以获得传统金融支持。而同时，层层供应商都面临账期错配，普遍存在三角债、多角债的问题，经常面临订单越多、资金缺口越大的困境。

5. 大型品牌商（核心企业）

消费电子行业结算较为规律。供应链条上的核心企业实力较强，多为上市公司，自身现金流较为充裕，授信额度常常存在大量闲置。但核心企业对于自身的资金流管理、供应链管理有着一定诉求。

反观核心企业供应链条上的中小供应商，其凭借自身的资质很难获得低成本资金支持。中小供应商在生产、研发阶段的资金需求，促使其可能会借用较高成本的资金，而相应的资金成本最终会导致整体供应链成本的攀升。因此，对于供应链上供应商的资金成本的掌控及管理，也是核心企业降本增效的重要途径之一。

6. 中小品牌商

在消费电子行业的终端品牌商中，除了头部的大型品牌商之外，还存在大量的中小品牌商。这些中小品牌商尚处于成长期，在供应链上的话语权较弱。中小品牌商为保证上游原材料的供应和代工厂产能，通常需要预付一部分采购货款，而为拓展产品销路，中小品牌商又需要给到分销渠道商更长的赊销账期；由此可见，中小品牌商面临上游供应商和下游销售渠道商的双重挤压；这导致中小品牌商更容易出现资金链断裂的风险，严重阻碍了中小品牌商的成长速度。

通过供应链金融模式，可以使中小品牌商在拿到下游订单，或有可以预见的销售渠道时，便获得资金支持，解决采购预付款难题，使中小品牌商能够更加专注于产品。通过供应链金融的模式增加中小品牌商的资金供给，显著加快中小企业的成长速度，支持国有品牌成长和中国智能制造的发展。

四、消费电子行业供应链金融实践

1. 核心企业的供应链金融服务实践

在消费电子产业链中，核心企业通常具备资金、人才、技术等方面的优势，并掌握对供应链的控制力和话语权。近年来，越来越多的核心企业开始重视供应链金融业务的发展，并将其作为提升企业自身供应链管理能力和赋能上下游合作业务的重要手段。

例如，某触控行业公司，其基于对企业资金流管理以及供应商管理的需求，综合应用供应链金融工具，优化对自身财务状况，以及上下游产业链企业的金融支持。具体包括：（1）应用“多级流转电子债权凭证产品”管理其应付账款，并帮助上游中小供应商获得融资；（2）通过“无追索权保理融资”产品，降低企业应收账款规模；（3）通过“跨境美元业务”，帮助其供应商解决资金需求；（4）开展“设备融资租赁业务”，为企业新产线建设筹措长期资金支持。

2. 中小企业的供应链金融服务实践

在不以核心企业信用为基础的中小企业的供应链金融服务实践中，最具代表性的模式是“全链金融模式”，即企业全链条数字化金融解决方案；该模式具体是指基于产业链企业之间数字化的真实交易，通过掌握物流、信息流、资金流等各类信息，以互联网为载体，为产业链上的企业，尤其是中小微企业，提供融资、结算、现金管理等从原材料采购到终端销售的全链条综合金融服务；目前全链金融的具体融资途径包括订单融资、动态库存质押融资、营业额数据融资和对账单融资等。

全链金融的发展秉承两个逻辑，第一个逻辑为对行业的深度理解，金融方案需要基于产业自身的运营场景，将应收应付产品重新拆解下沉到产业链中；第二个逻辑在于采用数据驱动方式设计产品，这也是全链金融的核心竞争力。通过数据还原贸易流程，通过定向支付、回款闭环等风险管理手段，保证资金始终在供应链条内循环，解决中小企业的融资难题，使资金方的风险管理有充分抓手，最终使供应链整体提质增效，实现多方共赢。

在贸易供应链条中，中小企业资金压力最大的阶段是拿到订单的阶段，此时中小企业需要资金采购原料，生产备货以保证交付；全链金融模式通过实时接入订单、库存、销售、对账、结算等供应链关键环节的数据，动态感知、还原整个贸易流程，多维度、准实时的数据交互，提升贸易流程的透明度和真实性；并由此支持供应链上下游企业在订单、入库、发票等不同阶段进行融资，额度自动生成、动态变化，实现对应收账款及未来应收账款的标准化处理和风险定价，满足中小企业不同阶段的融资需求。此外，受疫情影响，企业对账、开发票的流程受阻，传统依靠发票融资的保理产品无法支持，使企业承担了更长的回款周期，且回款不确定性大大增加；全链金融通过订单、交货阶段的融资方案，分散了企业应收账款回款的风险，真正实现应收账款零账期，企业流动性更加充裕。

全链金融作为以产业数字化为基础的新型供应链金融解决方案，解决了中小企业传统融资过程中需要看财务报表、需要提供抵押担保的问题。基于广泛的产业数据基础和数据模型，建立微信用体系，串联断点、离散的数据，打通数据孤岛。当数据不断积累，形成清晰的企业信用画像时，就能够突破银行传统的信贷逻辑，为中小企业提供更多、更好的金融服务，为中小企业的生存和发展构建良性的生态环境。

3.代理商/供应链服务公司的跨境供应链金融实践

消费电子行业产业的供应链中存在大量的跨境贸易，企业对跨境供应链的协调管理难度较大，跨境贸易过程中更需要供应链金融来优化供应链条的资源配置。行业中典型的跨境供应链金融模式有两类，一是依托核心企业信用的订单融资、发票融资模式；二是依托供应链管理服务公司的贸易融资模式。

· **在订单融资模式下，**核心企业基于产业信息优势，能够对战略原材料需求供应关系作出研判，可以提前向供应商下达长周期物料的采购订单。这种做法在原材料供给较为紧张的情况下，有助于抢占货源，保障战略原材料供给，使供应链稳定运行不断链。另外，该策略也有助于核心企业获得更好的采购价格，降低原材料成本。但对于供应商来说，需要为核心企业的备货订单准备额外的运营资金，同时承担更长周期的库存占用，在缺乏供应链金融支持的情况下，很难满足核心企业的备货需求。因此，形成了基于核心企业采购订单的订单融资供应链金融模式，供应商可以依据核心企业订单申请融资，提前获得外币备货资金，缓解备货资金压力，无须承担汇率波动风险，达成战略原材料保供、降低供应链成本的目标。

· **在贸易融资模式下，**主要依托于供应链管理服务公司展开金融服务。供应链管理公司作为贸易的参与方，天然连接上下游的采销需求，汇集商流、物流、信息流和资金流，其自身也会开展一些垫资采购、赊销等模式的金融服务，平衡上下游客户的不同需求，促进交易达成。当垫资的规模超过供应链管理公司自身的资金体量时，供应链管理服务公司也需要相应的金融服务支持。在供应链金融模式下，供应链管理公司能够基于基础贸易背景，申请贸易融资，获得资金支持，扩大业务规模。在供应链管理公司资金充裕的情况下，供给方、供应链管理公司和需求方，三者可以达成更好的交易条件，畅通整个供应链网络。

五、以产业大数据为核心，以科技平台为载体的产融结合业务模式

1.产融结合进一步发挥供应链金融能量

中小企业贷款一直是金融行业的难题，而要想破除该循环，服务好、支持好实体领域的中小企业融资需求，最好的方式是能通过金融方式实现产融结合，直达产业交易。

如何定义产融结合？一般是指产业资本与金融资本之间通过股权融合、专业人士参与或业务合作等各种形式来实现资源整合，最大限度地发挥各类资源在产业链生态圈的价值作用，是产业资本发展到一定程度，提升资本运营效率的一种趋势。产融结合可以分为“由产到融”及“由融到产”，从我国的政策环境、经济现阶段来看，目前产融结合的主要形式还是以“由产到融”为主，参与的主要主体为上下游产业链客户丰富的大型企业集团，发展路径也多为先内部核心企业、后外部产业链企业，具体金融业态从财务公司延伸到银行、信托、金融租赁、保险、基金、证券等，拓展形式主要以产业资本入股金融机构或获取各种金融牌照的方式开展。

某科技型中小企业在接到某核心企业订单后因需对长交期物料进行备货时发现，用作生产经营的流动资金不足，当时有两种融资选择，一是向银行申请借款时，但当时银行需要实控人以自有房产作为抵押担保方可给予500万元授信，获得的资金对于生产经营远远不够；二是向投资机构开放融资，但因其业绩数据尚不算突出，投资机构对于估值和股权出让比例要求极高，需原始股东做出较大让步，两种方式都很难满足当前的业务发展

需要。后有一家产业金融服务机构，在充分了解其需求和痛点后，根据该产品的物料成本构成、结算特征、销售前景以及生产经营方式等要素，创新性地采用了产融结合的方式，通过锁定回款和交易用途，为其提供融资，保证其整个订单均能够“买到物料”“完成生产”“按时交付”“如期销售”和“顺利回款”，在保证资金安全的同时，给予制造企业充分的资金，助其实现生产经营的良性循环。在该产业金融服务机构的助力下，该企业4年内营业收入快速增长到100亿，累计融资金额10亿元。

产融结合是将产业资本和金融资本高度融合形成良性互补能力，产业资本可以提供对产业的理解、认知和产业中的资源、品牌优势，金融资本可以提供资金、金融方法论和信用背书等。这样既可以满足核心企业多元化经营的需要，降低交易费用，节约运营成本，支持其自身做大做强，又可以拓展资本、人才、技术等优势资源，促进产业链上下游各类企业协同发展。最终实现金融行为更加科学、客户需求得到更好满足的双赢局面。

2.以产业大数据为核心的产融结合，是金融支持实体经济最纯粹、最直接的表现

任何一个产业在发展过程中都会积累大量的数据，随着大数据技术的发展，沉淀的产业数据逐渐变成重要的战略资源，成为新的战略制高点，转化为最有价值的数据资产。产业大数据能力的建设可以帮助核心企业获得更多的商业价值，助力企业精细化运营管理、防范产业链风险，成为提升企业竞争力的有力武器。

产业大数据可以帮助金融机构更好地理解融资企业的行业和主体特征、产业链和交易属性等核心要素，促进供应链金融业务，并提升企业经营效率和融资效率。

（1）**通过360° 画像体系形成主体特征，更好识别企业发展阶段**。通过对产业数据的积累，可以在企业基本属性、产品属性、人员、销售、技术研发能力、产品质量、产品交付能力、政府奖励与资质、外部市场认知度、供应链/行业地位、合作服务水平、企业外部风险等多个维度设定标签，构建企业全方位的画像体系，对于企业自身的优势、能力、短板、问题等予以识别，金融机构可以更好地确定企业发展阶段和核心诉求，更容易匹配融资方案。

（2）**透过产业链识别企业的上下游交易地位，审视其产业链状况。**单一客户的产业链具有链状结构，多个客户的上下游产业链交叉在一起，则容易形成网状结构特点，链上企业、网点企业会受到产业链上下游客户风险的影响，通过大数据的收集，可以洞察到目标企业在整个产业链中的地位，与上下游的合作关系紧密程度等特征，该类信息可以更有效地帮助金融机构充分挖掘其优势资源、选取融资标的、评估融资标的的安全性和价值，进一步提升供应链融资的效率和灵活性。

集成全链条的采供销数据，创新融资方式，兼顾抗风险和高效率。产业集团可以借助大数据技术联合产业链上下游企业，集成交易双方包括采购、生产、仓储、物流、销售等在内的全链条交易数据信息，从而打通商品流、信息流、资金流、物流，将商业行为转化为商业信用，联合金融机构构建产业金融生态圈，金融机构可利用数据所形成的环节点，从需求发现和风险预警方面进行精细化管理。如通过产品销售预测管理，可以对企业未来的资金需求进行预测，形成动态资金支出和流入规划，更精准地把握企业融资需求产生的时间和量级。通过精准生产计划与排程信息，监测在产能、人员、物料、交期等不同约束条件下变化情况下与现实的偏差情况，进而对生产交付达成的准确性进行判断，可作为供应链金融风险判断的重要依据。

实践中，如某科创企业具有非常出色的产品设计能力，为某核心企业提供产品综合解决方案，该产品在终端的销售表现也一直非常优秀，但因为生产交货结算周期较长，上游核心元器件供应商因该科创企业规模较小而不敢给予账期，导致该企业在生产经营过程中占用大量资金，无法扩大规模。后由某产业金融机构通过搭建产业大数据平台将整个链条的信息进行整合，为其提供金融方案，并协助拉通了产业链各节点企业，当元器件供应商看到有此信用背书后，便愿意为该科创企业提供采购账期，在采购账期和融资的双向助力下，企业获得了飞速成长。

产业大数据的建设将是促进产融结合的重要黏合剂。通过产业大数据建设，可以将企业散落于其生产经营活动过程中的各类信息集成在一起，将行业和主体特征、产业链和交易属性等核心要素从简单的信息集合转变成数据资产，再辅以金融机构视角下的金融方法论，又可以将数据资产转变成授信资源。通过产业大数据可以帮助金融机构看懂行业、理解企业，做到敢投、敢贷，产业和金融联合在一起可以提供包括资金、产业联动等多方面的能力，在产业大数据基础上的产业融合，是最纯粹、最直接的金融支持实体经济的表现。

3. 以科技平台为载体的产融结合，是整合数据、资金的最有效手段

产融结合的合作方式也在近些年内不断加强，正在从面向单点客户的传统金融模式向以平台为拓展方式的数字化智能化产融生态圈模式进行转换。当前的供应链金融科技平台在满足基础业务流程的同时，结合人工智能、区块链、云计算、大数据、物联网等前沿技术，全面应用到前中后台的产品设计、风控、合规、展业全领域，并针对复杂多样的业务场景、愈加丰富的金融产品、更多的参与方，设计了强大、稳定、灵活的底层架构，能够通过配置、自动路由等手段支持不同的业务，并综合了法律、合规、数据安全、数据隐私等新的诉求，发展出多样化的系统部署方式，满足不同类型客户的个性化和定制化的需求，批量运作与量身定做相结合的方式，为供应链金融提供更加高效的解决方案。

完善的供应链金融科技能力可以实现对平台企业供应链各环节的全面数字化，提高金融机构对平台企业数据的可信度，对接多渠道资金方；同时，通过平台化方式集合商流、物流、资金流、信息流，并通过人工智能、区块链、云计算和大数据技术增强产业金融各个节点的数据监控能力和风险管控能力，有效满足供应链核心企业、链属企业大量贸易及融资的需求。

产业金融科技平台主要起到串联贸易企业系统和金融市场主体系统的任务，图13–4是一个比较经典的产业金融科技平台技术架构图。产业金融科技平台将贸易企业经营相关的资产数据要素在平台内转换成金融资产数据，输出给金融市场的各个参与方，提高产业金融全生命周期的业务效率，降低人工成本和操作风险。

（1）**平台入口**：产业金融科技平台根据面向用户客群的不同，需要提供针对性的操作入口。例如，对于财务需要提供web端的入口；对于仓库、物流人员提供融入其物联网设备的入口；对于企业管理者提供小程序或者APP的入口。

（2）**产品交易结构**：对于各式各样的产业金融场景，产业金融科技平台需要灵活的产品交易层来支撑。例如，对于保理系统，需要使用到应收应付账款管理搭配资产确权融资流程来实现金融业务的落地；在技术方案上往往会采用一些流程引擎或交易引擎等，实现交易结构可配置化的需求。

（3）**中台能力**：产业金融科技平台的核心是各个微服务架构下的中台能力，例如，通过客户管理模块构建金融线索信息、实现企业入驻管理，通过产品配置模块实现对业务变量的参数化配置，通过订单中心灵活编排各个金融模式下的业务流程。高效、完善的中台服务能力也是产业金融科技平台是否成熟的一个重要标志，在产业金融科技的中台能力中，又以订单中心、财务中心、产品中心、账户中心、资产中心和风控中心尤为重要，是构成一个产业金融科技平台的核心系统。

（4）**资金中间件**：资金中间件主要实现了产业金融科技平台和资金方的系统对接。资金渠道的对接具有很高的差异化和复杂性，而且对于方案的正确性和安全性都有很高要求，因此在技术实现上将这部分工作做高度的抽象，并形成底层渠道管控和路由能力，也就是资金中间件。

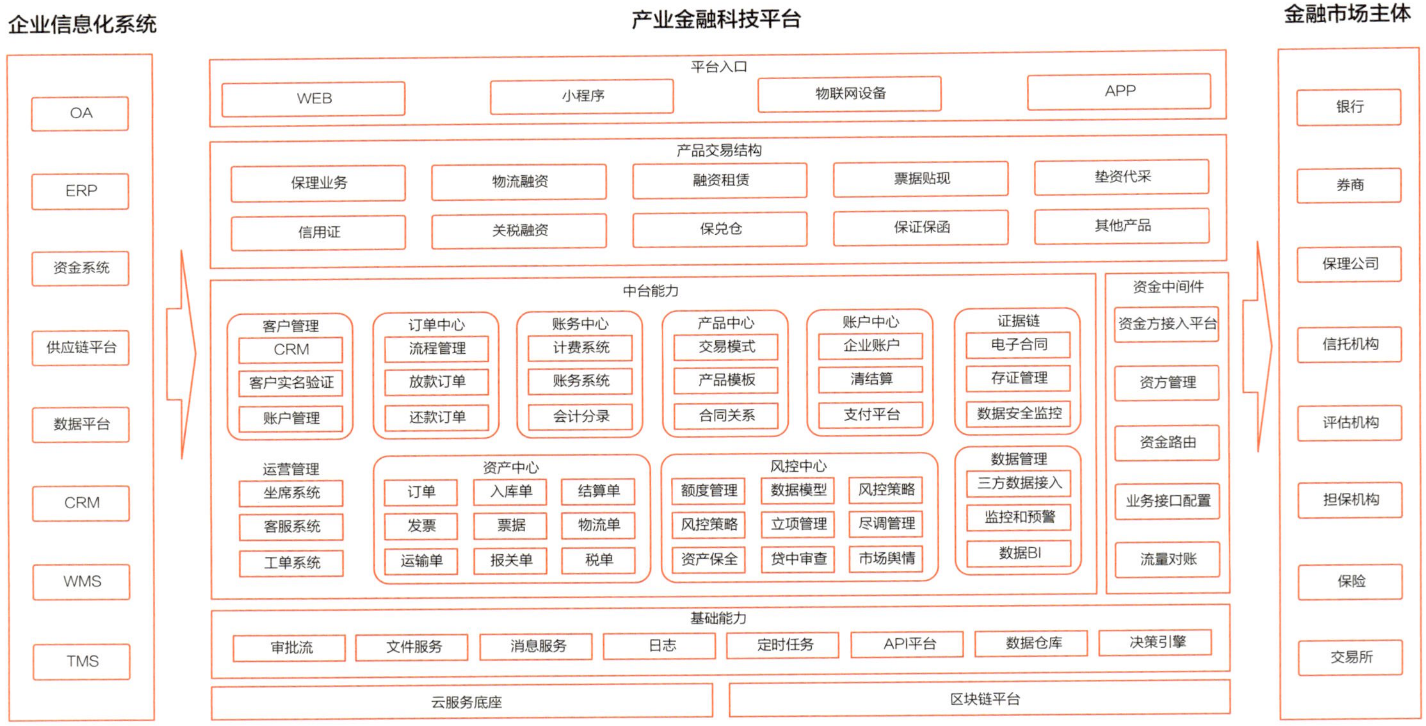

图 13–4　供应链金融科技平台技术架构图

（5）**基础能力：**产业金融科技平台的基础能力和其他系统相比，最大的特征是实现云服务和区块链整合。产业金融多参与主体、多层级的数据体系完美契合了区块链分布式、不可篡改、可追溯的技术特征，通过云服务和区块链的结合，产业金融科技平台既能快速实现金融科技赋能，又能保证系统数据流转的真实性和可信度。

六、未来供应链金融模式设想及政策建议

1.消费电子行业供应链金融模式设想

中国消费电子产业的高速发展，也为相关领域的供应链金融发展提供了丰富的需求和难得的机遇。与此同时在政策层面，供应链金融也获得越来越多的重视和支持，希望其在支持产业链稳定升级、提高供应链运行效率、降低中小企业成本和支持国家产业战略布局方面发挥重要作用。伴随供应链金融行业的不断成熟，产业数字化的发展和信息技术的深度应用，未来消费电子产业供应链金融存在以下一些新的业务机会。

（1）依托产业大数据的新型订单融资

“订单融资”原本是一个银行非常传统的金融产品，但一直被视为高风险的贸易融资业务。银行在开展订单融资业务时，仍然遵循传统的授信评价体系，甚至设置了更高的融资准入门槛和担保条件。绝大部分中小企业，因自身财务状况受限，又无法提供充足的担保，多数难以获得银行订单融资授信支持，导致本身最能解决中小企业资金需求的产品落地效果大打折扣。

随着产业数字化进程的推进，数字资产已经成为供应链条上非常重要且有价值的一种资产，已经能够在一定程度上辅助中小企业的主体信用评估。依托产业大数据，能够实现从订单到生产、交付、销售、回款的全流程，订单的流转、价值链增值的过程全部通过数字化的方式呈现，全流程清晰可见，彻底颠覆传统订单融资的授信逻辑，不再依托企业的主体信用

和抵押物，而是依托产业数据对贸易流程的还原，依托数字化的风险研判，叠加回款管理、定向支付等手段，打造信息流、资金流全闭环的、数字化的新型订单融资模式，真正支持电子消费行业供应链的高效、稳定运转，真正支持产业内的中小企业发展。

（2）投贷联动的新型融资

投贷联动是另一种新型的供应链金融模式，是金融机构与投资机构合作，结成投贷联盟，将股权投资与供应链金融债权融资相结合，运用丰富的金融工具，满足企业不同成长阶段，尤其是初创阶段的资金需求，是支持科技创新、高技术制造业和民营企业的一种有效的金融模式。投贷联动模式下，贷款资金的引入既能满足初创企业的资金需求，又不稀释投资者在初创企业的股份。贷款的进入相当于给股权投资增加了杠杆，从而提高基金投资的内部回报率。可以与投资机构约定隐性还款承诺，即投资机构的后续投资替代企业自身现金流成为贷款的主要还款来源，降低贷款风险。在风险分散、拥有较为完善的退出机制的情况下，个别项目贷款资金的损失可以通过其他项目股权溢价获得的超额回报来弥补，从而使整个投贷联动业务模式形成良性循环。

产融结合对于投贷联动业务模式的发展有着重要的推动作用，这种作用主要体现在两方面。一方面，产融结合根植于产业，通过对产业发展趋势的研判，有利于发现有价值的投资机会和有潜力的企业，为投资机构的投资决策提供参考；另一方面，依托产业大数据，能够对目标企业的经营情况建立更加多维、全面的分析，识别被投企业可能存在的风险和机遇。投资与融资相结合，使更多资金注入产业内的创新领域，对技术创新的支持力度更大。同时为技术创新提供广阔的应用市场，使技术创新能够真正实现应用，促进产业发展升级。

（3）细分行业中标准化中小企业的全链金融

制造业是数字化转型的主战场，随着产业数字化的不断深入，遇到的难题也不断呈现。比如，一个产业上下游的数字化程度参差不齐，数据孤岛情况严重，甚至在一家企业的各个生产环节中，数字化接口、通信协议、数采模式都不一样，无法协同。

未来，可以谋定一个行业，并通过“AI+大数据+智能硬件”技术手段实现推动一个行业数智化升级或改造，提升一个行业中的企业生产、管理、服务的数字化、网络化、智能化水平，实现系统供应链集中采购、订单智能分配、推动产业链高效协同的同时打通订单、生产、交付等各个环节的信息孤岛，实现数据标准化、透明化、可视化。以纺织行业某平台为例，其通过IoT+SaaS系统推动纺织行业的数智化转型，打通原料采购、纱线、坯布、染整、制衣等生产和交易环节，实现工厂间的智能化连接和协同发展的同时与金融机构推动供应链金融服务。随着消费电子行业产业数字化的发展，在该领域也将涌现类似的机遇。

（4）基于全产业链大数据的新型结构化融资

传统供应链金融资产的结构化融资，通常需要依托核心企业的信用或担保公司的增信才能获得市场认可并成功发行。未来在产业数字化进一步深入的基础上，企业可依靠其内部ERP系统，实现订单、入库、发票、结算等信息全流程系统化管理，使供应商在各业务节点的供应链资产规模、状态变得可查询、可追踪。具体来讲，在订单阶段通过分析订单的关键字段，可以拆解产品在产业链中的生产成本和盈利空间，并判断贷款的真实用途；在生产阶段，依靠代工厂的数据接入，可以了解工厂产能、进度、质量等生产过程数据；在交付阶段，通过接入物流入库数据可以及时了解入仓数量、退货数量、良品率、售后、对账结算等全链条信息。依托关键平台或核心企业的产业链全流程数据获取，可以帮助产业链企业基于各流程环节的资产进行融资，并以此完成结构化融资。通过该模式创新，突破核心企业信用这种简单的增信方式，真正做到产融结合、数实结合，以数字化、智能化为中小企业赋能，搭建中小企业与资本市场的桥梁。

（5）供应链上下游全闭环的跨境融资

根据消费电子行业供应链上下游的交易特征，站在供应链全局视角，打造供应链上下游全闭环的跨境贸易融资模式，是未来消费电子行业供应链金融的一个新发展方向。随着产业信息化、数据化的发展趋势，随着产业与金融结合的不断深入，供应链金融的资金服务方能过汇集供应链上下游的交易信息和数据，从而发现供应链的堵点，有的放矢地投入资金，调节资源的有效配置，使供应链条良性运转。

在消费电子行业的供应链条上，可能存在堵点的环节在于供应链的中间环节，即代理商、供应链服务公司、中小加工企业等，这些中间环节企业存在典型的应收应付期限错配的问题，使这些企业承担了较大的资金压力。因为这些企业所涉及的交易模式可能是境外交易，可能是跨境交易，也可能是境内交易，传统的供应链金融模式只能解决其中一端的资金问题，无法全面调节供应链条的资源配置，无法解决企业的全部资金问题。产融结合的深入发展，使得整个贸易链条每一环节的信息均可验证，上下游的供给和需求可以得到匹配，从供应链全局角度出发，通过业务模式创新，搭配采购融资、应收账款买卖等多种供应链金融产品组合，全面管理目标客户供应链上下游的应收、应付账款，适配境内、境外等多种贸易场景，真正实现供应链上下游闭环管理，提升供应链运转质效。

（6）打通电子行业信息壁垒的区块链中间平台

近年来，随着供应链金融在贸易中发挥的作用日益显著，市场上已有超过几百家各类背景企业搭建供应链金融平台，供应链金融产品模式得到快速推广，平台技术也得以不断更新、快速迭代。各家平台充分发挥自身产业资源、技术资源等优势，利用贸易信息“垄断”及闭环，打造产业信息壁垒，对外形成行业及产品竞争力。

然而，各家平台的信息壁垒、操作闭环要求，可能造成同行业供应商的操作变得复杂、技术开发资源被浪费。此前了解到，某电子行业供应商同时签收4–5家核心企业签发的“电子债权凭证”，财务要登录、切换不同平台操作，保留多个ukey、维护多个账户、学习多种操作规则等，使财务结算工作由标准化逐渐变得更加烦琐、复杂。另一方面，供应链金融平台趋于无差别、同质化的平台及产品模式，致使单一企业对供应链金融平台的开发及运营势必会造成重复开发的资源浪费以及成本的更多投入。未来，基于区块链技术、标准化产品方案以及对行业贸易流程及信息的深入了解，实现“关键数据隔离、基础信息互联互通”，搭建打通行业信息壁垒的“超级平台”将成为趋势和可能。同时，联合专业运营服务机构，对平台用户提供深度、高效优质的服务，是能够切实助力产业链实现“降本增效”的有效方式，也是未来供应链金融平台发展的必然趋势。

2.相关政策建议

（1）支持供应链金融专业化经营及鼓励科技创新

建议鼓励供应链核心企业发起设立供应链金融专营机构、事业部和特色分支机构，扩大经营，创新金融业务模式，为实体企业提供多样性的金融产品。鼓励供应链金融企业在“一带一路”政策指引下，积极发展海外金融业务。支持有实力、干实事的商业保理公司、融资租赁公司等机构跨地区经营，在供应链金融领域各自发挥差异化、专业化的作用。

同时，建议设立专项政策、资金扶持奖励等，对于通过科技应用促进供应链金融模式创新和成果落地的企业和项目，给予资金、政策等方面的鼓励。

（2）拓宽供应链金融机构融资来源、降低融资成本

建议加强对供应链核心企业的融资支持。以此次LPR改革为契机，尽快实现新发放贷款主要参考LPR定价，坚决打破贷款利率隐性下限，推动贷款实际利率进一步下降。优化银行保险机构信贷结构，合理核定供应链核心企业、上下游链条企业的授信额度，加强对供应链上下游中长期授信，满足供应链有效融资需求，为实体经济发展提供更好的金融服务。支持在真

实贸易和资产穿透前提下，通过同业拆借、转贴现、租赁保理、Pre-ABS、资管计划、私募基金等方式拓宽供应链金融资金来源。

（3）建立供应链金融征信服务体系

尽管我国征信行业发展迅速，但权威而完善的企业级大数据平台依然缺位，企业间的数据壁垒较高，信息不对称情况严重，由此引发风险控制难度高等一系列问题。

建议围绕供应链金融领域风险控制这一核心问题，推动地方政府、银行保险机构与供应链核心企业建立信息共享平台、形成信息共享机制。在有效控制风险和保护隐私的前提下，运用大数据、区块链等技术，搭建信息化、网络化、智能化的“信息池”，向供应链核心企业开放工商、税务、司法、征信等数据，形成信息透明对称，使各类金融机构较为便捷获取有效信息，从而进一步核实企业信用信息，为各类企业提供差异化定价。

（4）打造供应链金融公共服务平台

随着供应链金融迅猛发展，涉足不同行业的供应链金融企业大都遇到各自发展的“天花板”，不同行业、不同地域之间的供应链金融业务亟待进一步打通。在此背景下，建议推动搭建供应链金融公共服务平台为供应链上的各类企业解决各种需求，有助于进一步打破供应链金融发展瓶颈。

建议进一步加大对产业供应链金融平台的支持力度，扩大供应链票据、标准化票据接入的准入范围，更好地满足智能制造产业链上企业的票据业务需求，也进一步做大推动供应链票据等业务的规模的稳健增长。

建议研究设立我国供应链金融公共服务平台，充分运用互联网及区块链等技术，连接供应链金融领域各类主体和供应链核心企业。整合和共享供应链上中小企业的数据信息资源，实现信息在线共享、产品在线服务、非标资产在线交易、政策发布及非现场监管等公共服务功能。探索供应链金融公共服务平台与中国人民银行动产融资统一登记公示系统、中征应收账款融资服务平台以及上海票据交易所等国家级金融基础设施平台进行互联互通。依法合规推进供应链金融资产证券化，促进非标资产的在线高效流转、资产交易，增强中小企业资产流动性。

快消品行业产业链金融创新探索

夏 茂

一、快消产业发展与金融需求

（一）快消产业发展简况

快速消费品指那些使用寿命较短、消费速度较快和购买频次较多的商品，主要包括粮油食品、饮料、烟酒、日用品、护理品等多个行业大类，本讲简称快消产业。快消品由于具有高频、重复的消费特征，在居民消费中占有很大的比重。从产品属性来看，快消品属使用寿命短、储藏要求高、消费速度快、且持续消费的非耐用性消费品；从消费方式来看，快消品具有消费频率高、重复使用的特征；从使用场景来看，快消品主要用于满足消费的日常饮食、个人护理、家居清洁、日用杂货等食住需求。

在我国加入WTO后的20年里，我国快消产业经历了快速发展，并在近几年进入调整期。伴随着国家进入经济新常态，以及产业结构持续优化调整，快消产业的调整时间较长。三年新冠疫情，快消产业普遍受到了较大影响，特别是保健、休闲等非必需品的增长迟缓。

作者系金微科技公司副总裁。

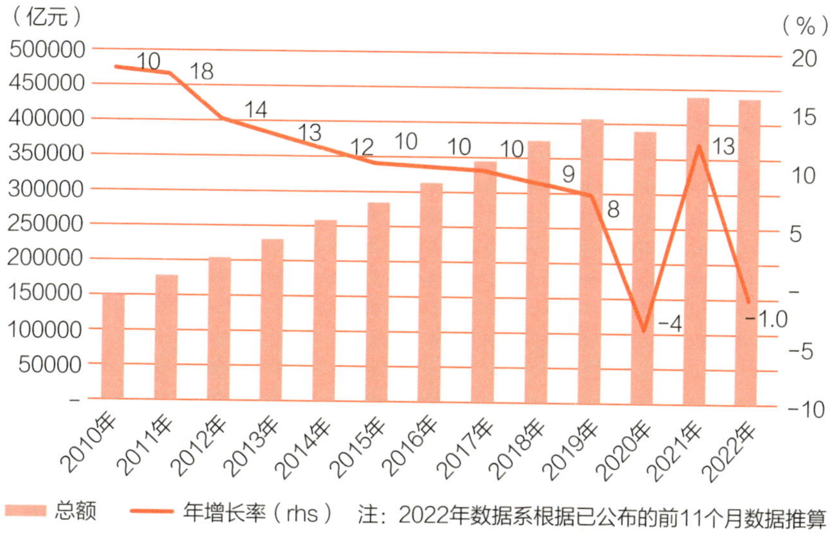

图14–1　社会消费品零售总额及年增长率

从国家统计局公布的数据可见，2019年，中国社会消费品零售总额首次突破40万亿元，比2018年增长9%。但随之而来的三年疫情，使高速增长态势受阻，2020至2022三年的增长率分别降至–4%、13%、–0.1%，三年总增长率为7%，年均增长率2.3%。

而这其中，我国快消产业占据了较高的份额。根据统计局的口径及数据，2021年全国快消品相关行业批发营业收入达到17.9万亿元，同比增长18%；相关行业零售销售额达到5.9万亿元，同比增长8%；相关行业连锁零售销售额达到1.5万亿元，同比增长7%。上述三类合计达25.3万亿元。

除销售规模外，该产业的企业数量非常可观。2021年末，快消品相关行业批发类企业共4.9万家，同比增长15%；零售企业共4.3万家，同比增长9%；连锁零售门店共11.4万家，同比增长5%。上述三类合计达20.6万家。

（二）快消产业金融供需状况

过去10多年来，快消产业一直呈现稳步发展态势，与科技、金融等各类现代服务逐步深度融合。

针对快消产业的金融服务主要表现为从1到N、从物押到信用、从间接到直接的发展过程，但总体发展缓慢。

在间接融资领域，金融服务的重点主要围绕在规模型企业，包括规模型生产企业及商贸企业。而产业链上下游企业多为中小企业及个体工商户，普遍属于金融服务的弱势群体，金融覆盖度仍显不足，导致资金链紧张，产业链出现失衡。

随着资本市场化程度的加深，快消产业的直接融资份额近几年处于快速增长态势。特别是近几年受益于食品、医药产业的高周转率、高利润、稳步发展特点，资本市场对食品医药产业的追捧逐步延伸到快消产业细分领域。一些新兴快消品牌、快消商务平台、科技服务平台也成为产业资本紧盯的目标。随着资本介入，快消产业的金融服务受到银行等各类金融机构的重视，产业与金融融合发展将呈现更为创新、更加多元的特点。

（三）快消产业与金融服务升级需求

1.产业升级

伴随着零售革命和消费升级的到来，快消市场发展趋势以及形态格局发生了翻天覆地的变化，电商与传统零售之间的界限逐渐消散，各种新技术、新概念和新模式应运而生。

一是时尚、高端、健康成为升级关键词；二是新型电商、会员店、即时零售成为渠道新增量；三是“数智化”转型引领发展，传统的快消品品牌商、零售商、经销商等都在融入数字化升级的浪潮，以更快找到新的增长引擎。

与此同时，人口红利和流量红利的弱化导致存量市场的争夺更加激烈，消费者触点越发分散导致用户数据更加割裂，消费者行为改变导致客户忠诚度的赢取更有难度。

2. 政策支持升级

消费作为拉动经济增长的“三驾马车”之一，对当前经济稳增长发挥着重要作用。“十四五”规划、党的二十大报告以及近年的政府工作报告中，均对推动消费恢复与持续升级提出了明确期望与多项举措，包括“推动消费持续恢复”“多渠道促进居民增收，完善收入分配制度，提升消费能力”“推动线上线下消费深度融合，促进生活服务消费恢复，发展消费新业态新模式”以及“加强县域商业体系建设，发展农村电商和快递物流配送”“提高产品和服务质量，强化消费者权益保护，着力适应群众需求、增强消费意愿”等。

3. 金融服务升级

针对快消产业的金融服务，主体还是银行的信贷服务。随着金融科技、互联网模式的快速发展，金融服务的互联网化、数字化、智能化已是升级的重要特色；而在互联网与大数据的支持下，金融服务打破物理限制，从点到线的1+N产业链金融亦成为主要亮点。

供应链金融、产业链金融在国内发展已有10多年时间。但由于快消产业的特性使得其链条中小微企业占了绝大多数，且分布极广，因此传统供应链金融在快消产业推动稍缓，而以互联网与数字金融为特征的数字供应链金融则在快消产业得到了快速发展与广泛应用。

快消产业供应链金融的发展过程，既有市场竞争的驱动，也有政策的推动。

（1）市场驱动：近年来，主流银行在政策引导下不断下沉，开发小微金融市场，从而对该市场形成巨大的竞争效应，而一些新兴银行及金融服务平台则借道科技手段开辟数字化产业链，大力开发产业链上下游中的广大中小及个体工商户等各类蓝海市场。

（2）政策推动：①2019年中国银保监会发布了《关于推动供应链金融服务实体经济的指导意见》，凸显监管持续重视供应链金融，从原则理念走向落地实施；②2020年，央行等八部委发布《关于规范发展供应链金融支持供应链产业链稳定循环和优化升级意见》（银发〔2020〕226号文），从准确把握供应链金融的内涵和发展方向、稳步推进供应链金融规范发展和创新、加强供应链金融配套基础设施建设、完善供应链金融政策支持体系、防范供应链金融风险、严格对供应链金融的监管约束等六方面，提出了23条政策要求和措施；③2021年，银保监会发布《关于进一步推动小微企业金融服务高质量发展的通知》（银保监办发［2021］49号），强调在依法合规、风险可控基础上，充分运用大数据、区块链、人工智能等金融科技，在重点领域搭建供应链产业链金融平台，提供方便快捷的线上融资服务；④2022年12月，中央经济工作会议提出“推动‘科技—产业—金融’良性循环”。

二、快消产业金融的发展与挑战

（一）快消产业金融主要发展阶段与模式

与中国金融改革创新的路径相似，快消品产业金融也处于不断探索、持续创新的过程。

1. 传统阶段：点对点模式

由各金融机构对接产业中的规模化企业，以传统信贷模式提供服务。

2. 产业链金融1.0阶段：线下供应链金融模式

各金融机构主要对接快消品牌厂商或规模化经销商，按照传统供应链金融模式提供服务。这一阶段更多地引入了类似于保理、应收账款质押、仓单质押等风险管控模式，推出了应收账款保理、租赁保理、流动资金贷款、银行承兑汇票、保兑仓、商票贴现等金融产品，实现了物流、资金流的转移控制与动态匹配。

此阶段创新性地将单个企业信用延伸为整个供应链的信用，在核心企业的帮助下，金融风险得以摆脱对抵押物，以及货物的依赖，转而对订单、仓单的信用依赖，从而有效扩大了信贷活力与规模。

3.产业链金融2.0阶段：线上产业链模式

随着金融科技的快速发展，互联网金融迅速成长为金融创新的热点，同时互联网科技与小微信用金融相结合，使得快消产业链金融由产业链的核心向中下游及末梢延伸发展，使得产业链条上的二、三、四级经销商及终端门店均能够受益于互联网的产业金融模式。

该模式将互联网金融与快消产业链深度融合，为快消上下游企业提供电子化、模式化的信息、交易、融资、结算、仓储、物流等综合服务，助力快消行业实现“信息流、资金流、商流、物流”的四流合一，从而加快货物和资金流转速度，提高交易效率，降低交易成本和交易风险。

线上模式的发展，有效地克服了小微企业融资信息不透明、抵质押不足、采购规模偏小偏散、规模效应低等困难，终于有效地将商业信用沿产业链向尾部的小微企业延伸。资金有效注入处于相对弱势的上下游小微企业，解决了小微企业融资难和供应链失衡的问题，同时增强其商业信用，促进小微企业与核心企业建立长期战略协同关系，提升产业链的竞争能力。

4.产业链金融3.0阶段：平台模式

快消产业金融的发展，也经历了“点、线、面、体”的发展态势。部分资本与金融科技机构开始尝试建立数字化产业金融云平台。第一，帮助产业链精简多余的交易环节，实现流通环节大整合；第二，引入物流仓储等更多的服务商实现平台化、数字化对接，及立体化多产业融合；第三，则以产业为场景，实现产业与金融的融合，实现产业链上“信息流、资金流、商流、物流”在线化和数字化，显著降低产融运营成本，提升产融服务效率。

数字化产业金融云平台通过对产业与金融的资源整合，有效促进了快消产业资产的快速流通，实现了资产与货物的流通闭环，构建了一个降低流通成本、提升流通效率，确保交易安全的产业价值链服务体系。以此优化产业链生产力结构，推动整个产业链升级转型，促进产业链生态发展。

（二）快消产业链金融主要特点

1. 交易信息成为关键点

在国家产业数字化大背景下，“信息流、资金流、商流、物流”中的信息流逐步成为现代商业竞争的关键，也促使快消产业链金融模式升级为数字金融模式。而快消产业链中最核心的产业链交易信息则成为产业链金融风险评估与授信的关键。

金融机构及金融科技服务平台积极与快消产业中的核心企业及行业协会进行深度合作，获取产业数据与交易信息，将数据融入客户业务流程各环节，转变信用参与模式；同时，积极寻找产业交易相关的财务、税票信息，及各类主体信用信息、社会关系信息、小微企业主的个体信息等，最大化提升产业链授信的准确度，及贷后管理的有效性。

2. 跨界合作成为发展桥梁

（1）与核心企业或地区总经销的合作。金融及金融服务机构与核心企业签署合作协议，在全国产业链中采用“总对总合作，分支协同实施”的合作模式。为克服信息不对称，核心企业承担了筛选和推荐合格经销商、并协助配合后期管理的职责。如某大型奶业核心企业将分销商分为五级，筛选有3年以上合作经验、年销售量超过500万元的经销商，并在经销商同意并授权的情况下，将其基础信息及交易信息提供给金融机构或平台。而金融机构的重点是做各级经销商的融资授信工作，主要采取“1+N”开发模式，提供应收账款融资类产品，辅以担保贷款、信用贷款等。

除“总对总合作”外，各机构也探索性开发了“分对分合作”模式，由金融机构或平台各地分支机构与当地各快消品牌的省级经销商进行合作，并向下开发其产业链条。这种模式较好地规辟了对产业龙头企业的依赖。

（2）与仓储、物流的合作。第一，仓储、物流公司基于货物控制能力，能够成为“四流”管控的重要参与者，协助金融机构实现货押管控；第二，部分大型物流平台甚至可将自身信用融入快消产业链，为客户提供“货押与担保”的转换；第三，金融机构可以通过与物流公司的合作发现并切入客户群，拓展业务空间。

（3）电商、财税等第三方数据平台。可协助金融机构共享产业链企业的电子商务、财务、税票信息，助力金融机构推出财数贷、税票贷、发票贷等融资产品。

3. 快消产业科技及供应链平台成为重要推动

除前述拥有各类数据的场景类平台外，一些科技公司在金融资本的支持下陆续推出了服务快消产业的数字化系统、科技服务平台、供应链平台，通过数字化系统为产业链上的中小企业提供“进、销、存、业、财、资”一体化的数字化服务；或提供产业链管理服务，以及专业的平台化运营，汇集产业链各类服务商、参与者进行在线信息撮合与线下运营服务。这些都成为快消产业链金融的重要合作资源，成为产业链金融发展的重要推动因素。

（三）快消产业链金融主要场景

场景一：服务上下游企业、促进产业链整体产销规模

快消产业链金融服务的对象主要包括上游供应商和下游经销商，金融服务通过提升经销商的资金实力促进产业链整体产销规模。这其中，产业下游链条更长、集聚的企业更多，因此成为金融开发的重点。在下游经销商中，经销商根据与厂家合作的紧密程度一般分为三级，金融机构及金融服务平台会针对不同层级经销商采取不同的授信组合方式。

核心经销商：属厂家最紧密的第一批经销商，往往合作年限长、规模较大。此类经销商一般具备银行较为充足的基础授信支持，再通过仓单货押等方式获得厂家信用强有力的直接转移支持。

重点经销商：厂家销售上量的重要后备军，一般能够得到厂家与银行的适度支持。一般可获得银行基础授信+产业链金融授信+产业数据支持的信用授信。

潜力经销商：由于资产或担保薄弱，可获得的银行等正规金融服务及标准产业链金融较少，往往通过产业链上级经销商以"总对总+分对分"的方式联合金融机构或第三方产业链金融平台通过交易数据、财务数据、税票数据进行信用授信。

场景二：解决旺季打款需求

快消产业有非常明显的淡旺季，每年旺季销售额往往占到全年销售额的一大半，因此深度理解产业淡旺季需求特点对金融机构在快消产业链金融产品的设计上起着重要作用。金融机构一般选择对在该快消链条有多年合作基础的经销商进行授信，在其基础产业链授信额度上，再增加一定比例的无抵押、无担保、纯信用的短期流动资金贷款，随借随还，满足经销商的季节性需求。

为了满足快消经销商在信贷需求上的"短、频、快"特点，此类季度性授信主要采取预授信模式，主要根据"合作年限+业绩表现+经销商征信"等综合指标，预先进行信用评估，给予经销商授信额度。

场景三：解决厂家授信风险

由于品牌竞争的加剧，终端为王导致厂家不得不以对经销商的授信铺货作为竞争点。但厂家往往缺乏专业的授信识别与管理能力，在经济下行的冲击中受到了一定影响。而快消产业链金融在一定程度上能够帮助厂家将其与经销商的赊销关系与授信转变为经销商与金融机构的授信关系。

在这个过程中，金融机构与金融服务平台还可凭借强大的信用信息收集能力，借助综合大数据与信用模型，协助厂家完善经销商信用评估及信用管理服务，大大降低品牌厂商的风险。

场景四：为厂家开发新市场、新区域提供金融支持

新市场的开发往往存在极大困难，除了市场营销推广外，还面临着客户信心不足、资金不足导致不愿或不能主动打款的困难。而一些全国性布局的金融服务平台的介入，则可以充分发挥“信息资源+资金资源+属地化客户资源”的强大优势，与厂家联合进行市场开发与推广，解决经销商的付款顾虑及资金压力。

（四）快消产业链金融服务的挑战

1.产业链风险管理与化解的挑战

快消产业链经销商规模庞大，但也极为分散、不易管控。同时综合品牌经销商较多，往往属于多个细分品牌供应链，较难通过单个品牌完成准确模型测算与风险评估。另外，部分小微企业涉及多头经营，需求分散，用途难以精准管控。

2.互联网业务模式的挑战

一方面，快消产业链中基层经销商普遍体量小，特别是终端门店往往是个体户，这类客群的授信兼具“小B端”和“C端”属性，也极易受外界影响，因此远程欺诈防控是重点；另一方面，产业链经销商分布全国各地，互联网与智能技术仅能代替一部分线下工作，尚不能完全代替属地化运营及管理，O2O模式的发展还任重道远。

3.数字化的挑战

一是数字合规问题。产业链及供应链交易及企业运营信息都是产业链中的核心商业秘密，不深度介入产业链中是无法获得的。数据来源已经成为阻碍快消产业金融数据化应用的最大问题。二是数据使用问题。对于从四面八方获取的大量分散数据来说，这些数据的真实性及如何使用也是个非常头疼的问题。三是数据安全问题：商业合作重点是数据共享，而由此亦会带来数据泄露风险，有时候这种风险损失是灾难性的。四是其他方面如算法合理性、评分科学性等均存在较多需要改进的空间。

4.组织、流程与运营的挑战

一方面，数字产业链金融要求金融机构更深入了解产业链条，建立具备链条化服务能力的跨地域性信贷组织，建立事业部形态、总分条线化管理体系；同时引入熟悉快消产业的人才作为“产融专业人才”队伍；另一方面，产业链金融包括对合作方、参与方、授信主体的准入、评估、考核等一系列的管理行为，但多数金融机构往往重视营销与业务开拓，却忽视了贷后持续管理；往往重视单个业务的贷款管理，却容易忽视合作方及业务过程的持续管理。

三、快消产业链金融的探索与创新

（一）科技智能创新

科技智能是快消产业链金融最主要的驱动力。产业链金融创新的要点在于业务数据化、数据资产化、资产金融化、金融场景化，关键是利用大数据、云计算、移动互联网、人工智能、区块链等技术打造基于产业的数字化普惠金融平台，获取和分析客户交易结算、征信、资产行为等各维度数据，深刻理解客户的融资需求和行为特点，体现场景驱动智能等特点，为企业生产经营各环节自动匹配合适的融资产品和融资额度。

另外，一些前瞻金融服务机构进一步尝试构建产业科技服务，再以此为基础构建金融服务场景。以某上市金控平台为例，其通过旗下科技公司致力于为小微企业和快消经销商提供专业、安全的行业应用系统，通过SaaS技术为小微企业提供“业财资”一体化解决方案，并基于AI平台为小微企业与其供应商和客户间建立联系，帮助小微企业实现数字化、自动化、智能化的经营管理及资金运营，从而提高经营能力和资金使用效率。

以此为基础，该上市金控平台还着力构建数据资产平台，聚合金融白条支付服务、智慧金融数据服务、智能结算服务、产业数字化科技服务、智能分销管理。届时，其将为快消厂家和金融机构的数据对接提供更高效、更便捷、更灵活、更低成本的方案，同时构建集“交易+数据+金融”的综合产业链金融科技服务一体化解决方案。

（二）业务模式创新

业务模式创新点一：聚集链条协作的深度与力度。通过构建第三方中立的公共服务平台，完全打通“核心企业→经销商→分销商→终端门店”整体快消产业链条，从而实现全链条闭环；同时通过产业数字化工具消除传统产业链中的信息黑洞与数据黑洞，提升快消产业链整体协作效率，更加明晰链条各参与主体的分工，提高各参与方的经济效益。与此同时，将金融作为工具嵌入到链条中去，实现金融供给场景化，并基于各参与方的自身需求衍生出更多的、新型的合作模式。

业务模式创新点二：突出产融互动的立体化。在“点、线、面、体”的智能商业发展走势下，快消产业链及金融服务创新将重点聚集在“面、体”的模式探索上。基于多产业融合的平台化、立体化新模式及新生态，将促进快消产业中各类企业协作与交易的边界扩展，跨链、跨生态交融、共生多赢，形成新的商业模式与商业共生体。

（三）产品体系创新

金融服务日趋突出体验与个性，产业链金融产品将基于细分子产业、甚至子品牌进行个性化定制，建立特色化产品体系，满足不同品牌链条及企业的不同需求。

站在金融机构自身盈利性角度，金融产品亦将进行差异化分类，包括

（1）流量型产品，重点是扩大客户基数，重点开发线上、线下、平台合作产品，定价适中，具有较强竞争力；（2）收益型产品，主要为蓝海市场或谨慎类行业或群体，市场竞争较小，重点开发小产品或谨慎行业产品，定价相对略高；（3）品牌或公益型产品，诸如支农支小产品、大学生创业产品或特殊群体产品等，采取极低价格甚至补贴定价策略。

（四）智能风控创新

在产业链金融模式下，风险管理对象从物到人、到数据，同时通过大数据分析及模型应用促使风控前置、授信前置。注重管理过程而不仅是结果，进行精细化风控，最终实现基于可靠过程数据的智能决策，及可靠规则的智能执行。

根据信息来源与特点，对产业链的风控技术创新也有多种方向，其中重点是基于行业特点及人性的技术创新，和基于数字化的风控技术创新。而最终通过智能化风险模型（包括信用主体风险模型、交易风险模型、交易欺诈模型、行为风险模型、财税模型等）实现风险分析、识别、管理、化解。

在贷后逾期管理方面，也能够借助智能与数字化进行创新，如探索“个体信用惩戒+商誉惩戒+交易惩戒”，借助核心企业与各类合作平台，实现线上线下结合的O2O管理。对于不良资产则通过多元化资产经营实现风险清收及整合盘活。

（五）服务升级创新

1.以产业为基、以客户为本，强化金融服务理念。一方面，快消产业链金融服务中，品牌厂商是产业的重要节点，是重要合作伙伴与重点服务对象；另一方面，链条中很容易产生口碑效应与集群效应，通过个性化服务提升客户感受，通过标准化服务提升服务效率是创新重点。

2.打造极致化的金融服务标准。一是不断提升平台交互的科技含量，提升服务的在线化、移动化与智能化；强调流程与效率以客户服务为标准，而非以内部效率为标准，以此提升客户自主化操作的服务体验；二是适当突出O2O模式，不简单突出互联网模式的标准化，还应突出线下模式的个性化，在产业链金融的必要环节躬身入局，保证整个业务闭环、自循环。

3.建立强大的中台运营服务。对厂家建立快速对接、响应与反馈机制，对经销商提供全流程指导与一对一专属服务，同时发展全媒体营销和直销模式，有效扩大市场效应。

四、快消产业链金融服务案例

在快消产业链金融1.0“线下产业链模式”阶段，平安银行、民生银行及部分区域性银行进行了大量探索；而在产业链金融2.0“线上产业链模式”阶段，以微众银行、网商银行等互联网银行及一些金融服务平台则成为创新代表及生力军。

如微众银行率先与快消产业中的一些核心企业开展基于互联网的产业链金融的合作，从核心企业向上游供应商和下游经销商两端同时延伸，对链条企业进行授信。得益于核心企业的数据支持，其授信额度甚至接近于传统抵押模式的额度，如其对上游供应商的授权额度户均约1000万级，对下游经销商授信户均约300万级，在业内起到了示范效应。

而网商银行则侧重于对综合场景数据的分析与应用，通过广泛的数据来源与数据加工、模型分析能力，摆脱对核心企业的依赖，实现快消产业链授信的批量化和规模化。

此外，一些金融服务平台也在快消领域进行了多年深耕与数字化改造探索，实现了快消产业链服务从2.0“线上产业链模式”向3.0“平台模式”的进化。下文以某上市金控平台服务快消产业链为例深入解析。

（一）背景简介

该金控平台自2008年便致力于小微企业融资服务，2014年开始聚焦产业链金融服务，在快速消费品、白色家电、数码产品、特色农业等行业产业链积累了十万级的基础客户数，并依托O2O、智能化、移动化的业务模式形成了成熟的营销、风控、运营、贷后管理体系。

该平台的快消产业链金融服务的客群定位于核心快消品生产企业下游的小微经销商、代理商和快消品终端门店。主要借助互联网、大数据与人工智能等金融科技，与产业链核心企业进行深度合作，共享信息、技术与商机，共同针对其产业链推出定制化纯信用类信贷产品，实现了快速打开市场并有效控制风险。

在这一合作过程中，平台充分利用“产融”与“科融”的思路，与产业链核心企业各自发挥优势，共同开发市场。核心企业主要提供产业信息、并协助进行营销与风险控制；平台主要发挥专业化金融优势进行金融服务与产品的设计，并提供资金与合作金融机构等强大的金融资源。

这种合作方式所推出的信贷产品具备极强的针对性，充分符合产业链小微企业在信贷需求上“短频快”的特点；同时借助科技力量做到客户服务的自助化、服务的透明化。通过大数据智能模型的应用，平台也成功实现了智能化风控，解决信息不对称导致的信用风险度，同时有效降低了业务运营成本。

（二）产品与服务特色

在多年实践中，该平台逐步建立了相对成熟的产品体系、营销体系与运营服务体系。

产品体系“四化”：（1）场景化，基于客户特定业务场景的需求进行产品设计；（2）标准化，既包括产品要素标准化，易判断、便执行、利推广，也包括产品流程标准化，易沟通、促协作，提效率；（3）在线化，增加智能应用，减少交互环节，增加易用性与便捷性；（4）模块化，各产品及要素之间可相互叠加、辅助，也可拆分为单独模块，每个模块可单独输出。

营销体系“四化”：（1）立体化，包括“自营+渠道”组合的品牌引流模式、“企业总部+大区+经销商”三者同步推动的品牌落地模式、“线上+线下”双线联动的客户销售模式；（2）网格化，构建“品牌地图、省总地图与快消地图”三位一体的营销网格，实现品牌精准营销、区域重点营销、客户全量营销；（3）可视化，搭建“申、审、放”各环节转化率的数字仪表盘，实现品牌项下各区域、区域项下各客户的营销进度可视化；（4）专属化，与厂家协同，厂家出台专项产品政策，平台配套专项融资政策，共同推动客户转化。

运营管理“四精准”：品牌精准营销、客户精准转化、动作精准管理、产能精准控制。

（三）数字化转型探索

随着金融科技的发展以及金融场景的深化，单一信贷业务的商业价值空间极为有限。只有具备“商业场景+客户运营+风险管理”的核心能力，才具有持续经营的基础。经过对市场与国家政策导向的充分调研与分析，该平台意识到数字化小微产融服务是未来小微产业以及中小金融业的重要市场机会；而立足于小微产业与金融服务相结合的数字化转型是把握新一轮科技革命和产业变革新机遇的战略选择。于是，该平台逐步提出深度链接产业和场景的战略方向，在维持基本财务目标的同时，加大对具有客户、场景、交易、数据等部分属性的平台探索。

对此，该平台自2016年启动数字化转型，主要从底层信息技术构建、科技赋能、大数据构建、大数据风控、大数据服务等多方面进行探索。

一是借助科技手段完成系统升级。利用模块化、云服务及各项成熟的金融信息技术，全面构建起基于金融科技与互联网信贷的金服平台，逐步完成信息系统的标准化、移动化、智能化升级。

二是借助科技赋能实现服务升级。借助移动互联技术丰富服务渠道，完善产品供给，降低运营成本，优化融资服务，提升金融服务质量与效率，使金融科技创新更好惠及民生，服务实体经济。

三是借助数据模型提升风控水平。利用大数据模型实现用户精准画像，利用量化风控模型提升金融机构跨行业、跨地区、跨市场的风险识别、预警及应急处置能力。持续完善金融信息保护与个人数据隐私保护，坚守防范系统风险的底线。

（四）大数据能力构建

1.大数据基本架构：该平台已建立了完整的大数据情报系统与数据仓库，主要包括四大类数据源：（1）该平台10多年小微信贷过程中所积累的覆盖快消产业的原始数据；（2）来自合作伙伴的特征数据，如客户的纳税、财务类数据；（3）来自政府的大数据，主要是人行征信、工商、税务、司法数据；（4）来自第三方征信、情报机构的各类数据。

2.数据处理能力：基于分布式计算的数据运算引擎可以实时高效多线程地对基础数据进行深度加工，包括授信报告的自动识别与解析、交易流水的电子化识别与解析、第三方数据源的自动对接及智能解析等。

3.数据分析能力：基于自建的云分析平台，数据分析人员能自行构建和衍生万级以上的变量；并能通过BI系统设计仪表盘、趋势图等数据报表；通过统计软件与平台的对接，还能无缝实时分析所有业务数据。

（五）智能风控模型研发

该平台在近几年全面加强了金融科技能力建设，以智能化风控为重点领域，打造和建设了平台自主的智能风控体系。该系统已经具备反欺诈识别、准入自动审批、客户信用评级、贷后风险监控和预警等能力；该系统的应用，增强了风险识别的能力，提高了服务于规模化的能力。

平台根据合作的数万笔小微信贷的真实数据表现，持续性进行评分模型训练，逐步建立了服务信贷全生命周期业务环节的量化模型，包括反欺诈模型、信用评估模型、风险预警模型、收入预测、相应评分模型等。

通过智能风控模型，平台可针对产业链客户提供多种信用额度，形成组合性服务，包括灵活的单一品牌额度、多品牌综合额度、身份额度、经营数据额度等。

（六）产业科技平台打造

该平台正积极构建“交易+数据+金融”的综合产业链金融科技服务一体化解决方案。其中平台委托旗下专业科技公司开发了“慧”系列SaaS云服务软件，立足于服务产业，以解决交易痛点为切入点，以资金流为起点，以智能收款、智能对账、智能管理、智能金融等特色功能为驱动，贯穿信息流、物流，实现经营活动全流程数据化。在此基础上致力于让快消生意更轻松，做快消行业数字化领导者。

该软件系统已成功发展为该平台“交易+数据+金融”的综合性产业链金融、服务体系的一部分。

综上，在快消产业链金融服务的探索道路上，该平台始终坚持初心、坚定信心，依靠对市场与需求的深刻理解，凭借产品创新与技术升级的持续优化，已成为国内快消产业链金融向3.0“平台模式”进化的生力军！

产融互联网赋能产业链高质量发展

董　罡

2020—2022年，一场历时三年的新冠疫情席卷全球，冲击全球供应链，中小企业现金流收紧，倒逼中国实体经济转型升级。疫情之下，国家普惠政策快速放量下沉。正是在这三年间，伴随双循环政策红利释放、普惠金融深化、区块链技术应用深入，以及产业数字化转型，我国数字经济发展进入深水区，产融互联成为常态，供应链关系逐步从“链式关系”向“网状关系”演变，平台化、线上化的供应链金融逐渐成为当下产业升级的重要选择。

一、产融新基建的应用实践

早在2015年，产融互联网还未呈现出现在百家争鸣的繁荣景象。当时，长期以来处于供应链下游的中小企业由于财务数据不完善且缺乏完善的征信，难以从传统金融机构取得贷款资金支持，因此融资发展受到了极大限制。作为中国实体经济的主力军，供应链上的中小企业融资慢、融资难问题，不仅限制了产业链的整体转型升级步伐，更是在一定程度上增加了实体经济“脱虚向实”的难度。

为贯彻落实《中共中央国务院关于深化国有企业改革的指导意见》

作者系中企云链（北京）金融信息服务有限公司高级副总裁、首席战略官。

（中发【2015】22号）中关于“推动国有企业加快管理创新、商业模式创新”的要求，深入贯彻《国务院关于印发推进普惠金融发展规划》（国发【2015】74号）助力金融服务实体“脱虚向实”，中国中车联合中国铁建、国机集团等11家中央企业，首钢集团、北汽集团等10家国有企业，工商银行、邮储银行，以及部分民营企业，共同成立中企云链（北京）金融信息服务有限公司（以下简称“中企云链”），利用“互联网+”和“四众”创新理念，打造了基于互联网的服务于实体产业的供应链金融创新共享平台——中企云链供应链金融公有云平台（以下简称“平台”），平台基于创新商业模式，充分发挥大企业在产业链中的核心骨干带动作用，推动供应链核心企业支持中小微企业应收账款融资，有效缓解中小企业融资难、融资贵问题，助力金融脱虚向实。

中企云链自成立之初，就一直致力于通过科技手段为银行、核心企业、供应商提供全线上、跨地域的金融信息服务。平台通过“互联网+供应链+金融”，有效服务实体经济，是电子商务集成创新的重要方向，也是“互联网+”带动相关产业转型升级的重要枢纽。

（一）“云信”模式　让核心企业信用流转至产业链末端

作为中国首个万亿级供应链金融平台，中企云链首创“云信”模式，以核心企业银行授信为基础、核心企业电子确权凭证为载体，通过向产业链末端的长尾客户释放、让渡核心企业信用，盘活中小企业应收账款资产，促进核心企业上游供应商应收账款融通及交易。简单地说，中企云链依托科技手段，实现了对传统的核心企业应付账款反向保理模式线上化，借助互联网模式，建设了实体产业和银行协同发展的供应链金融共享平台。

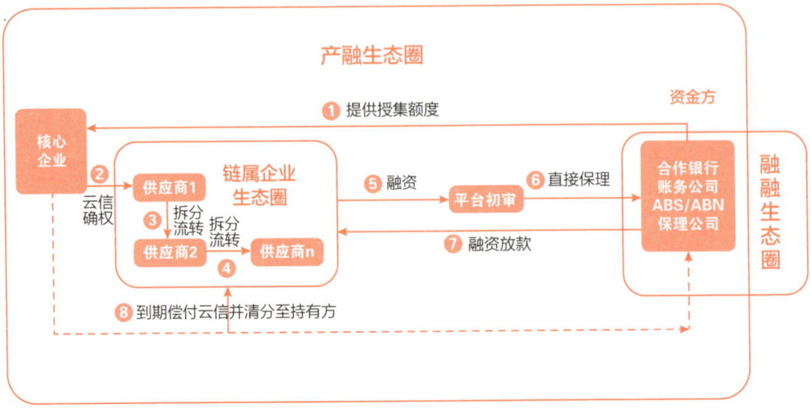

图15-1　产融生态圈示意图

业务模式上，"云信"通过技术手段，将核心企业应付账款确权环节前置，使得传统企业应收账款融资的8个业务环节简化为3个环节。创新性地解决了核心企业确权难、融资企业风控难、银行尽调复杂三大业务难题。同时为保障业务的安全可信，在2015年，创新性地引入CFCA数字证书体系，应用银行级安全技术，统一用户身份认证，保证电子确权凭证的合规性及不可抵赖性，为用户规避法律风险，解决交易风险、技术风险，保障用户数据安全、账户安全、交易安全。

此外，针对中小企业融资小额高频的业务特点，平台组建智能化审单中心，通过人力+技术手段构建"金融工场"的创新组织模式，标准化、智能化地解决了平台客户小额高频的融资需求。

案例　在2017年中企云链平台业务起步初期，有一笔7000万、为期157天的核心企业云信确权（编号为YX20XXXXXX-XXXX21），该笔云信在它157天的生命周期里，在供应链上游流转8级、拆分483次，254家供应链企业参与其中。通过对该核心企业信用的传导，"云信"不仅充分发挥了核心企业在供应链中的核心骨干作用，解决了供应链上游254家企业间的债务问题，帮助大企业降低融资成本，还协调金融机构，引导普惠资金精准滴灌至真正有资金需求、资金缺口的上游中小企业，助力金融降杠杆。

通过对技术和业务场景的双重创新，中企云链以“云信”业务为抓手，在供应链金融这一多角色、长链条、强协同的复杂场景下，开产业链数字资产流动先河。经过7年的发展，目前共服务近2000家核心企业，覆盖产业链上下游企业机构20万余家，与100多家银行达成总对总合作，累计交易突破2.6万亿，惠及平台上超过10万中小企业。

可以说，中企云链首创“全线上”的“电子确权凭证”的反向保理融资商业模式，以数字技术重构产业链属关系。对于链长企业，优化产业链结构、降低融资费用、提升供应链竞争力；面向银行和金融机构，实现中小企业的数字增信，加速普惠、“三农”、贸易金融等业务指标落地。同时公司还积极推动与地方政府、城投公司的合作，共建产业大数据中心，推动地方加速产业数字化转型进程。

近几年，随着供应链金融平台业务的深入开展，跨机构、跨主体间数据资产的互联、互通、互信成为新的课题。一方面，供应链金融平台所服务的产业链各角色（核心企业、金融机构、供应商）对跨机构数据的交互安全性、共享及时性、服务高效性方面提出了更高需求；另一方面，产业链数字化转型迫在眉睫。企业经过了以ERP建设为主导的信息化时代、以互联网为主导的WEB2.0时代，沉淀了海量数字资产，从企业科技创新发展的角度，联合产业伙伴，发挥平台优势，共同推动产业数字金融发展。

（二）转型LinkN创造产融高效可信链接

面向迎面而来的LinkN时代，中企云链积极推动战略转型，以产品创新+技术开放融合+共享服务为宗旨，携同联合运营方杭州云链趣链数字科技有限公司（以下简称云趣数科），以云趣数科产融三链解决方案为依托，从企业数字身份管理、数据资产可信通讯、可信存证为基础，深耕产业数字资产创新应用，全面向LinkN的产融生态转型。

1. 云存证

中企云链云存证是中企云链平台首个基于区块链的供应链金融服务场景，它以中企云链“云信”业务数据上链为抓手，实现对云信资产全量、全流程、全生命周期的分布式上链存证，成为业内唯一一个万亿级产融数据资产存证联盟链。截至目前，云存证链上区块高度突破2000万，存证笔数超过270万笔。

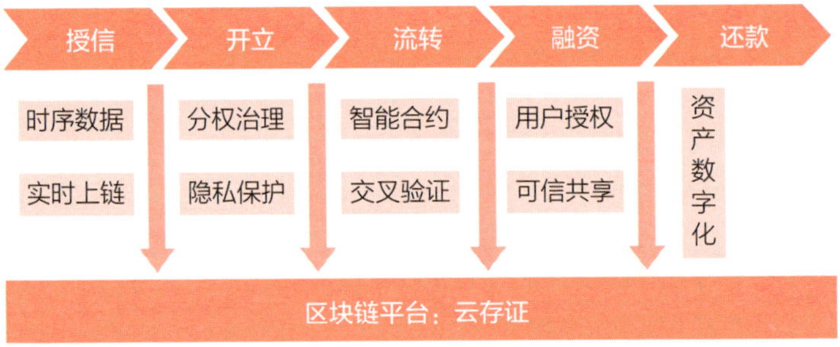

图15-2　数据上链流程

云存证充分体现区块链技术特性，业务具备四大特点：一是多中心，全网各节点共同维护区块数据，存证数据多中心、分布式存储；二是多方参与，核心企业、银行等业务相关方均可加入，成为区块链共识节点；三是数据真实，交易信息含CFCA颁发的企业数字签名，验签通过后登记，确保上链数据真实性；四是隐私保护，通过业务逻辑处理和区块链底层技术，确保交易数据的隐私保护和安全。

2. 金融服务3.0

中企云链金融服务3.0，则是在云存证基础上开发的平台与银行金融机构间数字资产可信对接、共享、交换开放服务。它不仅能够为银行提供全线上、基于区块链的云信融资直连服务，还能够基于链上存证的云信数字资产，延展数字资产交易场景，加速银行金融产品创新步伐，实现对产融数字资产的精细化运营。

区块链分布式账本技术和共识机制，能够实现同步高效送达流转的数字资产信息，同时时间戳机制有效防止数据篡改，保障数据一致性和完整性。在数字资产跨行再保理业务推进过程中，以技术手段，赋能场景，降低业务风险，提升业务办理效率，实现银行间信任机制的高效传递。

目前中企云链正联合云趣数科，基于金融服务3.0构建可信数据交互通道，针对云存证链上存储的千亿级存量云信数字资产，试点推广银行间跨行再保理业务。在通过云信实现“产-融”两端数字资产高效流通的基础上，通过云趣数科所构建的新型基础设施服务，中企云链将实现“融-融”间数字资产的高效、可信链接，

除支撑业务场景创新外，通过金融服务3.0结合云存证服务，金融机构还能完成对数字资产的全链条、全生命周期动态穿透，为银行在数字化转型过程中，构建数字化动态风控体系提供技术支撑。

随着云信业务规模的不断增长，传统的跨平台数据交互模式逐渐无法满足银行在风控、监管以及场景创新等多领域的需求，例如，一是业务“静”态数据与“动”态企业经营活动之间的矛盾；二是银行风控数据多维建模需求与企业数据资产涉密保护之间的矛盾；三是资产精细化运营，跨机构、主体数据互认与可信交互通道建设之间的矛盾等；

金融服务3.0的对接方案，能够帮助金融机构高效链接云存证链上加密数字资产，在拥有授权的前提下，实现对云信数据资产动态信息实时同步。跨机构实现云信从“时点”数据的对接转变为到全生命周期的数据同步，为银行构建智能风控屏障、资产精细化运营提供有力支撑。

截至目前，中企云链平台已经与农业银行、建设银行、邮储银行、北京银行、浙商银行、汇丰银行等多家银行完成金融服务3.0直连，并依托云存证联盟链落地云信保理融资放款。未来中企云链还将基于金融服务3.0构建的可信数据交互通道，与各家银行在供应链长尾客户数字化营销、产融

数字资产应用创新、数字化风控体系构建等领域展开深入合作，在数据授权应用的基础上，深挖企业数字字长价值变现，推动数字资产快速增值与交易。

3. 云链云身份

供应商作为产业数字化转型中的重要参与方，是产业生态繁荣、链条活跃的基础。随着实体产业数字化转型的深入开展，供应链金融平台型业务越发普及，一方面为供应商融资带来了便利；另一方面，在多个平台身份信息的重复注册和认证也给企业带来了账号管理、身份信息泄露的风险。

中企云链云身份企业数字身份认证联盟链（简称云链云身份），是云趣数科基于信义链解决方案，面向中企云链等产业互联网平台的企业用户，提供的企业数字身份认证服务链。方案基于区块链分布式账本技术，协助企业在云链云身份联盟链上形成唯一可信数字身份，并在联盟链各参与方间共享应用。实现企业链上身份一次认证，实现多平台互通互信。云链云身份的上线，实现了云链平台在保障数据安全的前提下，在不转移数据权益、不泄露平台数据的基础上，对企业数字身份权益的让渡与授权。

值得一提的是，企业数字身份在联盟参与方之间进行授权共享过程中，云链云身份充分发挥隐私计算的技术特性，通过在区块链上进行隐私联邦计算，实现链上参与方跨平台、跨系统的数据安全共享，保障所有用户身份信息均在用户授权前提下进行有限应用。

归根结底，金融要注重风险防控，中企云链通过对区块链技术的应用，能够在面对多节点、交易周期长的供应链金融业务时，通过数据溯源、点对点传输、数据加密、节点共识、智能合约等技术手段，有效规避和防范风险，为用户提供安全、可信、合规的金融科技服务。

二、云趣数科打造产融互联网新基建

随着供应链金融平台业务的繁荣，相继衍生出平台间、机构间更加丰富、多元、深入的数据互认与业务协同需求，包括企业多平台身份信息的统一管理、企业数据资产的实时同步与分析、多级流转后的电子确权凭证类资产的溯源穿透等。但受产业互联网业务主体、交易特点、决策模式等诸多因素的制约，传统中心化平台无法满足以上需求。简单地说，企业数字资产的碎片化，衍生出了平台经济时代的“数据孤岛”，阻碍资产（产）、资金（融）两端高效连接，限制数据资产价值释放。

这里所说的数据资产绝不是躺在服务器、数据库里，没有“流动”起来的数字。没有充分利用、无法产生商业价值的数据就是“食之无味弃之可惜”的鸡肋。生产要素只有通过交换才能产生价值，而如何把“鸡肋”转化为“鸡腿”是产业链企业时刻面临的难题。

金融科技，通过综合应用以区块链和隐私计算为代表的信息技术，发挥连接的力量，让企业数据的可信共享、数据价值让渡成为可能。企业能够在数据不出服、不出域的前提下，通过加密授权、隐私计算等技术手段，实现与生态伙伴间的使用权让渡，释放数据价值。

为此，中企云链携手联合运营方云趣数科，充分发挥自身在区块链信创技术和场景金融领域的双重优势，以自主知识产权的“数据三权分立”（所有权、管理权、使用权）治理原则为基础，以联盟链多中心对等共建、共享、共治为宗旨，探索产业数字金融区块链技术深度应用，先后发布“信义链、银义链、存义链”为核心的“三链”解决方案，从可信数字资产打造、交易各方可信数据交互通道，以及企业数字身份管理与共享三个基础服务切入，在产融互联网时代，为产融数字生态圈提供新型基础设施服务，创造产融高效可信链接。

（一）产融数字化可信入口——企业数字身份链

不同于传统消费互联网，在产业数字化的大背景下，产融互联网对用户身份的鉴权是业务安全、合规的第一道风控门槛。在镜像的数字化商业场景下，用户只有证明“你是你”，才可以进行相应的商业活动。可以说，用户数字身份的管理是产业数字化的入口

而在Web2.0制霸天下的传统互联网生态机制下，用户对于自身的数字身份信息缺乏自主权，需要在不同的平台注册账户才能开展相应的业务，而不同平台规则不同、数据中心化存储且账号独立。对于用户而言，一是无法对于账号进行统一管理，中心化的存储方式存在泄密隐患；二是在被动式的数据采集过程中，用户缺乏对于自身数据缺乏主动管理能力，可能衍生出更多潜在的风险；三是，用户在某一平台的信息更新，难以同步更新至其他平台上。

企业数字身份可信分布式认证联盟链的出现，能够在虚拟的网络信息环境下，为企业提供数字身份的认证、维护、存储以及加密共享提供基础设施服务，帮助企业更加高效、便捷、安全的在产业数字环境下开展业务。

信义链作为云趣数科的企业数字身份的解决方案，以用户数据“申请-授权”为核心、以实现数据应用目的的最小范围且公开处理为原则，帮助实体企业、商业银行、非银金融机构建立数字身份认证入口，解决身份信息割裂、多平台身份穿透的管理问题，为供应链金融、供应链管理提供基础设施链。

方案根据云趣数科“三权分立”的数据治理原则设计，企业用户身份数据上链、授权、共享严格遵守数据所有权、使用权、存储权三权分立原则，充分发挥隐私计算数据“可用不可见”特性，由智能合约驱动用户授权机制实现链上数据应用，同时链上各节点为用户身份进行多方背书和交叉认证。通过信义链认证的企业数字身份，可在联盟链参与方中进行多方

共识，并在衍生业务场景中自主运用。

区块链的分布式账本技术，能够为实现联盟链各业务参与方的分布式数字身份管理提供技术支撑，因此信义链所打造的企业数字身份链，除了在用户侧实现企业自主管理、认证应用外，也实现了网络资源侧的企业自主管理，真正做到端到端安全访问。未来云趣数科信义链将为联盟链各业务参与方构建分布式的公钥基础设施和可信分布式数字身份管理系统，为发证方、持证方和验证方之间端到端地传递信任。

（二）产业数字资产“蓄水池”——存证链

在传统供应链金融模式下，数据中心化存储，各业务参与方之间的信息难以互信、交换，新的“数据孤岛”问题成为制约企业数据价值变现和业务高效开展的桎梏，且中心化架构下，数据防伪验真、溯源等需求都无法被充分满足。

而产业链金融要深入发展，必须解决数据资产的唯一、可信、可溯源问题。区块链分布式账本技术为数字资产提供独一无二的权益标识，哈希算法辅以时间戳生成的序列号和共识机制，保障了资产信息的唯一性、难以复制性，加密算法实现数据权益让渡过程中的安全性。

区块链技术的应用能借助机器信任跨组织建立有效的数据资产交换机制，实现产融互联网场景下数据所有者、使用者在合法、合理、合规的前提下，开展数据应用工作，释放数据价值。

云趣数科“存义链”解决方案，聚焦现实商业交易场景的数字化过程，打造数字资产加密存证联盟链。存义链核心价值在于可信“存”证，通过联盟共识的数据准入标准和共识机制，依托区块链技术，实现企业数字资产的标准化、可信加密存证。

在技术上，存义链依托区块链技术，以云趣数科自主知识产权的区块链“三权分立”（即数据的所有权、使用权、存储权）数据治理原则为指导，使用CA认证中心颁发的数字证书，对交易信息做数字签名，实现上链数据验真，签名结果通过验签后，向联盟链节点发起登记。区块链服务器和节点由业务相关方和云趣数科共同部署和维护，交易数据通过共识后，登记在区块链所有节点上。整个上链过程不改变原有业务流程、不改变客户原有操作习惯、不增加用户操作步骤，全程无感，完全以接口调用的方式，实现上链数据的分布式、加密存储。

借助存义链赋予数据唯一标识，使其具备可评估、可定价、可让渡的资产属性，将互联网平台的传统数据和信息转化为链上可信的资产数据，沉淀可复用数据资产，实现海量数据资源向资产、资本转化。

（三）产业数字资产可信交互链——银义链

在供应链金融业务发展初期，银企直连解决的是资产端与资金端之间业务数据定向交互的问题。但随着供应链金融业务深入发展，并逐渐呈现生态化发展态势，无论是平台方还是资金方，都需要接纳更加丰富、多元的交易对手方，以突破当前业务发展的瓶颈。传统以解决业务数据定向交互为目的的银企直连手段，显然无法满足当前需求方N对N高效链接的诉求。

虽然供应链金融平台近年来业务发展迅速，但普遍存在业务模式单一，数据资产互联互通、整合应用的脚步迟缓的困境。一是源于数据资产权属无法分割，导致拥有方不愿、不敢共享；二是源于资产形成标准不一致，无法定性、定量，阻碍跨机构的数据共享。

云趣数科银义链解决方案，主要是为银行金融机构、供应链金融平台等业务相关方，提供N对N跨机构对接服务。银义链本身并不内嵌业务场景模块，而是通过在银行内网部署智能网关与区块链智能合约，实现银行业务系统数据在智能合约、共识机制的防护下，经由消息队列，安全、可信、合规地完成与区块联盟链上的信息交互。

银义链解决方案严格遵守联盟链共识机制，业务由智能合约触发，保证上链资产的真实性、连续性和一致性。为后续深挖企业数据资产价值变现，释放数据资产价值红利提供技术支撑。

从经济效益上看，银义链充分发挥区块链智能合约和共识机制特点，打造了全新的N对N银企链接模式，不仅减少了银行与同质性平台的对接次数，提高对接时效，缩短业务落地周期；还能帮助银行沉淀数据资产及相应的贸易背景信息，赋能银行数字化转型，实现海量数据资源向资产、资本转化。

从技术赋能、数字化转型发展维度看，银义链打造的可信产融数字资产联盟链，通过区块链公私钥非对称加密防护数据安全，用户授权校验机制验证主体主观意愿，共识机制保障交易留痕不可篡改，且全流程由智能合约触发，零人工干预。不仅降低人工操作可能产生的数据误差和泄密风险，还能够实现对资产的全流程、全生命周期追溯，交易全网公示、留痕，充分满足多方业务协同场景下，数字资产全生命周期的，真实性、连续性、一致性的需求。

综上所述，银义链改变的不仅是跨机构的数据交互方式，更重要的是在可信技术的加持下，在虚拟的镜像环境建立全新的、跨机构的信任机制。在信任未知或信任薄弱区，通过技术手段，打造可信通道，节约信任形成所需的时间和成本，最终实现以数据共享驱动业务共享。

（四）产融数据资产可信共享四要素 加速数据价值释放

随着“入口”“交互通道”和“蓄水池”的建设落地，产融数据资产共享基础设施趋于完善，随之而来的问题是如何整合实践成果，打造创新场景，实现数据安全、高效地跨机构互信互认。

有鉴于此，云趣数科提出产融数据可信共享四要素理论。产融数据可信共享四要素，是指实现产融数据可信共享的四个基本条件，即区块联盟链、隐私计算、联合建模及用户授权。

而产融数据可信共享四要素理论是指整合应用这四个基本条件，其应用原则有三点：一是用户数据不出本地；二是业务参与方分布式联合建模；三是隐私计算、数据密态计算，且输出计算结果时不包含计算过程。以产融数据可信共享四要素理论实现业务参与方让渡数据价值但不让渡数据，满足业务参与方数据隐私保护前提下的数据价值释放需求。

众所周知，经济社会的链接架构正在由平面、中心化互联迭代升级为立体的分布式交互。随着联盟链技术的推广应用，通过区块链分布式加密存证的技术特性，企业间建立起由技术背书的信任机制，企业用户可以自行制定并交付执行各方认同的交易条款，避免无法预知的交易风险。

这一机制让分布式联合建模成为可能，联盟链能够实现企业数据在本地进行匹配、统计、计算，参与联合建模的企业原始数据、明细数据在不出库的前提下，进行跨机构的数据计算。

隐私计算则能通过一系列加密计算技术的组合，在处理和分析计算数据的过程中，保持数据不透明、不泄露、全程密态，无法被计算方以及其他非授权方获取，实现数据的“可用不可见”。

综上所述，可信的执行环境、密态的数据计算、非授权不可见的结果查询机制，基于产融数据可信共享四要素提供的整合技术方案，能够帮助产业链上企业的实现用户数据隐私保护的数据可信共享。

三、产业链金融发展展望

站在百年未有之大变局下，面对复杂多变的经济环境，全球新一轮科技革命和产业变革加速演进，科技创新已成为驱动全球经济发展的新引擎。

在此背景下，产业链金融作为驱动实体经济发展的中坚力量，其数字化、智能化转型必然成为推动数字经济高质量发展的重要环节。在这一过程中，第三方科技企业以区块链、人工智能、大数据等新一代信息技术为